ELEMENTOS DE
GEOGRAFÍA
FÍSICA Y POLÍTICA
Primer grado

ELEMENTOS DE
GEOGRAFÍA
FÍSICA Y POLÍTICA

Primer grado

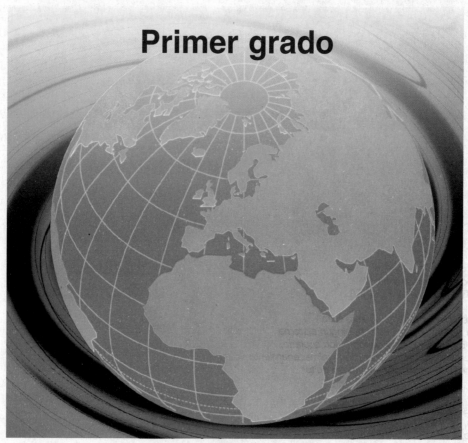

Victoria Andrade
Ma. del Consuelo Gómez
Homero Sánchez
Héctor Valle Gómez

EDITORIAL
TRILLAS
México

Catalogación en la fuente

Elementos de geografía física y política : primer
grado / Victoria Andrade... [et al.] -- 2a ed. --
México : Trillas, 2002.
214 p. : il. col. ; 27 cm.
Bibliografía: p. 214
ISBN 968-24-6628-8

1. Geografía - Estudio y enseñanza (Secundaria).
I. Andrade, Victoria.

D- 910'E544   LC- G73'E5   3337

Derechos reservados
© 2000, Editorial Trillas, S. A. de C. V.,
División Administrativa, Av. Río Churubusco 385,
Col. Pedro María Anaya, C. P. 03340, México, D. F.
Tel. 56884233, FAX 56041364

División Comercial, Calz. de la Viga 1132, C. P. 09439
México, D. F. Tel. 56330995, FAX 56330870

Miembro de la Cámara Nacional de la
Industria Editorial. Reg. núm. 158

Primera edición, abril 2000 (ISBN 968-24-6134-0)
  Reimpresiones, julio y septiembre 2000, julio y agosto 2001

Segunda edición, mayo 2002
  ISBN 968-24-6628-8

Impreso en México
Printed in Mexico

Índice general

Unidad 8

Unidad 9

Unidad 10

En esta obra han sido desarrollados en forma concisa todos los temas de Geografía Física y Política, de acuerdo con el programa vigente.

Hemos concedido especial atención a la organización de los contenidos con el propósito de que el maestro, al diseñar y planificar su trabajo docente, cuente con los elementos necesarios para conducir un aprendizaje significativo, lo cual implica que deberá tomar en cuenta, en la estructura cognoscitiva del alumno, los conocimientos previos relevantes y establecer las relaciones necesarias entre éstos y los contenidos por aprender.

El texto comprende 10 unidades, cada una de ellas dividida en temas. Cada unidad se inicia con una ilustración, con un breve texto al pie, cuyo objetivo es motivar el interés del alumno por el contenido de cada unidad.

Los temas son tratados con un lenguaje claro y sencillo pero, con el propósito de que el alumno enriquezca su vocabulario y se familiarice con la terminología propia de la materia, hemos empleado todas las expresiones técnicas básicas, precedidas siempre de una explicación. El glosario, colocado al final del texto, complementa este aspecto del libro. Como complemento de este texto, se incorpora una gran variedad de ilustraciones, mapas, esquemas y gráficas, así como recuadros con datos adicionales que amplían la información.

El material se enriquece, al final de cada unidad, con un bloque de actividades que se proponen para autoevaluar y dar seguimiento al trabajo realizado.

Enfoque didáctico

Mencionamos ya que al elaborar esta obra se concedió especial atención al aprendizaje significativo, por tanto, el texto de cada unidad se basa en conocimientos adquiridos por el alumno en años anteriores.

Otro aspecto del aprendizaje significativo es la comprensión, de parte del alumno, del significado de las nuevas estructuras. Sugerimos al maestro, además de relacionar el nuevo conocimiento con los que ya posee el alumno, promover, con actividades de diverso tipo, el desarrollo de su capacidad de observación y reflexión; realizar actividades de análisis y comparación y formular hipótesis de trabajo y confrontación que permitan a los educandos, no sólo definir y unificar criterios, sino profundizar con mayor confianza y seguridad en el estudio de los contenidos temáticos correspondientes.

 Los cuadros con este icono y el rubro *¿Sabías que...*, enriquecen la información, al proporcionar al alumno datos adicionales de interés.

 Los cuadros con este icono y el rubro *Recuerda*, contienen material ya estudiado por los alumnos, pero importante de recordar para la comprensión del nuevo conocimiento.

 Los bloques de actividades colocados al final de cada tema, y que tienen este icono, deberán ser aprovechados para fortalecer, según el caso, las nociones básicas de esta asignatura: espacio geográfico, temporalidad y cambio, localización, representación, graficidad, distribución e interrelación; son de gran utilidad, además, para dinamizar la enseñanza y transformar la tradicional clase en un sitio donde el estudiante exponga sus puntos de vista, escuche a los demás, discuta y obtenga conclusiones, esto es, un lugar donde la acción remplace a la palabra y la actividad del maestro se traduzca en lineamientos de organización, orientación y asesoría.

 Este icono indica la síntesis de la unidad.

El color vino marca vocablos cuyo significado se encuentra en el Glosario, en el apéndice de la obra.

Se utiliza letra cursiva en títulos de libros y para destacar algunos nombres científicos.

Las fotografías, esquemas, gráficas y mapas son recursos que el maestro puede utilizar para que el alumno adquiera nuevas formas de pensar, hábitos y habilidades. Los mapas, instrumentos de gran valor en esta disciplina, constituyen un recurso insustituible para localizar y conocer características de los distintos espacios geográficos, por tanto, es importante enseñar a los alumnos a interpretarlos concediendo especial atención a las coordenadas geográficas, los sistemas de orientación, las escalas y los distintos tipos de simbología. La unidad 3 proporciona al alumno las herramientas necesarias para realizar ese trabajo.

El planeta Tierra
en el Sistema Solar

La Tierra, el planeta donde habitamos, forma parte, con otros ocho planetas, cientos de satélites y cometas, y miles de asteroides, de un conjunto de astros al que llamamos Sistema Solar, porque todos esos cuerpos giran alrededor de una estrella, nuestro Sol. Aunque éste es semejante a muchas otras estrellas, para nosotros representa la fuente en donde se genera la energía que ha dado origen y mantiene la vida en nuestro planeta. En esta unidad vas a ampliar, con el apoyo de la Astronomía, la Física y las Matemáticas, los conocimientos que adquiriste sobre este Sistema en años anteriores.

El modelo del Sistema Solar

En años anteriores adquiriste algunas nociones sobre nuestro Sistema Solar. En este curso, ampliarás esas nociones y conocerás la situación de ese Sistema en el Universo, las principales características de otros astros y la aportación de algunos notables astrónomos en la evolución del conocimiento del Sistema Solar.

El Universo está constituido por la totalidad de los astros, el espacio que los separa y todas las formas de materia que ocupan ese espacio.

En los últimos diez años, el hombre ha ampliado su conocimiento del Universo gracias al empleo, entre otros instrumentos, de radiotelescopios, espectógrafos y potentes telescopios que han permitido comprobar que todos los astros del Universo, además de estar en movimiento, sufren constantes transformaciones, lo que confiere al Universo una de sus principales características: su dinamismo.

El principio de un notable avance en la investigación espacial fue el lanzamiento en 1957, del primer satélite artificial de la Tierra el *Sputnik I*. Este satélite llevaba una emisora de radio, cuyas señales se escucharon en todo el mundo.

Fig. 1.1. Telescopio espacial de *Hubble*, instrumento que fue colocado más allá de la atmósfera terrestre en 1990, nos ha permitido ampliar nuestro conocimiento del Universo.

El telescopio espacial *Hubble* (fig. 1.1) fue instalado más allá de la atmósfera terrestre, en 1990, para evitar la distorsión producida por ésta. Este telescopio ha proporcionado información sobre estrellas lejanas y cuásares. También tienen gran importancia las sondas espaciales, entre otras las *Voyager 1* y *Voyager 2* (fig. 1.2), gracias a las cuales hemos obtenido valiosos datos acerca de los demás planetas y satélites de nuestro Sistema Solar.

Origen del Universo

La teoría más aceptada actualmente sobre el origen del Universo fue bautizada en inglés por el científico Gamow como el **Big Bang**, nombre que puede traducirse como la Teoría de la Gran Explosión. Según esta teoría, hace 10 000 o 15 000 millones de años toda la materia que forma el Universo se encontraba condensada en un pequeñísimo volumen y tenía, por tanto, una densidad de muchas toneladas por centímetro cúbico y una temperatura de diez billones de grados o más.

En un momento determinado, esa materia explotó y, en el lapso de unos segundos, al expandirse, disminuyeron notablemente su densidad y su temperatura. Se calcula que 1000

Fig. 1.2. Lanzamiento del *Voyager* 1. Las sondas espaciales enviadas a los otros planetas de nuestro Sistema Solar (con excepción de Plutón), nos han enviado información sobre varias características de esos planetas.

segundos después de la explosión, la densidad de la materia se redujo a un decigramo por centímetro cúbico, y su temperatura a 100 millones de grados. La materia, tras numerosas transformaciones, formó átomos y después de múltiples cambios dio origen a los gigantescos conjuntos de estrellas, gases y polvo cósmico que llamamos **galaxias**. Del estudio de estas galaxias se ha deducido que el Universo se encuentra aún en expansión y que las galaxias están alejándose de nosotros a una velocidad proporcional a la distancia que nos separa de ellas.

La galaxia, a la que pertenecen el Sol, la Tierra y los demás astros del Sistema Solar, es una galaxia espiral a la que llamamos **Vía Láctea**, nombre que le dieron los romanos porque a simple vista aparece en la esfera celeste como una mancha blanquecina (fig. 1.3). El Sol, es uno de los millones de estrellas de la Vía Láctea. Las distancias entre esas estrellas son tan grandes que la luz de la estrella más cercana a nuestro Sol (Alpha de Centauro) emplea 4.3 años luz (A:L en llegar a nuestro Sistema Solar. Ve en el pie de la figura 1.3 que el A.L. equivale a 9.4 billones de kilómetros. Si una nave espacial recorriera la misma distancia moviéndose a 40 000 km por hora, necesitaría alrededor de 80 000 años en trasladarse desde la estrella hasta nuestro Sistema Solar.

La mayoría de los astros que forman las galaxias son estrellas, como nuestro Sol. Se encuentran en estado incandescente y desde la Tierra las vemos como puntos luminosos titilantes porque la luz de su imagen puntual (de punto), al atravesar la atmósfera es desviada debido al movimiento continuo que existe en ésta. Irradian luz y calor porque están constituidas por gases a temperaturas muy elevadas. Aunque vistas desde la Tierra parecen estar fijas, giran en torno de la galaxia.

Desde la Antigüedad, varios pueblos agruparon a las estrellas en conjuntos a los que llamamos **constelaciones**, a las que cada pueblo aplicó nombres diferentes. La Estrella Polar, situada en la constelación de la Osa Menor, está indicada en la figura 1.4 por una flecha que apunta hacia esa constelación. La Polar fue utilizada desde la antigüedad para orientarse porque está situada muy cerca del punto cardinal norte.

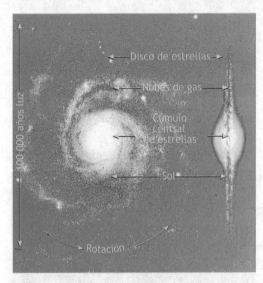

Fig. 1.3. La Vía Láctea es una galaxia espiral. Su diámetro mide aproximadamente 100 000 años luz; contiene alrededor de 200 000 millones de estrellas una de las cuales es nuestro Sol. Éste se localiza a 30 000 años luz (A. L) del centro de la galaxia. Recuerda que un A. L. equivale a 9.4 billones de kilómetros, distancia que recorre la luz en un año, a una velocidad de 300 000 km por segundo".

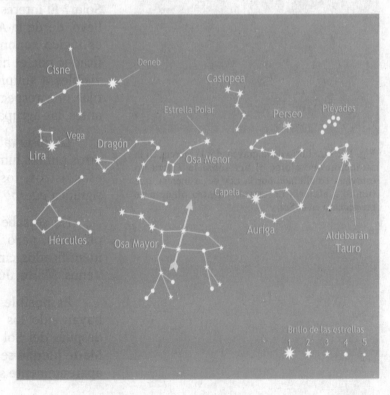

Fig. 1.4. Algunas de las constelaciones visibles en el Hemisferio Norte. Los números de la derecha indican la magnitud del brillo de algunas estrellas. Las más brillantes, como Vega, Aldebarán y Casiopea corresponden al número 1. Obsérvese a la primera magnitud que la Polar pertenece al grupo indicado con el número 2.

Las fuerzas gravitacionales

En años anteriores aprendiste que alrededor de nuestro Sol giran nueve planetas, varios satélites, miles de asteroides y varios cometas. A este conjunto de astros lo llamamos Sistema Solar. El movimiento entre todos estos astros está determinado por la Ley de Gravitación Universal y la Ley de la Inercia.

Entendemos por **fuerza de gravedad** la atracción mutua entre dos cuerpos. Esta atracción depende de la masa de los cuerpos y de la distancia que los separa. Aunque el Sol y los planetas se atraen mutuamente, como la masa del primero es mayor, el efecto de su gravedad obliga a los planetas a desplazarse alrededor de él.

La **Ley de la inercia**, enunciada por Galileo y por Newton, establece que: "un objeto en movimiento constante, que sigue una línea recta, no modifica su velocidad y dirección a menos que una fuerza externa produzca un cambio en ese movimiento" (fig. 1.5).

Newton dedujo que la fuerza de gravedad del Sol equilibra a la inercia y, en consecuencia, la traslación de los planetas.

La evolución histórica de las ideas sobre el Sistema Solar

¿Qué pensaban nuestros antepasados acerca del Sistema Solar? El interés del hombre por conocer todo lo que le rodea lo llevó, desde la Antigüedad, a observar la bóveda celeste. Como es lógico suponer, algunos astros fueron muy pronto identificados por el hombre primitivo: el Sol, la Luna, y las estrellas visibles a simple vista. Advirtieron que aparentemente están fijas una respecto a otras en la bóveda celeste y como vimos antes, las agruparon en constelaciones.

La observación de las constelaciones les permitió observar otros puntos luminosos que se desplazaban entre las estrellas. A esos astros, los griegos los llamaron **planetas**, vocablo que significa *cuerpo errante*.

No se sabe exactamente cuándo fueron descubiertos esos planetas, pero hace más de cinco mil años, ya habían sido identificados cinco de ellos, visibles a simple vista: Mercurio, Venus, Marte, Júpiter y Saturno.

Es posible que de estos cinco planetas, Venus y Marte hayan sido los primeros en ser identificados. Venus porque, después del Sol y la Luna es el objeto celeste de mayor brillo; Marte porque se distingue por su color rojizo y porque es el que aparentemente se mueve más rápido que las estrellas.

Fig. 1.5. Equilibrio de la gravedad y la inercia. Si la atracción que ejerce el Sol sobre la Tierra no estuviera equilibrada por la Ley de la Inercia, que tiende a alejarla del astro, nuestro planeta se precipitaría en el Sol.

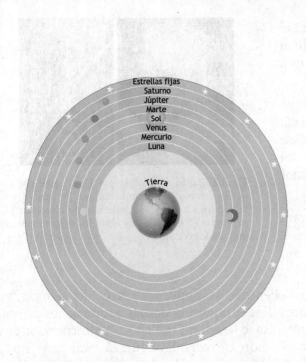

Fig. 1.6. El Sistema Ptolomeo. Según este astrónomo griego, la Tierra ocupaba el centro del Universo y alrededor de ella se mueven la Luna, Mercurio, Venus, el Sol, Marte, Júpiter y Saturno. Más allá de Saturno se encuentran las estrellas fijas.

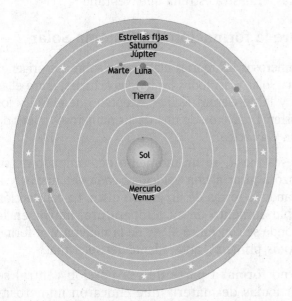

Fig. 1.7. Teoría de Copérnico. Este notable astrónomo polaco llegó a la conclusión de que el Sol ocupaba el centro del Sistema Solar y los planetas Mercurio, Venus, Tierra, Marte, Júpiter y Saturno giraban alrededor del Sol. Dedujo, además, que la Luna se desplazaba en torno de la Tierra.

Esos primeros astrónomos y aquellos que los siguieron, al observar el movimiento aparente del Sol y de las estrellas, de oriente a poniente, concibieron la teoría de que la Tierra era el centro del Universo y que todos los demás astros giraban alrededor de ella.

Ptolomeo, sabio griego que vivió en Alejandría entre los años 127 y 141, recogió los conceptos anteriores y concibió el **sistema geocéntrico** representado en la figura 1.6, en el que se consideraba a la Tierra como centro del Universo.

Aristarco, astrónomo que vivía en Alejandría hacia 281 a. C. fue el primero, del que se tiene noticia, que sostuvo la hipótesis de que la Tierra gira alrededor del Sol en la circunferencia de un círculo con el Sol en el centro de la órbita.

Posteriormente, un astrónomo polaco, Copérnico (1473-1543), después de varios años de observar los astros y, en particular, la trayectoria del Sol, llegó a la conclusión de que la Tierra giraba sobre su eje y que ese movimiento de rotación daba origen a la falsa idea de que el Sol se desplazaba alrededor de nuestro planeta (fig. 1.7).

Aunque la conclusión anterior habría sido suficiente para considerar a Copérnico como un destacado astrónomo, la idea fundamental que le confiere un lugar especial entre los astrónomos de todos los tiempos, es la **teoría heliocéntrica** que desplaza a la Tierra del centro del Universo, coloca en su lugar al Sol y considera que la Tierra y los demás astros giran alrededor de él.

Su conclusión de que el sistema de Ptolomeo estaba equivocado y otras teorías sobre los astros fueron publicadas en la última obra que escribió: *Revolutionibus orbium, coelestium.*

La teoría heliocéntrica, fue sostenida en 1609 por dos grandes astrónomos: Kepler, y Galileo.

Kepler (1571-1630), obtuvo varias conclusiones que sintetizó en las llamadas Leyes de Kepler.

1a. ley: Los planetas recorren órbitas elípticas y en ellas el Sol ocupa uno de los focos.

2a. ley: Los planetas recorren áreas iguales en tiempos iguales, por tanto, su velocidad es mayor cerca del Sol y disminuye cuando se alejan de éste, véase la figura 1.33 de la página 28.

3a. ley: El tiempo que tarda un planeta en dar una vuelta al Sol es proporcional a su distancia. Los planetas más lejanos tardan más que los cercanos, debido a que recorren distancias mayores a una velocidad menor.

Galileo (1564-1642), otro notable hombre de ciencia, construyó un telescopio con el que descubrió que la Vía Láctea está formada por numerosas estrellas; observó montañas y cráteres en la superficie de la Luna y cuatro de los satélites de Júpiter, girando alrededor del planeta, lo que confirmó su teoría de que la Tierra, mucho menor que el Sol, se desplaza alrededor de este último (fig. 1.8).

En 1633, la Inquisición lo llamó a juicio para que abjurara de sus ideas. La leyenda cuenta que después de hacer lo que se le pedía, murmuró en voz baja: *Eppur si mouve!* (¡Y sin embargo se mueve!).

Fig. 1.8. Galileo y su telescopio. Este notable físico, matemático y astrónomo italiano construyó un telescopio con el que, además de observar la superficie de la Luna, descubrió los cuatro satélites más grandes de Júpiter.

La teoría heliocéntrica se impuso a través del tiempo, y perdura en nuestros días enriquecida por las aportaciones de un notable físico inglés, Isaac Newton (1642-1727), descubridor de la Ley de la Gravitación Universal, según la cual "hay una fuerza de atracción entre cada par de objetos del Universo. Esa fuerza está en razón directa de sus masas e inversa al cuadrado de su distancia".

La Astronomía siguió evolucionando y, con ayuda del telescopio, fueron descubiertos los tres planetas más alejados del Sol, que no son visibles a simple vista: Urano, en 1781, Neptuno en 1846 y Plutón en 1930. Este último es, casi siempre, el planeta más alejado del Sol, aunque en algunos años se acerca más a nuestra estrella que Neptuno.

Hipótesis sobre la formación del Sistema Solar

Han sido numerosas las teorías elaboradas sobre los orígenes de nuestro Sistema Solar. Casi todas las teorías actuales, entre ellas la de Fred Hoyle y la de Gerard Kuiper, aceptan que el Sol y los otros astros del Sistema nacieron de una de las numerosas nubes de gas que contiene la Vía Láctea.

Esta gigantesca masa, en un momento determinado de su desarrollo comenzó a girar a una velocidad cada vez mayor y a contraerse, adoptando la forma de un grueso disco. La contracción originó un notable aumento de su temperatura, mayor en la porción central donde se concentró 99 % de la materia y se formó el protosol (de *protos*, primero), antecedente del Sol actual.

El gas que no formaba parte de esa porción central se condensó en partículas de materia que chocaron numerosas veces, se unieron y formaron cuerpos cada vez más grandes, a los que llamamos protoplanetas. Estos cuerpos siguieron girando alrededor de la masa central y dieron origen a los planetas y a los satélites de éstos (fig. 1.9).

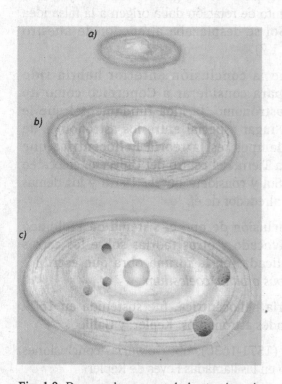

Fig. 1.9. De acuerdo con una de las teorías más aceptadas actualmente, la formación de nuestro Sistema Solar se inició cuando una gigantesca nube de gases comenzó a girar alrededor de su centro (*a*). La mayor parte de la materia se concentró en un núcleo central dando origen al Sol (*b*). Otra porción de esa materia originó los planetas y sus satélites (*c*). El resto de esa nube se solidificó en miles de millones de pequeñas rocas y polvo cósmico.

Su naturaleza física

El Sol, astro principal y centro del Sistema Solar, es una esfera de gases que contiene 99.8 % de la masa total del Sistema y proporciona prácticamente toda la energía que reciben los astros que gravitan en torno de él. El Sol se mueve, junto con todos esos astros, alrededor del centro de la Vía Láctea, a una velocidad de 250 km por segundo. En el Sol han sido descubiertos 92 de los elementos químicos que existen en la Tierra en forma natural, hecho que confirma su origen común. De estos elementos, dos predominan en la composición del Sol: el hidrógeno que representa 70 % y el helio, al que corresponde 27 %. Este último fue descubierto en el Sol antes que en la Tierra.

La figura 1.10 trata de ser representativa de la estructura interna y superficial del Sol. Obsérvese la situación del núcleo, la fotosfera, la cromosfera y la corona.

El **núcleo** es la parte central del Sol. En él se lleva a cabo la fusión nuclear, en la que núcleos de átomos de hidrógeno se transforman constantemente en núcleos de átomos de helio desprendiendo durante el proceso gran cantidad de energía que da origen a la intensa radiación solar. Se calcula que la temperatura del centro del Sol es de 15 millones de grados celsius aproximadamente.

La **fotosfera** llamada comúnmente disco solar, es la capa brillante que nunca deberías observar a simple vista, pues su intensidad puede dejarnos ciegos. Su temperatura varía con la profundidad: cerca del núcleo es de 6200 °C y en su parte superior, donde se inicia la Cromosfera, disminuye a 4 000 ° Celsius. En su superficie se distinguen manchas que aumentan cada 5 y medio años y disminuyen en otros 5 y medio. Se piensa que estas manchas son zonas de menor temperatura y por contraste se ven oscuras. Cuando su número aumenta, originan perturbaciones electromagnéticas en la Tierra, ocasionando interferencias en las trasmisiones de radio y televisión.

La capa siguiente la **cromosfera**, alcanza una altura de 10 000 km sobre la fotosfera. Su temperatura varía de 4000 °C, cerca de la fotosfera, a 1 000 000 °C en la zona de contacto con la corona. En esta última capa, la temperatura se mantiene igual. Se levantan gigantescas columnas de gases llamadas protuberancias, que se extienden miles de kilómetros más allá del Sol. La llamada **corona** es un halo luminoso que rodea al Sol y sólo puede ser observado a simple vista durante los eclipses solares o, en cualquier momento, con ayuda del coronógrafo, instrumento creado por el astrónomo francés Lyot.

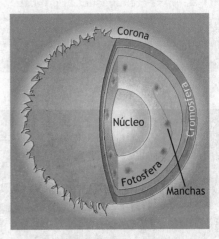

Fig. 1.10. En el núcleo se origina la mayor parte de la energía solar. La fotosfera, llamada comúnmente "disco solar" y la parte del Sol que podemos observar a simple vista, protegiendo los ojos de su intenso brillo. La cromosfera y la corona pueden ser observadas durante los eclipses anulares y totales de Sol. En el texto encontrarás más información.

Cuadro 1.1.

Algunas características del Sol

Diámetro: 109 veces el terrestre.

Distancia media a la Tierra: 150 000 000 km.

Masa: 330 000 veces la de la Tierra.

Volumen: 1 300 000 veces el terrestre.

Rotación: 25 días en el Ecuador y 30 días en los polos.

Efectos que ejerce el Sol sobre los planetas

La influencia del Sol en los planetas es decisiva ya que de él reciben energía, entre otras formas como luz y calor. En lo que respecta a la Tierra, si dejáramos de recibir energía del Sol, la especie humana y la mayoría de los organismos se extinguirían.

Cada once años, cuando la actividad interna del Sol se intensifica, aumenta el número de manchas y protuberancias y es mayor la cantidad de partículas que se desprenden del astro y que llegan a la Tierra en forma de "viento solar" dando lugar a perturbaciones magnéticas que se manifiestan en la aparición de los bellos fenómenos luminosos conocidos como Auroras Polares.

La energía solar puede convertirse en energía mecánica o eléctrica mediante diversas tecnologías. En varios países, entre ellos Estados Unidos de América, Japón, Francia e Israel, se iniciaron hace algunas décadas investigaciones encaminadas a lograr un control cada vez mayor de esa energía pues, además de ahorrar petróleo y carbón, es un energético limpio e inagotable que no contamina el ambiente (fig. 1.11). Tu maestro de física puede proporcionarte más datos sobre este tema o informarte acerca de las obras donde puedes ampliar ese conocimiento.

El Sol representa el punto de referencia de dos de nuestras unidades básicas de tiempo: el día y el año. Desde los primeros pueblos, el día es el intervalo entre dos pasos sucesivos del Sol por un mismo punto de la esfera celeste y el concepto de año está relacionado con el tiempo transcurrido entre dos pasos sucesivos del Sol frente a una misma estrella.

Fig. 1.11. Ejemplo de una forma de utilizar la energía solar. Los espejos de este edificio colector concentran la energía en un punto, donde se crea una temperatura tan elevada que en pocos segundos funde y mezcla diversas sustancias metálicas empleadas en la industria en múltiples formas, entre otras, en la fabricación de tubos de televisión en color y revestimiento de hornos metalúrgicos especiales.

Fig. 1.12. Nuestro Sistema Solar. En la figura puede apreciarse la situación de los planetas respecto al Sol. Obsérvese que la zona de los asteroides separa a los cuatro planetas interiores de los cinco exteriores.

Tema III Los planetas

Principales características. Comparaciones entre los planetas

Los planetas son astros que se trasladan alrededor del Sol, en órbitas elípticas (fig. 1.12). Carecen de luz propia y brillan en las noches porque reflejan la luz del Sol pero, a diferencia de la luz titilante de las estrellas, la que ellos reflejan se ve fija.

A los cuatro planetas más cercanos al Sol (Mercurio, Venus, Tierra y Marte) (fig. 1.13) se les llama planetas interiores y también terrestres porque tienen, como la Tierra, una superficie sólida, una atmósfera relativamente ligera y contienen, como la Tierra, elementos pesados. Sus dimensiones son muy inferiores a las de los grandes planetas. En el cuadro 1.2 y figura 1.14 están anotadas algunas de las principales características de los planetas.

Los satélites o lunas, astros de menores dimensiones que los planetas, se trasladan alrededor de éstos y junto con ellos en torno al Sol. Carecen de luz propia y brillan, como los planetas, porque reflejan la luz del Sol. El único satélite natural de la Tierra es la Luna. En el cuadro 1.2 también se encuentran los nombres de los satélites descubiertos hasta 1998.

El número de satélites seguirá aumentando a medida que nuevas sondas espaciales, con instrumentos cada vez más precisos, lleguen a todos los planetas del Sistema.

Asteroides, cometas y meteoroides

Los **asteroides** o planetoides son cuerpos de diversas formas y dimensiones localizados entre las órbitas de Marte y Júpiter. Su número se calcula en más de 40 000. Se piensa que son restos de un planeta que no se formó o que se desintegró. Es posible que los dos pequeños satélites de Marte y algunos de los de Júpiter sean asteroides, de gran tamaño, capturados por la gravedad de esos planetas.

Cometas. Son astros constituidos por un núcleo sólido y cubierto de cristales de metano, agua y amoniaco congelados, unidos por la atracción que ejercen mutuamente. A medida que se aproximan al Sol, el calor de éste evapora parte de los cristales, y los gases del cometa se desprenden y forman una cabellera.

Cuando el cometa se aproxima al Sol, la evaporación es mayor y la cabellera se prolonga

Fig. 1.13. En la imagen se aprecia, sobre la superficie rojiza de Marte, al *Sojouner*, instrumento trasladado hasta ese planeta por la sonda espacial *Pathfinder* para recoger muestras de la corteza marciana.

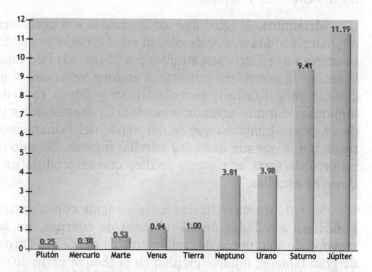

Fig. 1.14. En la gráfica están representados los diámetros de los nueve planetas del Sistema Solar. Obsérvese que el diámetro terrestre (12 760 km). Está considerado como unidad y que cuatro de los planetas son menores que la Tierra.

en una cauda o cola que en ocasiones alcanza más de 150 millones de kilómetros. Esta cauda siempre está en dirección opuesta al Sol porque los átomos que escapan de este astro constituyen el viento solar, empujan las pequeñísimas partículas de la cauda en dirección contraria al astro (fig. 1.15).

Se piensa que existen miles de cometas algunos provienen de la nube de Ort que es el límite del Sistema Solar. Los más brillantes han sido observados desde tiempos remotos; algunos son periódicos y reaparecen cada determinado tiempo. Otros cometas han sido observados sólo una vez y se supone que se han desintegrado o tienen una órbita tan alargada que tardarán cientos o miles de años en ser observados nuevamente desde la Tierra.

En el siglo XVII, el científico Halley, comprobó que uno de los cometas, llamado actualmente con su nombre, había sido observado cada 76 años y predijo que regresaría en 1759, predicción que se cumplió. La última aparición de ese cometa fue en 1986 por lo que puede anticiparse su regreso hacia el año 2062. Otros cometas periódicos son el *Encke* que reaparece cada 3.3 años y el *Ikeya-Seki*, cada 150 años.

Meteoritos. Al igual que los asteroides son porciones de materia sólida que se desplazan en el espacio y cuando se acercan a la Tierra son atraídos por la gravedad de ésta. Penetran la atmósfera terrestre a enorme velocidad y al chocar se calientan, se volatilizan y dejan rastros luminosos durante algunos segundos. La impresión es la de un punto luminoso que se desprende del firmamento, razón por la que son llamados **estrellas fugaces**. Cuando el número de éstas es elevado se dice que se produjo una **lluvia de estrellas**.

Se calcula que diariamente chocan con nuestra atmósfera alrededor de 25 millones de cuerpos, en su mayoría de sólo uno o dos milímetros de diámetro. Otros, de gran tamaño, aunque pierden en el choque parte de su materia, logran atravesar la atmósfera y se estrellan contra la superficie terrestre. A estos últimos los llamamos **meteoritos** (fig. 1.16).

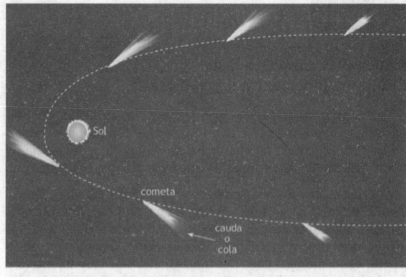

Fig. 1.15. En la ilustración puede observarse que la cauda, o cola, del cometa aumenta de tamaño a medida que se acerca al Sol y disminuye a medida que se aleja de éste. Siempre se orientará en sentido opuesto al Sol.

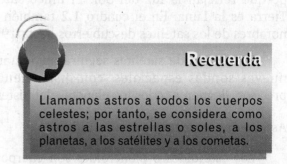

Recuerda

Llamamos astros a todos los cuerpos celestes; por tanto, se considera como astros a las estrellas o soles, a los planetas, a los satélites y a los cometas.

Fig. 1.16. Este enorme cráter producido por el impacto de un meteorito que cayó cerca de Arizona, EUA, mide un kilómetro de diámetro.

Cuadro 1.2.

Características principales de los planetas

Nombre	Distancia al Sol en UA***	Diámetro*	Traslación	Rotación	Masa Tierra: 1	Satélites	Características
Mercurio	0.38	0.38	88 días	58 días	0.055	Ninguno	Su temperatura media es de 350 ºC. Tiene una corteza sólida constituida por lavas en la que se distinguen miles de cráteres, lo que confiere a Mercurio una apariencia semejante a la de la Luna. No tiene líquidos y en su atmósfera, mil billones de veces menos densa que la de la Tierra, predominan helio e hidrógeno.
Venus	0.72	0.94	225 días	243 días **	0.815	Ninguno	Su atmósfera está constituida por 96.6 % de dióxido de carbono y 3.2 % de nitrógeno. Tiene una temperatura media de 470 ºC. En sus nubes bajas predomina dióxido de carbono y en las altas, ácido sulfúrico. No hay agua líquida.
Tierra	1.00	1.00	365 días	23 h 56 min	1.000	Luna	En su atmósfera predominan nitrógeno (78 %) y oxígeno (21 %). Su temperatura media es de 22 ºC. Tiene núcleo constituido por hierro y níquel una corteza sólida, cubierta por agua en 71 %.
Marte	1.52	0.53	2 años	24 h 37 min	0.107	Deimos, Fobos	Su temperatura media es de −23 ºC. Su atmósfera, en la que predomina el dióxido de carbonó es 150 veces más tenue que la terrestre. El color rojizo de su superficie se debe a la abundancia de dióxido de hierro. Las naves espaciales han descubierto hielo de agua en sus polos y cauces profundos que, se piensa, fueron formados hace millones de años por ríos desaparecidos.
Júpiter	51.00	11.19	11 años	9 h 50 min	317.800	Metis, Adrastea, Amaltea, Tebe, Io, Europa, Ganimedes, Calisto, Leda, Himalia, Lisitea, Elara, Ananke, Carmé, Pasifae, Sinope	Las temperaturas en Júpiter y las de otros planetas más alejados del Sol son siempre inferiores a −150 ºC. En su atmósfera predominan hidrógeno (84 %) y helio (15 %). El 1 % restante está formado por amoniaco y metano, los que forman un "mar" que cubre un núcleo rocoso. Los gases superficiales presentan el aspecto de bandas de diferentes colores sobre las que se distingue una gran mancha roja, en la que cabría la Tierra y que parece ser una tormenta gigantesca, con vientos huracanados.
Saturno	9.52	9.41	29 años	10 h 14 min	94.300	Epimeteo, Jano, Mimas, Encélado, Helen, Pan, Pandora, Prometeo, Tetis, Telesto, Calipso, Dione, Rhea, Titán, Hiperión, Japeto, Febe	Su temperatura media es de −180 ºC. Su aspecto exterior es parecido al de Júpiter y tiene, también un núcleo sólido rodeado por una capa de hidrógeno líquido metálico. En su atmósfera predominan hidrógeno y helio y existen moléculas de amoniaco y metano. Lo rodean miles de anillos construidos por millones de partículas rocosas cubiertas de amoniaco.
Urano	19.13	3.98	84 años	17 h 6 min	14.600	Miranda, Ariel, Umbriel, Titania, Oberón, Belinda, Bianca, Cordelia, Crésida, Desdémona, Julieta, Ofelia, Porcia, Puck, Rosalinda	En su atmósfera predomina el hidrógeno. Se distinguen, además, helio y moléculas de metano y otros gases. Como los planetas anteriores tiene un núcleo rocoso cubierto por un mar de amoniaco. Su temperatura media es de −210° C.
Neptuno	30.02	3.81	164 años	15 h	17.200	Tritón, Nereida, Despina, Galatea, Larisa, Náyade, Proter, Thala 55a	Como los otros planetas exteriores está en estado gaseoso y tiene un núcleo sólido de dimensiones semejantes a las de la Tierra. Su temperatura media se calcula en −220° C. En su atmósfera, en la que predomina metano existen bandas horizontales sobre las que se distingue una gran mancha de color azul que parece ser una tormenta gigantesca.
Plutón	39.42	0.25	248 años		0.0025	Caronte	Su temperatura media se calcula en −230° C. Fue descubierto en 1930 por Tombaugh, después de 15 años de búsqueda. Durante su traslación alrededor del Sol, Plutón, penetra durante 20 años la órbita de Neptuno.

*En relación con el diámetro terrestre. **U A es el símbolo de Unidades Astronómicas. Una UA es la distancia media de la Tierra al Sol y equivale a 150 millones de km.

FUENTE: Julieta Fierro y Miguel Ángel Herrera, La familia del Sol, Fondo de Cultura Económica, México, 1998.

El sistema Tierra-Luna

La Luna, el astro más cercano a la Tierra y su único satélite natural, es un cuerpo opaco que brilla porque refleja la luz del Sol. Su diámetro (3476 km) equivale a la cuarta parte del terrestre aproximadamente, pero debido a su cercanía, la vemos casi del mismo tamaño que el Sol; por la misma razón, se desplaza, aparentemente, con mayor rapidez que los otros astros. Su gravedad equivale a la sexta parte de la terrestre, por tanto, si una persona pesa 72 kg en la Tierra, en la Luna pesaría sólo 12 kg. No tiene atmósfera pero, en 1998, la sonda espacial Luna Prospector encontró agua, en el Polo Norte del hemisferio no visible desde la Tierra.

Las dimensiones de la Luna, en relación con las de la Tierra, han hecho pensar a varios astrónomos que ambos astros constituyen un sistema doble que gira alrededor de un centro de gravedad común (cuadro 1.3).

La superficie de la Luna presenta más de 300 000 cráteres producidos por actividad volcánica en el pasado y por el impacto de meteoritos que, debido a la falta de atmósfera, se estrellan violentamente en este satélite (figs. 1.17 y 1.19). Hay, además, extensas cordilleras de grandes elevaciones. Existen regiones de gran extensión, cubiertas por lavas. En el cuadro 1.2 están anotadas otras características de nuestro satélite.

Movimientos de la Luna. La Luna gira lentamente alrededor de su eje al mismo tiempo que se desplaza alrededor de la Tierra. La duración de ambos movimientos es la misma, por este motivo desde la Tierra sólo podemos ver uno de sus hemisferios. Las fotografías del otro hemisferio, obtenidas por varios astronautas, muestran su semejanza con el hemisferio que conocemos.

La Luna emplea 27 días, 7 horas, 43 minutos y 11 segundos en quedar frente a una misma estrella y en dar una vuelta completa sobre su eje. A este periodo se le denomina **mes lunar sideral**.

Al periodo transcurrido desde una fase (Luna nueva, por ejemplo) a otra fase igual (otra Luna nueva) se le llama **mes lunar sinódico** y tiene una duración de 29 días, 12 horas, 44 minutos. A este último también lo llamamos mes lunar (fig. 1.18).

Durante ese mes, la Luna presenta a la Tierra porciones diferentes del hemisferio que ilumina el Sol. A esos diferentes aspectos los llamamos **fases**.

En la figura 1.18 puede verse que durante la Luna nueva no podemos observar a nuestro

Fig. 1.17. El módulo Eagle asciende hacia el *Apolo II* después de terminar la misión en la Luna. En la superficie de nuestro satélite hay numerosos cráteres.

Cuadro 1.3.

Algunos datos de la Luna

Diámetro ecuatorial: 3476 km (aproximadamente 1/4 del terrestre).
Masa: 81 veces menor que la de la Tierra.
Volumen: 30 veces menor que el terrestre.
Gravedad: equivale a la sexta parte de la que tiene de Tierra.
Distancia media a la Tierra: 384 400 km
Distancia máxima a la Tierra: 406 700 km
Distancia mínima a la Tierra: 356 400 km
Inclinación de su órbita: 5
Velocidad orbital media: 1.02 km por segundo.

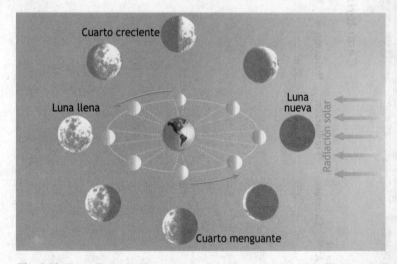

Fig. 1.18. En la figura la Tierra ocupa el centro, los rayos del Sol están representados por flechas y la Luna por pequeños círculos que corresponden a sus distintas posiciones. Los círculos grandes indican la forma como vemos a la Luna, desde la Tierra, en cada posición.

satélite, porque el hemisferio que presenta a la Tierra no recibe los rayos de Sol. En la Luna llena, en cambio, podemos ver todo ese hemisferio iluminado.

Influencia de la Luna sobre la Tierra

De acuerdo con la Ley de la Gravitación Universal (pág. 14) la Tierra, por ser de mayor tamaño que la Luna, obliga a ésta a girar alrededor de ella; sin embargo, de acuerdo con la misma Ley, la Luna, a su vez, ejerce atracción sobre nuestro planeta. Esa atracción se manifiesta principalmente en las grandes masas de agua, en cuya superficie se producen cada 12 horas movimientos de ascenso y descenso, llamados **mareas**. En la unidad 4 ampliarás tu conocimiento sobre este tema.

La Luna ha permitido establecer una forma de medir el tiempo. El mes lunar, intervalo entre dos fases iguales y sucesivas, fue una de las medidas del tiempo utilizadas en el pasado. En nuestros días, el calendario musulmán se guía por el mes lunar.

Eclipses

Llamamos eclipse a la ocultación de un astro por otro. Los eclipses más notables desde la Tierra son los de Sol y los de Luna. ¿Cuál es el origen de estos fenómenos?

Como sabemos la Luna gira alrededor de la Tierra y nuestro planeta, alrededor del Sol. En ocasiones coincide que los tres astros se colocan en un mismo plano, con la Luna situada entre la Tierra y el Sol, y aunque nuestro satélite es mucho menor que el Sol, su cercanía a la Tierra hace aparecer el disco lunar de la misma dimensión que el del Sol por lo que la Luna cubre aparentemente todo el Sol dando origen a un eclipse solar para la porción de la Tierra a la que llega la sombra proyectada por la Luna (fig. 1.21). Para los habitantes de esa zona el eclipse es **total**, porque dejan de ver todo el Sol.

Cuando la Luna cubre sólo una porción del Sol se produce un eclipse **parcial**, esto es, deja de verse una parte del Sol. Este tipo de eclipse es el más frecuente. En ocasiones, el disco lunar cubre la parte central del disco solar pero deja descubierta una zona, en forma de anillo, alrededor de la parte oscurecida (fig. 1.20) A estos eclipses se les llama **anulares**.

Para que se produzca un eclipse de Sol, la Luna debe estar en su fase de Luna nueva (véase fig. 1.18).

Obsérvese en la figura 1.21 que cuando es la Tierra la que se interpone entre el Sol y la Luna, nuestro planeta proyecta su sombra sobre el disco lunar en forma total o parcial y se produce un eclipse de Luna. Los griegos, al observar en estos eclipses la sombra que la Tierra proyecta sobre nuestro satélite dedujeron la redondez de nuestro planeta.

Fig. 1.19. Los primeros seres humanos que pisaron el suelo lunar fueron dos astronautas: Armstrong y Aldrin quienes viajaron en julio de 1969 a bordo del *Apolo 11*, junto con Collins, otro astronauta que permaneció en la nave y no descendió a la Luna.

Fig. 1.20. Eclipse anular. Obsérvese que en este tipo de eclipse el disco solar queda cubierto por el de la Luna, a excepción de una pequeña porción que sobresale alrededor, formando una especie de anillo.

Cuadro 1.4.

Eclipses totales de Sol y de la Luna del año 2002 al 2008

Eclipses totales de Sol

4 de diciembre del 2002
23 de noviembre del 2003
8 de abril del 2005
29 de marzo del 2006

Eclipses totales de Luna

16 de mayo y 9 de noviembre del 2003
4 de mayo y 28 de octubre del 2004
3 de marzo y 28 de agosto del 2007
21 de febrero del 2008

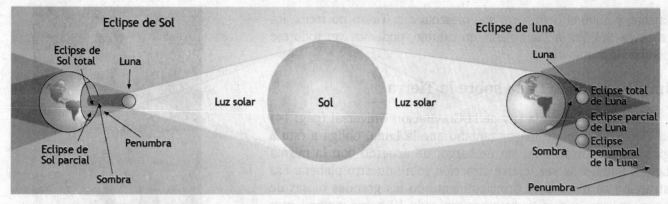

Fig. 1.21. Llamamos eclipse a la ocultación de un astro por otro. En la figura están ilustrados un eclipse de Sol y uno de Luna. Observa que en el de Sol la Luna se interpone entre este astro y la Tierra y oculta (eclipsa) parte o la totalidad del Sol. En el de la Luna, la Tierra proyecta sobre su satélite su sombra en forma parcial o total.

Actividades

Para investigar

1. Si en el lugar donde vives hay un planetario, visítalo con tu maestro y compañeros de grupo, o con tus familiares.

2. Pregunta a tu maestro(a), cómo puedes identificar la Estrella Polar y trata de localizarla durante una noche en que el firmamento esté despejado.

3. Investiga otras teorías sobre la formación del Sistema Solar.

Aplicación de conocimientos

1. Consulta el dato de la distancia media de la Tierra al Sol en el pie de la figura 1.10 y calcula cuánto tiempo emplea la luz de nuestra estrella en llegar a la Tierra. El dato de la velocidad de la luz puedes obtenerlo en el pie de la figura 1.3 pág. 11.

2. Realiza el mismo ejercicio en relación a la Luna. En el cuadro 1.3, encontrarás el dato de su distancia media a la Tierra.

3. En el mismo cuadro 1.3, se encuentra el dato de la gravedad lunar en relación con la terrestre. Calcula cuánto pesará una persona en la Luna si su peso en la Tierra es de 84 kg. ¿Cuánto pesarías tú en la Luna?

Aplicación de conocimientos

1. Pregunta a tu maestro de matemáticas cómo puedes trazar las elipses que representan las órbitas planetarias. Puedes utilizar el llamado "método del jardinero", ilustrado a la derecha usa un hilo resistente y dos alfileres, o clavos pequeños. Marca dos focos y clava los alfileres o clavos en ellos. Recuerda: entre más cerca están los focos, la forma de la elipse se acerca más a la de un círculo. Observa en la figura cómo hacer el trazo.

Interpretación de datos

Junto con tu equipo analicen el cuadro 1.3 y el esquema del Sistema Solar. Deduzcan:

1. ¿Por qué los cuatro grandes planetas no podrían estar separados por distancias semejantes a las que separan a los cuatro interiores? Fundamenten su opinión.

2. Plantea a tus compañeros otras preguntas derivadas de la actividad que realizaron.

Los movimientos de la Tierra

Polos, ecuador y meridiano cero

El estudio de los movimientos de la Tierra requiere que ampliemos algunas nociones adquiridas en años anteriores. En la figura 1.22, la línea horizontal roja representa una parte del plano de la órbita que recorre la Tierra alrededor del Sol; la línea vertical punteada, llamada **normal**, indica la posición que tendría el Eje de la Tierra si fuera perpendicular a la órbita terrestre.

Llamamos **Eje terrestre** o Eje Polar a la recta imaginaria que atraviesa por el centro y alrededor de la cual efectúa su movimiento de rotación. Los puntos extremos en que el Eje toca la Tierra son el Polo Norte y el Polo Sur.

El Eje forma con la normal un ángulo de 23°27' y con el plano de la órbita un ángulo de 66°33'. Es importante recordar estas dos medidas angulares porque tienen importancia en el estudio de las estaciones del año.

El **Ecuador** es un círculo perpendicular al eje terrestre. Se le llama máximo porque no hay otro mayor que él. Divide a la Tierra en Hemisferio Norte, Boreal o Septentrional y Hemisferio Sur, Austral o Meridional. La circunferencia del Ecuador, esto es, la línea que lo limita, mide 40 076 km (fig. 1.24).

Aunque el Ecuador es un círculo, en las superficies planas se le representa, como en la figura 1.23, con una línea perpendicular al Eje. A partir del Ecuador se mide la latitud, que es la distancia en grados de un punto al Ecuador. Todos los lugares situados al norte del Ecuador tienen latitud norte y los situados al sur de ese círculo tienen latitud sur. En la Unidad 3 profundizarás estos conceptos.

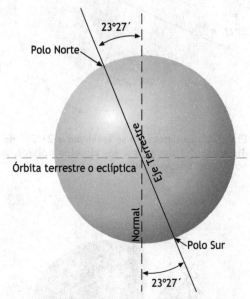

Fig. 1.22. La inclinación del Eje terrestre influye en forma decisiva en las estaciones del año.

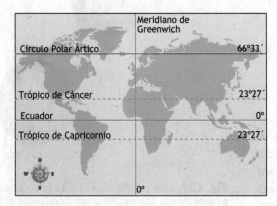

Fig. 1.23. Aunque el Ecuador y los paralelos son círculos, en algunos mapas, como el de proyección cilíndrica que aparece en esta ilustración, son representados con líneas rectas.

Fig. 1.24. El Ecuador es un círculo que divide a la Tierra en Hemisferio Norte o Boreal y Sur o Austral. Por lo general, en las superficies planas es representado con una línea recta.

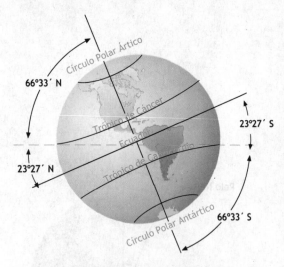

Fig. 1.25. Los trópicos se localizan a 23°27' de distancia del Ecuador y los círculos polares, a 66°33', del mismo círculo.

En la figura 1.25 están representados algunos **paralelos**, círculos paralelos al **Ecuador** y menores a éste. Las dimensiones de los paralelos disminuyen a medida que están más lejos del Ecuador. Cuatro paralelos tienen nombres: Trópico de Cáncer y Trópico de Capricornio situados a 23°27' del Ecuador; Círculo Polar Ártico y Círculo Polar Antártico, localizados a 66°33' del Ecuador y a 23°27' de los polos (fig. 1.25).

Meridianos. Llamamos meridianos a los semicírculos que van de polo a polo. Cada meridiano completa con su antimeridiano, que es el meridiano opuesto, una circunferencia que mide 40 009 km, esto es, un poco menos que la del Ecuador, debido al achatamiento polar. Aunque puede trazarse un meridiano por cada punto de la Tierra, generalmente se consideran 360, uno por cada grado de la esfera terrestre (fig. 1.26).

Como todos los meridianos dividen a la Tierra en dos partes iguales, se eligió al meridiano que pasa por el observatorio de Greenwich, ciudad inglesa vecina a Londres, y a su antimeridiano, el de 180°, para considerar a la Tierra dividida en un Hemisferio Oriental o Este, y un hemisferio Occidental u Oeste. A este meridiano se le nombra de distintas formas: Meridiano de Greenwich, Meridiano Cero, Primer Meridiano y Meridiano Origen.

Fig. 1.26. Los meridianos son semicírculos que van de polo a polo. Si pelamos una mandarina podemos comparar las líneas que dividen a ésta en gajos con los meridianos.

La rotación y sus efectos

Rotación. Llamamos rotación al movimiento que efectúa la Tierra alrededor de su eje, de oeste a este, esto es, en sentido contrario a la dirección en que aparentemente se mueven el Sol y las estrellas. Una prueba de la rotación la proporcionan las imágenes obtenidas desde satélites artificiales de órbita polar, que conservan su trayectoria casi igual alrededor de la Tierra, mientras el planeta gira debajo de ellos (fig. 1.27).

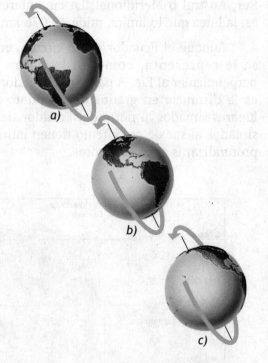

Fig. 1.27. Una prueba objetiva de la rotación la proporcionan los satélites artificiales de órbita polar. Obsérvese que mientras la Tierra rota, el satélite conserva casi igual su trayectoria alrededor del planeta.

En la figura 1.28 puede advertirse que la velocidad de la rotación no es igual para todos los puntos de la Tierra. Una sencilla explicación de este fenómeno se encuentra en la figura 1.29.

La Tierra tarda aproximadamente 24 horas en dar una vuelta completa alrededor de su eje. Este periodo, al que llamamos **día**, se mide tomando como referencia una estrella o el Sol. Llamamos **día sideral** al periodo que tarda la Tierra en presentar un mismo meridiano dos veces consecutivas frente una estrella determinada. Dura 23 horas 56 minutos, 4 segundos y se usa sólo en los observatorios astronómicos.

El **día solar** medio dura 24 horas y comienza a contarse a partir de las 12 horas (mediodía). El **día civil**, que es el que empleamos en la vida diaria, también dura 24 horas pero empieza a contarse a partir de las 0 horas.

Efectos de la rotación. El efecto más importante de la rotación es **la sucesión del día y de la noche**. Debido al movimiento de rotación, al día lo sucede la noche y a ésta nuevamente el día. Otros efectos, son:

Desviación de los cuerpos al caer. Numerosos experimentos han demostrado que cualquier cuerpo al caer no sigue la trayectoria vertical, sino que se desvía hacia el este.

Desviación de móviles, como los vientos y las corrientes marinas.

El achatamiento polar y ensanchamiento ecuatorial son, también, consecuencia de la rotación.

Determinación de dos de los puntos cardinales: Oriente, Este o Levante, por donde aparentemente aparece el Sol y Occidente, Oeste o Poniente, por donde lo vemos ocultarse.

Diferencia de horas, en un mismo momento, en lugares situados en distintos meridianos (véase fig. 1.30).

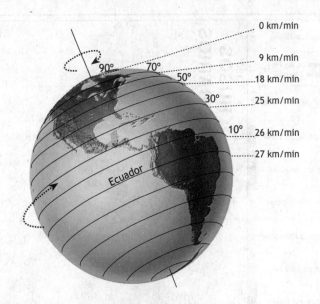

Fig. 1.28. Durante la rotación, no todos los puntos de la Tierra giran a la misma velocidad. Observa en la figura, que la velocidad en el Ecuador es de 27 km por minuto y que disminuye hacia los polos, donde es nula.

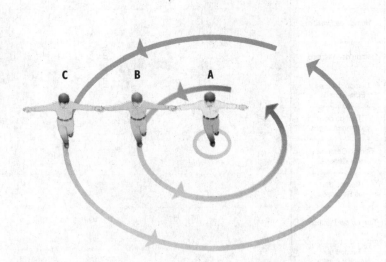

Fig. 1.29. En la figura puede observarse que la persona del centro *a*, que ocupa el lugar correspondiente al Polo Norte, no sale del mismo lugar mientras sus compañeros giran, y que la persona *c*, situada sobre el círculo que representa al Ecuador, tiene que desplazarse a mayor velocidad que la persona *b* para llegar en igual tiempo al mismo lugar.

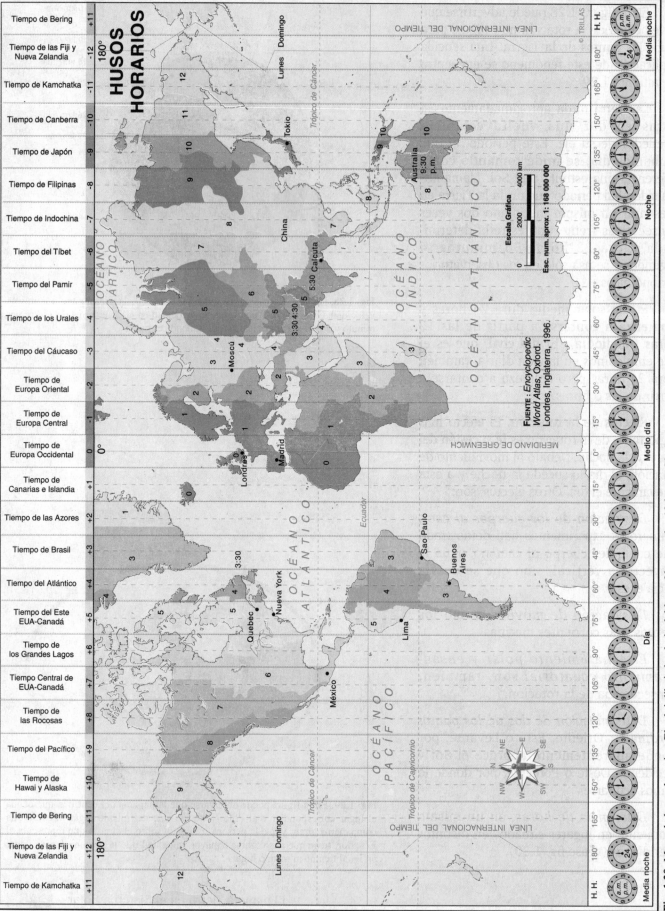

Fig. 1.30. Mapa de husos horarios. El reloj dibujado al pie del huso 0° marca las 12 horas. Obsérvese que los otros relojes señalan las horas correspondientes a los otros husos en el mismo momento. En el mapa está trazada, además, la Línea Internacional del Tiempo o de cambio de fecha.

Las diferencias horarias

Hasta mediados del siglo XIX, cada localidad señalaba su propia hora de acuerdo con el meridiano que atravesaba el lugar (hora local), pero la intensificación y mayor rapidez de las comunicaciones obligó a establecer el sistema de los **husos horarios**. ¿En qué consiste éste?

En geometría se llama **huso** a la superficie de la esfera limitada por semicírculos. Como la esfera terrestre tiene 360°, si dividimos éstos entre las 24 horas del día obtendremos 15°, amplitud correspondiente a cada huso. Los llamamos **horarios** porque cada huso emplea una hora para pasar frente al Sol.

De acuerdo con el Sistema de Husos Horarios, todos los lugares situados dentro de un mismo huso, aunque tienen distintos meridianos, se rigen por una sola hora, la que corresponde al **meridiano que pasa por la mitad del huso**. A esta hora se le llama **hora legal**; por tanto, hay 24 horas legales en la Tierra (figs. 1.30 y 1.31).

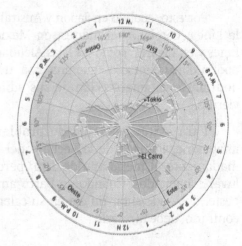

Fig. 1.31. Debido al movimiento de rotación, hay lugares de la Tierra que pasan frente al Sol antes que otros. Véase en esta figura, que cuando en el Cairo, Egipto, son las 14 horas (2 p.m.), en Tokio, Japón, son ya las 21 horas (9 p.m.).

El Huso Cero, tiene como meridiano central el Meridiano de Greenwich. Véase en la figura 1.30 que cuando en este huso son las 12 horas, los lugares que están al oriente de ese huso ya pasaron frente al Sol, por tanto, cada 15° tienen una hora de adelanto y los que se encuentran al oeste de Greenwich, que todavía no pasan frente al astro, tienen una hora de atraso por cada 15°.

La mayor parte de la República Mexicana se rige por el huso de 90° oeste, con 6 horas de atraso respecto a Greenwich (6 × 15° = 90°). Entre México y Calcuta, India, hay 180° de diferencia (12 horas), por tanto, cuando en México son las 9 de la mañana, en Calcuta son las 9 de la noche.

Línea Internacional de la Fecha. Como consecuencia de la rotación terrestre siempre hay un lugar de la Tierra donde son las 12 horas y otro donde son las 24 horas y está comenzando un nuevo día, lo que significa que el cambio de fecha, por ejemplo, de lunes a martes, podría empezar a contarse en cualquier lugar de la Tierra.

Si se observa la figura 1.30, podrá apreciarse que hay sólo un huso de 0° y uno que tiene como meridiano central el de 180°. Se acordó, internacionalmente que en la sección occidental del huso de 180° se comenzara a contar una nueva fecha un segundo después de las 24 horas y, en la mitad oriental del mismo huso se conservara la fecha del día anterior. Por ejemplo, cuando en todo el huso son las 24 horas, en la mitad occidental comienza a contarse un sábado, mientras que en la sección del Este se considera que comienza un viernes (el día anterior).

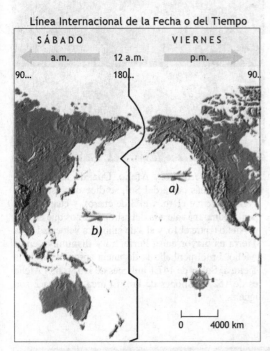

Línea Internacional de la Fecha o del Tiempo

SÁBADO		VIERNES
a.m.	12 a.m.	p.m.
90...	180...	90...

Fig. 1.32. Si el avión *a* atraviesa la Línea Internacional de la Fecha o del Tiempo a las 11 horas del viernes 4 de septiembre, encontrará que del otro lado de la línea se empieza a contar un nuevo día, por tanto, son también las 11 horas pero del sábado 5 de septiembre. Al avión *b* le ocurriría lo contrario, ya que pasará del sábado 5 al viernes 4 de septiembre, al cruzar la línea en sentido opuesto.

Por esto, cuando en Japón y Australia, cercanos al occidente de la Línea, comienza el martes, en México y Argentina es todavía lunes y en lugares, como las Islas Aleutianas, situadas sobre los 180° podría darse el caso de que una casa, una escuela, o una industria, podrían tener una sección de sus edificios en sábado y otra en viernes.

Para evitar este tipo de problemas, se trazó otra línea imaginaria, llamada de la Fecha o del Tiempo, que sigue aproximadamente el meridiano de 180° pero se desvía de éste en los lugares habitados. Cuando un barco atraviesa esta línea de este a oeste, debe adelantar un día en su calendario y si viaja en sentido contrario, debe atrasarlo.

La traslación y sus efectos.
La inclinación de la Tierra.
Las estaciones

Llamamos movimiento de traslación al que efectúa la Tierra alrededor del Sol. Sus características principales:

- La órbita o trayectoria de la Tierra tiene forma elíptica y en ella el Sol ocupa uno de los focos (1a. Ley de Kepler). Al punto más cercano al Sol lo llamamos Perihelio y al más alejado del astro, Afelio (fig. 1.33).

- La Tierra emplea 365 días, 5 horas, 48 minutos y 46 segundos en dar una vuelta alrededor del Sol. A este periodo se le llama **año trópico** y se mide, aproximadamente, a partir del 21 de marzo, cuando comienza la primavera en el Hemisferio Norte. En la vida diaria se emplea el **año civil**, un año convencional que comienza el 1o. de enero y tiene 365 días y cada cuatro años 366 días (año bisiesto).

- El movimiento de traslación y la inclinación del eje terrestre influyen en la sucesión de las estaciones del año y en la diferente duración del día durante el año.

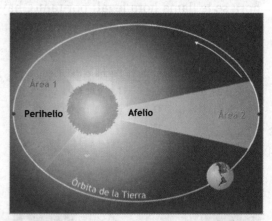

Fig. 1.33. Perihelio y Afelio. Cuando la Tierra se encuentra más cerca del Sol, se dice que está en su Perihelio (entre el 1o. y el 3 de enero), y cuando pasa por el punto más alejado del astro, decimos que está en el Afelio (entre el 1o. y el 4 de julio). La velocidad de la Tierra es mayor en el Perihelio y disminuye en el Afelio. En el perihelio la distancia aproximada de la Tierra al Sol es de 147.1 millones de km y en el Afelio es de 152.1 millones de km. El área 1 y área 2 son iguales.

Cuadro 1.5.

Las estaciones del año (fechas aproximadas)

Fechas	Hemisferio Norte	Hemisferio Sur	Duración aproximada
21 de marzo a 21 de junio	Primavera	Otoño	92 días
21 de junio a 23 de septiembre	Verano	Invierno	94 días
23 septiembre a 22 de diciembre	Otoño	Primavera	90 días
22 diciembre a 21 de marzo	Invierno	Verano	89 días

En la figura 1.35 están marcadas con letras las cuatro posiciones principales de la Tierra al recorrer su órbita. Dos de ellas son los **equinoccios** (*a* y *c*) y dos los **solsticios** (*b* y *d*). El paso de la Tierra de un equinoccio a un solsticio, o de un solsticio a un equinoccio constituye un cambio de estación. Hay cuatro estaciones, cada una de ellas con una duración de tres meses en cada hemisferio (cuadro 1. 5).

Obsérvese en las figuras 1.34 y 1.35 la importancia de los Trópicos y los círculos Polares y la de la inclinación del Eje. En el equinoccio de entre el 21 y el 23 de marzo, los rayos solares caen verticalmente en el Ecuador; a partir de esa fecha esos rayos verticales inician un recorrido aparente hacia el norte y caen, alrededor del 21 o 22 de junio en el Trópico de Cáncer. En esa posición, llamada Solsticio, se inicia el verano en el Hemisferio Norte y el invierno en el Sur. En el Polo Norte el Sol no se oculta durante las 24 horas del día (fig. 1.34).

A partir de esa fecha el Sol inicia su retorno hacia el Ecuador y sus rayos caen verticales en éste durante el equinoccio de otoño del Hemisferio Norte y de primavera, en el Hemisferio Sur entre el 22 y 24 de septiembre. Después de esa fecha los rayos verticales del Sol se dirigen hacia el sur y del 21 al 23 de diciembre caen verticales en el Trópico de Capricornio, fecha en que se inicia el verano para el Hemisferio Sur y el invierno para el Norte. En esta fecha el día dura 24 horas desde el Circulo Polar Antártico hasta el Polo Sur.

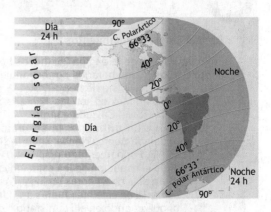

Fig. 1.34. El día más largo en el Hemisferio Norte y el más corto en el Hemisferio Sur ocurre aproximadamente el 21 de junio. En esa fecha, el Sol sale más temprano y se oculta más tarde en el Hemisferio Norte. Obsérvese que la duración del día aumenta a medida que la distancia al Ecuador es mayor. En el Casquete Polar Norte, en esa fecha el Sol no se oculta y en consecuencia el día dura 24 horas.

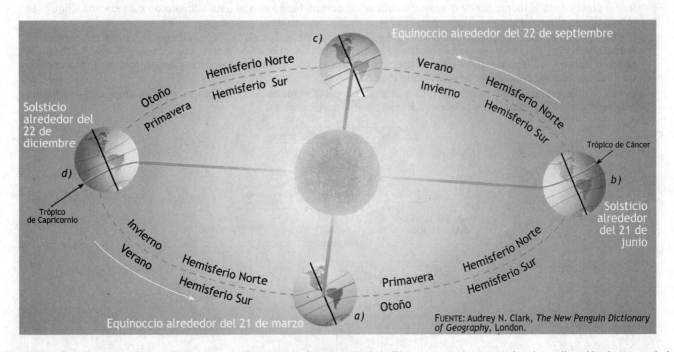

Fig. 1.35. Las estaciones del año. Obsérvese en la figura lo siguiente: el eje de la Tierra apunta siempre en la misma dirección durante toda la trayectoria de la Tierra, debido a la inclinación del eje los rayos solares caen verticalmente en el Ecuador sólo el 21 de marzo y el 23 de septiembre, la misma inclinación del eje es la causa de que el 22 de junio, los rayos solares lleguen verticalmente al Trópico de Cáncer y el 22 de diciembre, al Trópico de Capricornio.

Aplicación de conocimientos

En la figura 1.30 de la página 26, (husos horarios) está indicada, con sus nombres, la situación de algunas ciudades, dentro de los husos horarios correspondientes. Observa en cuáles husos se localizan y las horas de diferencia con México. Resuelve lo siguiente:

1. Cuando en México son las 12 horas, qué horas son en: Nueva York, EUA, Buenos Aires, Argentina, Lima, Perú, Moscú, Rusia; Calculta e India.
2. Observa en un mapa, la situación de la Línea Internacional de la Fecha y el meridiano que sigue aproximadamente. Piensa: ¿habría sido acertado que esa línea pasara por un meridiano diferente, por ejemplo, el de 90°. Fundamenta tu respuesta.
3. Estudia el esquema de las estaciones del año (fig. 1.35), y reflexiona:
   ¿Habría días de 24 horas en los polos, si el eje terrestre no estuviera inclinado? Fundamenta tu respuesta.
4. Si el día 10 de este mes fueras a Chile, ¿qué estación sería en México y cuál en Chile?
5. ¿Por qué cuando en el Hemisferio Norte es invierno en el Hemisferio Sur es verano?
6. Di en qué estación: es tu cumpleaños, comienza el año escolar, se celebra la iniciación del movimiento de Independencia, llegó Cristóbal Colón a América. Y, por último, en que estación se celebran la Navidad y el Año Nuevo.

Síntesis de la unidad 1

Aplicación de conocimientos

Desde la primaria elaboraste mapas conceptuales. Recuerda que son de gran utilidad porque te ayudan a distinguir los conceptos más importantes de los secundarios, esto es, a jerarquizarlos; ofrecen, además, una imagen sintética del tema de estudio, lo que facilita su compresión. Una ventaja más es que permiten evaluar el grado de asimilación adquirido sobre el tema.

Vas a practicar la elaboración de mapas conceptuales, completando el que está iniciado en esta página. Sigue las indicaciones siguientes:

El concepto principal con que se inicia el mapa es: Principales círculos de la Tierra. Observa que ese concepto está enlazado con los nombres de los círculos, que son conceptos secundarios, por el vocablo son. A esa palabra, así como a todas aquellas que unen unos conceptos con otros, se les llama de enlace y deben formar, junto con los conceptos, frases y oraciones con significado lógico.

Junto con tus compañeros de equipo, y tu maestro, completa el mapa en tu cuaderno. Puedes ampliarlo añadiendo nuevos conceptos y usando las palabras o frases de enlace necesarias.

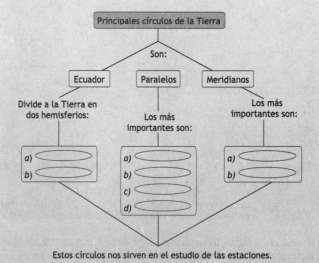

Unidad

La estructura y el pasado de la Tierra

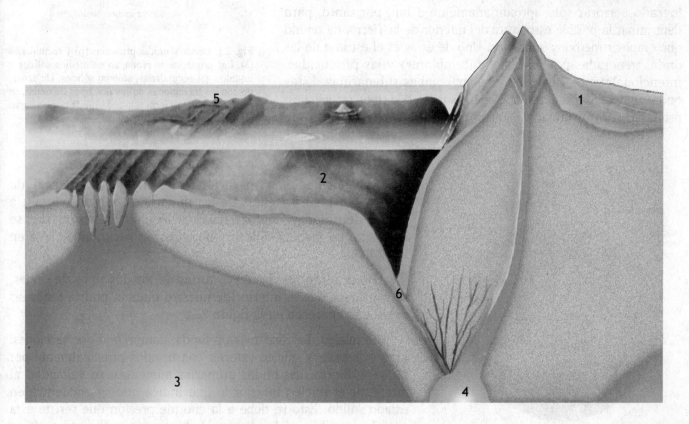

En el esquema está representada la litosfera, capa exterior de la Tierra, que comprende la corteza continental (1) y la corteza oceánica (2). Sobre esta última se encuentran las aguas de los océanos. Véase en el esquema la estrecha relación que existe entre la litosfera y el manto (3). Los materiales que constituyen a éste, llamados en forma genérica magma (4), afloran a la superficie a través de volcanes y de las dorsales oceánicas (5), y regresan al manto por las zonas de subducción (6).

En el estudio de esta unidad nos apoyaremos en dos importantes ciencias: Geología y Geomorfología. La primera nos informa de la composición, estructura e historia del desarrollo de la corteza terrestre y sus capas más profundas. La Geomorfología estudia las diferentes formas del relieve terrestre, su estructura, origen y cambios constantes.

Modelo de la estructura interna de la Tierra

Las capas y sus relaciones

La evolución de la Tierra, desde su formación hasta su estado actual, ha requerido de millones de años y de una serie de procesos previos y posteriores a la consolidación de la corteza terrestre y a la formación de su relieve. En esta unidad conocerás la relación que existe entre esa corteza y el interior de nuestro planeta y te enterarás de las transformaciones sufridas por la Tierra a través del tiempo.

El hombre trató de penetrar en el interior de la Tierra pero, de los 6 370 km que separan a la superficie del centro del planeta, ha logrado perforar sólo aproximadamente 3 km, por tanto, para determinar la posible estructura del interior de la Tierra, ha tenido que emplear métodos indirectos. Uno de éstos es el estudio de las ondas generadas por los sismos (temblores) y las producidas, intencionalmente, haciendo estallar bombas submarinas. Estas ondas, llamadas sísmicas (de sismo), son de dos tipos principales: primarias (P) y secundarias (S) (fig. 2.1).

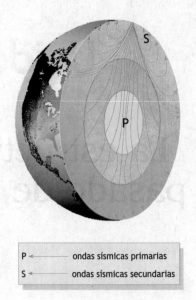

P ← ondas sísmicas primarias
S ← ondas sísmicas secundarias

Fig. 2.1. Ondas sísmicas primarias (p) y secundarias (s). Las primarias se propagan en medios sólidos y líquidos; las secundarias, sólo en sólidos. De acuerdo con las trayectorias de los dos tipos de ondas, se considera que la Tierra está constituida por las capas representadas en la figura 2.2.

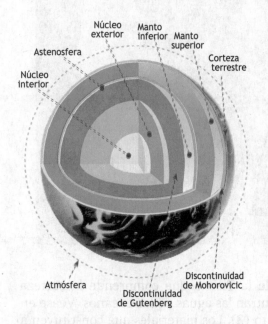

Fig. 2.2. En la figura están representadas las capas que constituyen la Tierra: núcleo interior, núcleo exterior, manto y corteza. Se indican, además, la situación de la astenosfera y dos discontinuidades: la de Gutenberg y la de Mohorovicic.

La velocidad de propagación de las ondas varía de acuerdo con la densidad y rigidez de los materiales que atraviesan: a mayor densidad y rigidez, mayor velocidad. Las primarias se propagan en medios sólidos y líquidos; las secundarias sólo en los sólidos.

De acuerdo con las trayectorias de los dos tipos de ondas, se considera que el interior de nuestro planeta podría tener las capas que aparecen en la figura 2.2.

El núcleo. La capa más profunda, comprende dos secciones: núcleo interior y núcleo exterior constituidos principalmente por níquel y hierro. Las ondas primarias aumentan su velocidad al atravesar el núcleo interior lo que indica que se encuentra en estado sólido. Esto se debe a la enorme presión que resiste esta capa lo que obliga a los átomos de hierro y níquel a comprimirse estrechamente. Su temperatura aproximada se calcula entre 4000 y 5000 grados Celsius.

Las ondas secundarias no se propagan a través del núcleo externo lo que significa que el níquel y el hierro se encuentran ahí en estado líquido. Su temperatura varía entre 5000 °C cerca del núcleo interno y 2200° en su porción superior. Llamamos discontinuidades a las zonas del interior de la Tierra donde, debido a un cambio en la densidad de la materia, se producen cambios bruscos en la velocidad de propagación de las ondas sísmicas. La

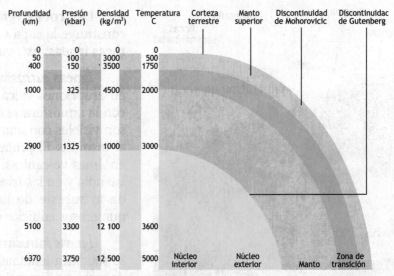

Profundidad (km)	Presión (kbar)	Densidad (kg/m³)	Temperatura C				
				Corteza terrestre	Manto superior	Discontinuidad de Mohorovicic	Discontinuidad de Gutenberg
0	0	0	0				
50	100	3000	500				
400	150	3500	1750				
1000	325	4500	2000				
2900	1325	1000	3000				
5100	3300	12 100	3600				
6370	3750	12 500	5000	Núcleo interior	Núcleo exterior	Manto	Zona de transición

Fig. 2.3. En el esquema, además de los nombres de las capas de la Tierra y de las discontinuidades que las separan, pueden observarse otras características: la profundidad de cada capa, su presión, su densidad y temperatura.

llamada discontinuidad de Gutenberg, separa al núcleo externo del manto.

El manto. Es una extensa capa situada entre el núcleo y la corteza. Su temperatura es mayor en la zona de contacto con el núcleo. Su porción superior, llamada astenosfera, está constituida por materiales que se adaptan a los cambios de forma o de lugar de las masas continentales insertadas en ellos. Estos materiales reciben el nombre genérico de magma. (fig. 2.2). Al límite entre el manto y la corteza se le conoce como Moho, en honor del científico Mohorovicic, descubridor de su presencia.

Las diferencias de temperatura entre las porciones superiores y las profundas del manto dan origen a corrientes de convección. Algunas de las corrientes de convección circulan sólo en el manto pero otras ascienden, llegan a la superficie, y llevan a ésta magma del interior. Cuando el magma llega al exterior recibe el nombre de lava. A estos movimientos de convección se atribuyen varios de los movimientos y cambios que afectan la corteza (fig. 2.3).

La corteza terrestre. Es la capa superficial de la Tierra. Representa sólo 1 % de la masa total terrestre, pero es vital para la existencia humana. Se formó, hace millones de años, con materiales superficiales del manto y de aquellos que brotaron de éste, en fenómenos volcánicos.

Tiene un espesor aproximado de 33 a 60 km en los continentes (corteza continental) y sólo de 5 km en los fondos oceánicos (corteza oceánica). Está constituida por numerosos minerales que se combinan y dan origen a rocas. En la corteza continental predominan rocas graníticas y en la corteza oceánica rocas más densas, como los basaltos.

Las rocas

A los materiales sólidos que constituyen la corteza terrestre los llamamos en forma genérica *rocas*. Las rocas son agregados minerales de una composición y estructura variadas que se forman como resultado de procesos geológicos.

Las rocas están constituidas por minerales. Debido a la gran diversidad de minerales, y de combinaciones entre éstos, existe una gran variedad de rocas. Basándose en su origen se clasifican en tres grandes grupos: ígneas, sedimentarias y metamórficas (fig. 2.4).

¿Sabías que...

Las corrientes de convección tienen su origen en la diferencia de temperatura entre dos lugares. El proceso es el siguiente: los materiales fluidos calientes ascienden y su lugar es ocupado por materiales superficiales; éstos, a menor temperatura descienden, se calientan y ascienden a su vez, cerrando el circuito.

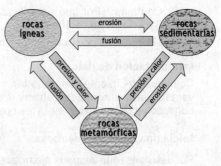

Fig. 2.4. Las rocas son transformadas por efecto de la erosión, en especial la del agua, por la exposición al calor y por la presión de capas superiores.

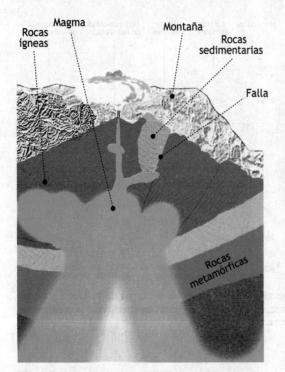

Rocas ígneas
Magma
Montaña
Rocas sedimentarias
Rocas ígneas
Falla
Rocas metamórficas

Fig. 2.5. El magma que se solidifica en el interior de la Tierra forma rocas ígneas intrusivas. Las extrusivas, llegan al exterior y pueden transformarse en sedimentarias por efecto de la erosión. Las metamórficas se forman en contacto con el magma, o por presión.

Las **rocas ígneas** tienen su origen en el magma que constituye la capa superior del manto terrestre. Hay dos tipos de rocas ígneas: extrusivas e intrusivas.

Ígneas extrusivas. Se forman del magma arrojado al exterior en erupciones volcánicas. Cuando ese magma entra en contacto con la atmósfera se enfría y forma cristales tan pequeños que sólo son visibles con una lente de aumento. Son ejemplos: el basalto y el tezontle. El primero es una roca de color oscuro, que abunda en áreas volcánicas, como en el sur de la Ciudad de México, en Islandia y en las Islas Hawaii. El tezontle, roca rojiza, fue empleada al sureste de la ciudad de México en la construcción de numerosos edificios coloniales.

Ígneas intrusivas. Cuando el magma no llega a la superficie y se solidifica lentamente en el interior de la Tierra, forma cristales de mayores dimensiones que constituyen rocas ígneas intrusivas. El granito pertenece a este tipo (fig. 2.5).

Rocas sedimentarias. Están constituidas por partículas de otras rocas transportadas por corrientes de agua, hielos y vientos, que se acumulan en capas, a través de millones de años. Son ejemplos de éstas las arcillas y las calizas.

Las metamórficas. Algunas rocas, como el mármol, la pizarra y el ónix se originan de rocas ígneas o sedimentarias, que sufren cambios en su estructura y composición por elevadas temperaturas y presiones.

Actividades

Para confirmar el conocimiento del modelo de la estructura interna de la Tierra

Elabora un periódico mural ilustrado con un esquema del interior de la Tierra. Dibuja ésta a escala para que se aprecie la extensión de cada capa. Consulta la figura 2.2 y utiliza la siguiente escala: 1 cm: 250 km. Utiliza un color diferente para cada capa. Completa el periódico con un texto sobre el sistema empleado para conocer el interior del planeta.

Haz lo siguiente

1. Compara la extensión de las capas interiores con la de la corteza.
2. Contesta: ¿Por qué para llegar al manto se han realizado perforaciones en el Océano Atlántico en vez de hacerlo en un continente?
3. ¿Por qué no podrías visitar el interior de la Tierra?

Interpretación de datos

Coloca un recipiente con agua fría y caliéntalo sólo de un extremo. En el extremo frío agrega unas gotas de color vegetal para que puedas observar cómo se desplaza el agua. Compara lo que observes con las corrientes de convección del manto y anota tus observaciones en tu cuaderno.

Inicia una colección de rocas

Puedes conseguir algunos ejemplares de basaltos, granitos, tezontle, caliza, mármol y tecalli en casas que venden materiales para construcción. Clasifica tus ejemplares de acuerdo con su origen.

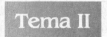

La corteza terrestre y su actividad

La Teoría de la deriva continental

En un mapamundi puede observarse que la península arábiga coincide con la costa noreste de África y que la porción oriental de Sudamérica corresponde a la entrante africana que ocupa el Golfo de Guinea. Estas coincidencias y la existencia de los mismos tipos de rocas y fósiles, animales y vegetales, en los litorales occidentales de África y los orientales de América del Sur, dieron origen a una teoría revolucionaria propuesta, en 1912, por el científico alemán Wegener (fig. 2.6).

Desde 1620, el científico inglés Francis Bacon observó que la península arábiga coincide con la costa noreste de África y que la porción oriental de Sudamérica corresponde a la entrante africana que ocupa el Golfo de Guinea. Durante el siglo XIX, las observaciones de otros científicos en el sentido de que rocas situadas en los litorales occidentales de África y los orientales de América del Sur eran de igual tipo, edad y distribución de sus capas y, además, que los fósiles de plantas y animales encontrados en esas rocas eran similares en ambos continentes, dieron origen a una teoría revolucionaria propuesta en 1912 por el científico alemán Alfredo Wegener, y publicada por el mismo, en 1915, en un libro titulado "El origen de Continentes y Océanos"

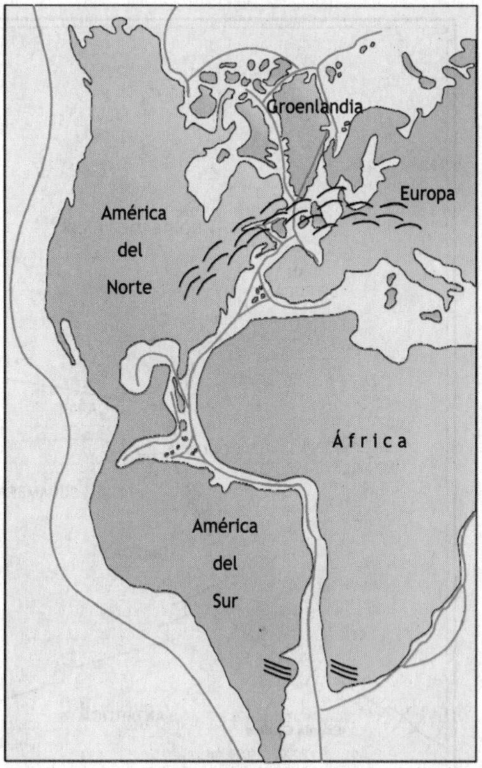

Fig. 2.6. Wegener es el autor de la teoría que considera que hace millones de años los continentes formaban uno solo, al que se le llamó Pangea. En el esquema de la ilustración, elaborado por Alfred Wegener en 1915, se aprecia la forma en que pudieron estar unidos los continentes que hoy bordean el Océano Atlántico.

Los rasgos de la corteza y el movimiento de placas

La litosfera está dividida en grandes bloques rígidos, llamados placas tectónicas o litosféricas. Estas placas se desplazan sobre la astenosfera, llevando consigo los continentes y la corteza oceánica que forman parte de ellas. Los científicos consideran que las placas han estado desplazándose, con extrema lentitud, desde la formación de la corteza y que ese movimiento tiene su origen en las corrientes de convección del manto.

En el mapa de la figura 2.7 puede observarse que hay siete grandes placas y varias de menores dimensiones. Las principales son: Del Pacífico, Norteamericana, Sudamericana, Eurasiática, Africana, Indoaustraliana y Antártica. Existe un elevado número de placas de pequeñas dimensiones, con movimientos propios, a las que el científico Karig considera como "elevaciones del manto sobre las zonas de compresión". Son ejemplos: Cocos, Nazca, Escocesa, del Caribe, Arábiga y de las Filipinas.

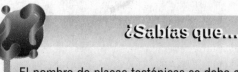

¿Sabías que...

El nombre de placas tectónicas se debe a que la tectónica, rama de la Geología, estudia los procesos relacionados con la creación de estructuras (formas) de la corteza terrestre.

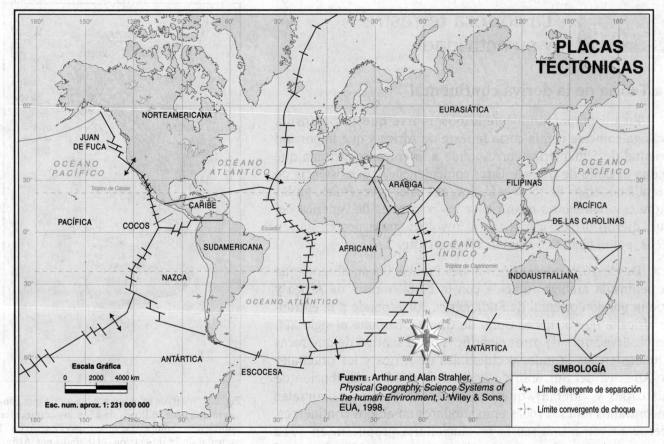

PLACAS TECTÓNICAS

NORTEAMERICANA
EURASIÁTICA
JUAN DE FUCA
OCÉANO PACÍFICO
OCÉANO ATLÁNTICO
Trópico de Cáncer
ARÁBIGA
FILIPINAS
OCÉANO PACÍFICO
CARIBE
PACÍFICA
DE LAS CAROLINAS
PACÍFICA
COCOS
Ecuador
SUDAMERICANA
AFRICANA
OCÉANO ÍNDICO
NAZCA
Trópico de Capricornio
INDOAUSTRALIANA
OCÉANO ATLÁNTICO
ANTÁRTICA
ANTÁRTICA
ESCOCESA

Escala Gráfica
0   2000   4000 km
Esc. num. aprox. 1: 231 000 000

FUENTE : Arthur and Alan Strahler, *Physical Geography, Science Systems of the human Environment,* J. Wiley & Sons, EUA, 1998.

SIMBOLOGÍA
Límite divergente de separación
Límite convergente de choque

Fig. 2.7. Existen siete grandes placas y varias de menores dimensiones. Las principales son: del Pacífico, Norteamericana, Sudamericana, Eurasiática, Africana, Indoaustraliana y Antártica. Son importantes también las placas Cocos, Nazca, del Caribe, Arábiga y de Filipinas.

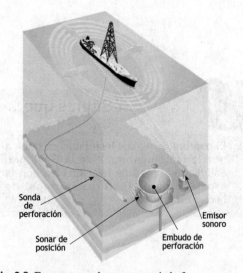

Sonda de perforación
Sonar de posición
Embudo de perforación
Emisor sonoro

Fig. 2.8. Esquema en el que se aprecia la forma como se determina la profundidad de la corteza oceánica: el emisor sonoro indica el fondo del océano y la sonda y el embudo de perforación inician la horadación de la corteza.

Las dorsales

El estudio de las placas condujo a la investigación de los fondos oceánicos (fig. 2.8). Actualmente se sabe que existe un sistema de elevadas cordilleras submarinas, conocidas como dorsales, que se localizan bajo las aguas de los océanos Atlántico, Índico y Pacífico. Las forman dos anchas y compactas cordilleras paralelas, separadas por una porción hundida, llamada rift, cuya anchura varía de 20 a 50 km (fig. 2.10).

De acuerdo con la teoría anterior, el magma brota por el rift, se desliza por las paredes de las dorsales y se deposita a los lados de éstas dando origen a una nueva corteza oceánica que presiona a la anterior, obligándola a alejarse de la dorsal y avanzar hacia las masas continentales.

Se piensa que los materiales del manto han estado derramándose por las dorsales durante millones de años, por tanto, el volumen de la corteza oceánica debería ser mucho mayor que el actual. No es así debido a la existencia de las zonas de subducción (fig. 2.9). ¿Qué son las zonas de subducción o convergentes?

La dorsal más estudiada, la del Atlántico, se localiza hacia el centro de ese océano, de norte a sur, y se continúa en la dorsal del Índico que, a su vez, se enlaza con la del Pacífico. En 1969, la expedición del barco *Glomar Challenger* comprobó que por el rift de la dorsal del Atlántico brota constantemente magma procedente del manto. Con base en este descubrimiento, el geólogo Henry Hess formuló la teoría de la expansión de los océanos, ampliada posteriormente por otros científicos.

La presión de esa corteza oceánica sobre los continentes origina una separación constante de América con respecto a Europa y África, de 2 a 5 cm por año. El espacio que queda entre los continentes es ocupado por el Atlántico que, en esa forma se expande lo que posiblemente puede originar la reducción del Océano Pacífico o el Índico.

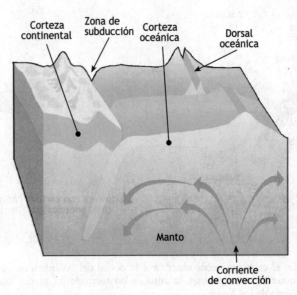

Fig. 2.9. En el esquema están representadas la corteza continental y la corteza oceánica. Está indicada, además, la situación de una dorsal oceánica y la de una zona de subducción.

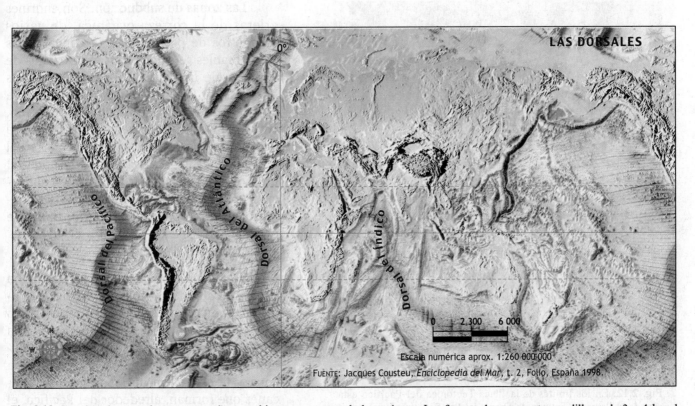

Fig. 2.10. Las dorsales son sistemas montañosos cubiertos por aguas de los océanos. Las forman dos compactas cordilleras de 3 a 4 km de elevación, separadas por una depresión, llamada rift, por la que brota continuamente magma. La dorsal más estudiada es la del Atlántico. Obsérvese que se prolonga en la dorsal del Índico y esta última, en la del Pacífico.

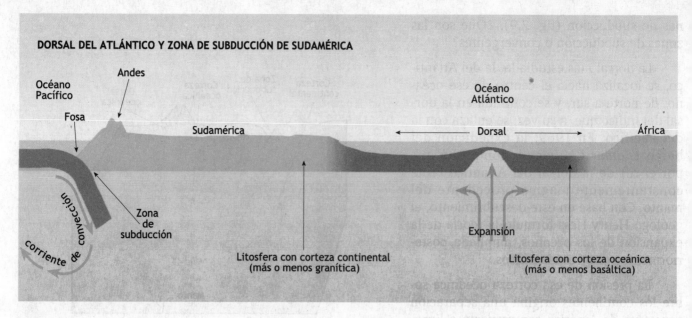

DORSAL DEL ATLÁNTICO Y ZONA DE SUBDUCCIÓN DE SUDAMÉRICA

Fig. 2.11. En el esquema puede observarse la dorsal del Atlántico que está originando la separación de Europa y África, de América. En el extremo izquierdo se encuentran: la zona de contacto de las placas Sudamericana y del Pacífico, la zona de subducción de Perú y Chile y el plegamiento de los Andes.

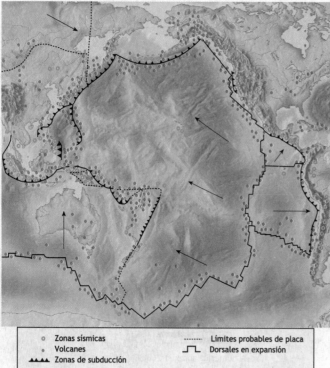

CINTURÓN DE FUEGO DEL PACÍFICO

○ Zonas sísmicas
• Volcanes
▲▲▲ Zonas de subducción
······ Límites probables de placa
⊓⌐ Dorsales en expansión

Fig. 2.12. En los límites de la Placa Tectónica del Pacífico está situado el llamado Cinturón de Fuego del Pacífico, una de las zonas sísmicas de la Tierra en la que se localizan, además, numerosos volcanes, muchos de ellos activos.

Las zonas de subducción. Son enormes grietas de la corteza oceánica, de varios kilómetros de profundidad. Algunas de las más notables se encuentran en las zonas de contacto de la placa del Pacífico con otras placas (fig. 2.11). Cuando una placa de corteza oceánica, como la del Pacífico, choca con otra de corteza continental, la primera, menos densa, se dobla y parte del material que la forma desciende hacia el interior de la Tierra por la zona de subducción que limita a las dos placas, y se reintegra al manto. Posteriormente, parte de ese material asciende otra vez a la superficie, en las corrientes de convección.

El choque entre las dos placas origina sismos, volcanes y formación de plegamientos en la corteza continental. Esto explica la presencia de la extensa Cordillera de los Andes, a lo largo de la costa sudamericana, la frecuencia de sismos en esa zona y la existencia de los numerosos volcanes que forman, alrededor del Pacífico, el llamado Cinturón de Fuego del Pacífico (fig. 2.12).

Fig. 2.13. En la fotografía se aprecian algunos de los efectos del temblor de 1985, en la Ciudad de México.

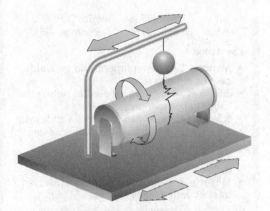

Fig. 2.14. El sismógrafo registra las ondas sísmicas; éstas mueven el instrumento hacia adelante y hacia atrás y la pluma marca líneas en el papel. Estas indican la intensidad del sismo.

La actividad sísmica

Los sismos, llamados comúnmente temblores, son movimientos vibratorios de la corteza terrestre. Se originan, en general, en las zonas de subducción debido al deslizamiento de una placa por debajo de la otra y al descenso de materiales hacia el manto.

Este tipo de sismos, llamados **tectónicos**, han afectado en diversas ocasiones a numerosos países, entre otros, al nuestro. Una de ellas en 1985, cuando una porción de la Placa de Cocos se reintegró al manto. Han padecido este tipo de sismos Japón, Perú, Chile, Nicaragua, México (fig. 2.13), San Francisco, EUA y Turquía.

Otro tipo de sismos, los **volcánicos**, se originan por la presión ejercida por el magma al atravesar la corteza y salir a la superficie. A diferencia de los sismos tectónicos, que pueden afectar extensas zonas, los volcánicos son menos notables, ya que alcanzan sólo las comarcas vecinas al volcán.

Ya mencionamos que los sismos por su origen pueden ser tectónicos o volcánicos; de acuerdo con su intensidad son: microsismos, cuando son casi imperceptibles, y macrosismos, cuando son intensos; por el sentido de su movimiento son horizontales (oscilatorios) o verticales (trepidatorios). Cuando afectan regiones oceánicas originan, con frecuencia, movimientos violentos de las aguas, llamados maremotos, que dan lugar a olas gigantescas que, al precipitarse sobre regiones costeras, pueden ocasionar catástrofes.

El punto del interior de la Tierra donde se origina un temblor es llamado foco o hipocentro y el lugar de la superficie más cercano al anterior, lo llamamos epifoco o epicentro (fig. 2.15). Desde el foco los sismos se trasmiten por ondas primarias y secundarias, llamadas sísmicas. Los focos de la mayoría de los sismos registrados en México se localizan en Michoacán, Guerrero y Oaxaca, estados vecinos a la Placa de Cocos.

Cada año se producen en el mundo alrededor de un millón de sismos, en su mayoría poco intensos; sabemos que se produjeron porque fueron registrados por sismógrafos, en sismogramas.

Los sismógrafos son aparatos especiales que cuentan con un alambre provisto de una pluma que roza un cilindro rotatorio envuelto en papel (fig. 2.14).

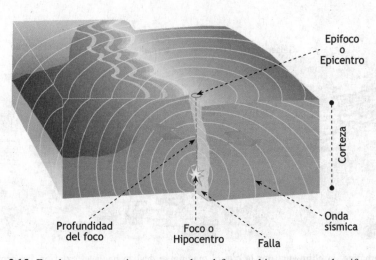

Epifoco o Epicentro

Corteza

Onda sísmica

Profundidad del foco

Foco o Hipocentro

Falla

Fig. 2.15. En el esquema están representados el foco, o hipocentro, y el epifoco o epicentro. El primero es el sitio donde se origina un sismo y el epicentro, el punto de la superficie más cercano al anterior. Se indica además, la forma como se trasmite el sismo, a través de ondas.

Las unidades empleadas para medir la intensidad de un temblor están basadas en un sistema inventado por Charles Richter, en 1935. Richter usa una escala de 1 a 10 para medir la cantidad de energía liberada en el foco (FUENTE: *The Oxford Dictionary of the World*, 1995). Cada número en la escala indica una energía liberada 10 veces mayor que la del número anterior. Una lectura de 6.2 en esta escala indica la liberación de 1000 (10 veces 10 veces 10) veces más energía que la correspondiente a una lectura de 3.2 (cuadro 2.1). Otra escala, la de Mercalli, creada en 1902 y actualmente en desuso, por su poca exactitud se basa en la magnitud de los daños causados por un temblor, de acuerdo a 12 niveles de percepción.

Vulcanismo

Entendemos por vulcanismo el conjunto de procesos y fenómenos relacionados con el desplazamiento del magma de la astenosfera hacia la superficie terrestre.

Cuando el magma alcanza la superficie da origen a un volcán. En la figura 2.16 está representado esquemáticamente un volcán común. Los volcanes se forman cuando se produce una fractura en la corteza y disminuye la presión sobre el interior de la Tierra; el magma contenido en una cámara magmática funde rocas del interior de la corteza y forma un conducto central o chimenea por la que asciende, funde también las rocas superficiales y brota al exterior por el cráter.

Al salir a la superficie, el magma recibe el nombre de lava. Surge acompañado de rocas incandescentes, polvo volcánico, cenizas, vapor de agua y gases. Cuando la lava es fluida cubre

Cuadro 2.1.

Escala Richter

Magnitud Richter	Equivalencia energía TNT*	Ejemplos
1.0	6 onzas	Una pequeña explosión en una construcción
3.5	1000 libras	Explosión de Mina
4.5	32 ton	Tornado promedio
5.5	500 ton	
6.5	31 550 ton	
7.0	199 000 ton	
7.5	1 000 000 ton	
8.0	6 270 000 ton	San Francisco, Ca. 1906
8.1	6 348 375 ton	México D. F. 1985
8.5	31 550 000 ton	Anchorage, 1964

Los daños

- **Menor a 3.5:** Generalmente no se siente, pero es registrado.
- **3.5 - 5.4:** A menudo se siente, pero sólo causa daños menores.
- **5.5 - 6.0:** Ocasiona daños ligeros a edificios.
- **6.1 - 6.9:** Puede ocasionar daños severos en áreas donde vive mucha gente.
- **7.0 - 7.9:** Terremoto mayor. Causa graves daños.
- **Mayor a 8:** Gran terremoto. Destrucción total a comunidades cercanas.

* TNT: Trinitotolueno (la bomba atómica arrojada sobre Hiroshima en 1945 equivalía a 15 000 toneladas de TNT).
FUENTE: Servicio Sismológico Nacional e Hiroshima Peace Culture Foundation, 1999.

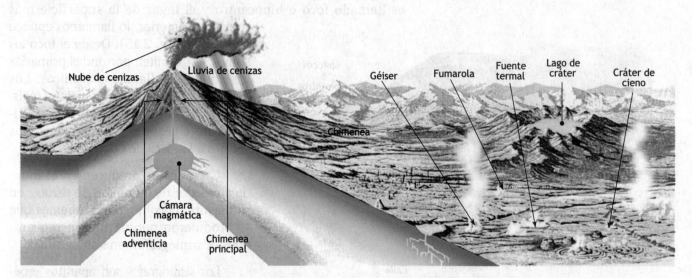

Fig. 2.16. En el esquema puede observarse la cámara magmática, la chimenea por la que el magma se desliza hacia el exterior, las cenizas y gases arrojados por el volcán y los materiales depositados. Aparecen también algunos fenómenos volcánicos secundarios, entre otros, géiser, fumarola, fuente termal (de agua caliente) y lago de cráter, todos ellos asociados al volcán principal.

FUENTE: *Gran Atlas Mundial*, Plaza & Janés, Barcelona, España, 1998.

extensas superficies. En ocasiones, se acumula y forma mesetas basálticas (de basalto), como la del Decán, en la India, y la de Columbia, en Estados Unidos de América. Las lavas más densas y las cenizas construyen con frecuencia el edificio volcánico. En ocasiones, parte de la lava se enfría dentro de la chimenea y forma un tapón que obstruye la salida de magma. Si éste encuentra otro punto débil en la corteza, brota en ese sitio y da origen a otro volcán; por esto es común encontrar varios volcanes agrupados.

La mayoría de los volcanes de la Tierra se localizan en tres zonas (fig. 2.17), principalmente:

- El Cinturón de Fuego del Pacífico, localizado en los límites de la placa del Pacífico.

- En la zona que se inicia en el Mediterráneo europeo y se prolonga hasta Asia, en la India e Indonesia.

- En la dorsal del Atlántico.

En el cuadro 2.2 se encuentran los nombres de algunos volcanes importantes de la Tierra.

Cuadro 2.2.

Algunos volcanes importantes de la Tierra

Aconcagua	Argentina-Chile
Cotopaxi	Ecuador
Irazú	Costa Rica
Mauna Loa, Kilauea	Hawaii (EUA)
Fujiyama	Japón
Krakatoa	Indonesia
Surtur	Islandia
Vesubio, Etna, Stromboli	Italia
Pico de Orizaba (Citlaltépetl), Chichón, Volcán de Colima, Volcán de Fuego de Colima Popocatépetl	México
Kilimanjaro	Tanzania

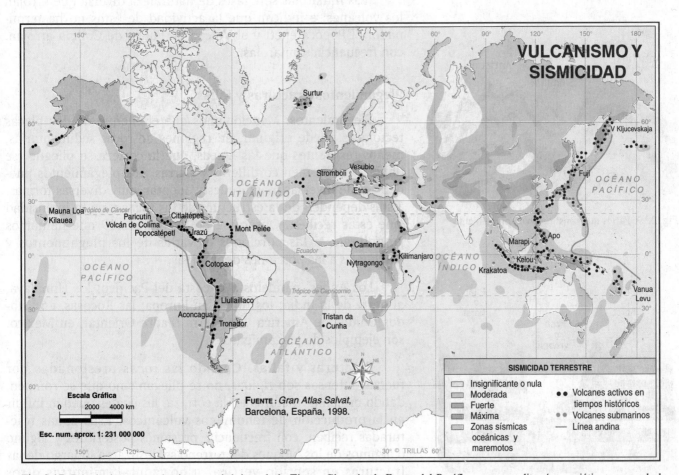

Fig. 2.17. Principales zonas sísmicas y volcánicas de la Tierra: Cinturón de Fuego del Pacífico, zona mediterránea-asiática y zona de la dorsal del Atlántico. Es de hacer notar la estrecha relación que se tiene entre la ubicación de zonas sísmicas y la de las zonas volcánicas.

La estructura y el pasado de la Tierra   **41**

Fig. 2.18. En la formación de géiseres concurren dos circunstancias: existencia de magma y rocas con canales angostos que contienen agua. Cuando debido al calor esa agua se transforma en vapor, éste brota al exterior en forma explosiva. El proceso se repite cada vez que las grietas vuelven a llenarse de vapor.

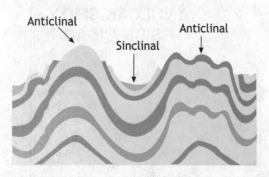

Fig. 2.19. Partes que constituyen un plegamiento.

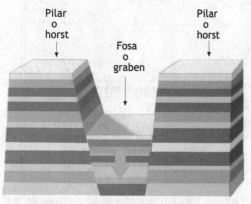

Fig. 2.20. Partes que constituyen una falla.

Manifestaciones secundarias del vulcanismo. Cuando la actividad volcánica está terminando se presentan manisfestaciones secundarias. Las más comunes son los géiseres, las aguas termales, las termominerales y las fumarolas.

Géiser es una palabra islandesa que designa a los chorros de agua hirviente que brotan del subsuelo en forma intermitente (en intervalos y con regularidad) (fig. 2.18). Existen importantes zonas geiserianas en Islandia, Japón, Nueva Zelandia y en el Parque Nacional de Yellowstone, en Estados Unidos de América. Algunos países, entre ellos México, han hecho brotar géiseres artificiales y obtienen de ellos energía geotérmica (energía de la Tierra).

Las fuentes termales son manantiales de agua a elevada temperatura adquirida, generalmente, por su cercanía a zonas magmáticas (de magma).

Las fuentes termominerales contienen diversas sales minerales, que resultan de la destrucción de rocas erosionadas por el agua.

Las fumarolas son gases de naturaleza diversa que arrojan los volcanes, e indican que la actividad de éstos no ha terminado. El Popocatépetl y el Volcán de Fuego de Colima arrojan, con frecuencia, fumarolas.

Plegamientos, fracturas y fallas

Plegamientos. Mencionamos que el choque de dos placas tectónicas puede originar, en regiones de rocas sedimentarias, menos resistentes que las ígneas, que la corteza se pliegue (se doble) y se formen cordilleras y sierras. Los plegamientos pueden ser de diversas magnitudes y adoptan muy diversas formas. Éstas dependen de la estructura de las rocas y de la intensidad que éstas reciben. Obsérvese en la figura 2.19 que llamamos *anticlinales* a las porciones elevadas de los plegamientos y *sinclinales* a las porciones deprimidas.

Los Andes, paralelos a la costa del Pacífico; los Himalaya, al norte de la India; los Alpes, en Europa; las Rocosas, en Estados Unidos de América y la Sierra Madre Oriental, en México, son ejemplos de plegamientos.

Fracturas y fallas. Cuando las rocas presionadas por fuerzas intensas son rígidas, no se pliegan sino que se rompen, dando origen a fracturas en la corteza, las cuales pueden influir en la producción de fenómenos volcánicos. Esas zonas fracturadas reciben, con frecuencia, presiones posteriores y alguno o algunos de los bloques del terreno se deslizan a lo largo de las fracturas en sentido vertical u horizontal, mientras otros bloques permanecen al mismo nivel o se elevan ligeramente. Cuando esto sucede se forma una falla.

A los bloques elevados los llamamos pilar o horst, y a las partes deprimidas, fosa o graben (fig. 2.20). Es frecuente que las fosas se encuentren cubiertas por agua, como sucede en la fosa Renana por la que corre en gran parte el Río Rhin.

El Lago Baikal, en Siberia, el Lago Titicaca, entre Perú y Bolivia y los lagos mexicanos de Chapala y Pátzcuaro se alojan en fosas; varios de los lagos africanos como Alberto, Nyassa y Tangañica se han formado en la extensa zona de fallas de África Oriental.

En el cuadro 2.3 se encuentran las principales formas que presenta el relieve.

Cuadro 2.3.

Principales formas de relieve

Llanuras	Extensiones de tierras situadas entre 0 y 500 metros de altitud. Ejemplos: Gran Llanura Europea, Llanura China, Llanura del Mississippi.
Mesetas	Regiones elevadas y relativamente planas. Se les llama también *altiplanos*. Ejemplos: Meseta de Castilla, Meseta de Anáhuac.
Depresiones	Comarcas situadas a un nivel más bajo que las tierras vecinas. Ejemplo: Depresión del Balsas. Algunas depresiones, llamadas absolutas, se localizan por debajo del nivel del mar. Ejemplo: Mar Muerto (−400 m).
Montañas	Svarichevskaya clasifica a las montañas por su altura en la forma siguiente: • Lomeríos bajos: hasta 300 m; intermedios: 300 a 600 m; altos: 600 a 1000 m. • Montañas bajas: 1000 a 2000 m; intermedias: 2000 a 3000 m; altas: 3000 a 5000 m; las más altas, más de 5000 m.

FUENTE: Svarichevskaya, *Diccionario Geomorfológico* de José Lugo Hubp, 1989.

Actividades

Localización e interpretación de material

Material: Atlas y figura 2.7 del texto.

Consulta la figura 2.7 del texto y contesta.

1. ¿De cuál placa tectónica forma parte México?

2. ¿Por qué la Placa de Cocos influye en los temblores que se registran en los estados de Guerrero y Oaxaca?

3. ¿Qué país asiático no forma parte de la placa Eurasiática?

4. En los países sudamericanos vecinos a la Placa Nazca se producen con frecuencia sismos. Localiza los nombres de dos de esos países.

5. ¿A qué debe su nombre el Cinturón de Fuego del Pacífico?

Elabora un periódico mural

Material: Recortes de periódicos y revistas en los que se mencione la actividad reciente de los volcanes mexicanos Popocatépetl, Fuego de Colima y de un volcán del resto del mundo. Consulta la figura 2.17 y elabora un mapa con la localización de los volcanes mencionados.

Para Investigar

Material: Cuaderno de notas.

1. Observa el tipo de relieve predominante en el lugar donde vives. Si existen montañas o volcanes vecinos, escribe sus nombres.

2. Comenta con tus compañeros de grupo, y tu maestro (a) las medidas que deben adoptarse en caso de que se produzca un sismo, tanto si te encuentras en la escuela, como si estás en tu hogar. Anota en tu cuaderno las medidas que consideres más importantes.

Las eras geológicas y sus principales características

De acuerdo con la técnica radiactiva, se calcula que la edad de la Tierra es de 4500 a 4600 millones de años, dato que coincide con el de la edad atribuida a numerosos meteoritos (fig. 2.21). Los geólogos han dividido la edad de la Tierra en dos grandes lapsos de muy distinta duración: el primero, llamado Precámbrico, abarca desde los principios de la Tierra hasta hace 600 millones de años, es decir, hasta la aparición de los primeros organismos con partes duras.

El segundo lapso se extiende desde que finaliza el Precámbrico hasta nuestros días y ha sido dividido en otros lapsos de menor duración, llamados Eras. Cada Era abarca millones de años y se divide, a su vez, en periodos. Algunos de éstos se subdividen en épocas.

Precámbrico. Comenzó hace 4600 años cuando el enfriamiento de la corteza permitió que el agua corriera sobre ella y empezara a erosionar las rocas primitivas. Se le calcula una duración de 4030 millones de años, por tanto, terminó hace 570 millones de años. Se supone que hubo varios periodos de actividad tectónica y volcánica que originaron la formación de volcanes y plegamientos, hoy casi destruidos por la erosión.

¿Sabías que...

Los elementos radiactivos, como el uranio 235 (U235), el uranio 238 (U238), torio (th) y rubidio (Rb) se desintegran, esto es, emiten constantemente protones, electrones y radiación electromagnética, lo que origina, a través del tiempo, que cambie la estructura de su núcleo y se transformen en otros elementos. Es así, como el uranio y el torio terminan en plomo y el rubidio en estroncio; por consiguiente, para averiguar la edad de una roca uranífera bastará con investigar la proporción de uranio y plomo que existe en ella. Ejemplo: una roca que al formarse contenía 800 billones de átomos de U235, después de 713 millones de años contendrá 400 billones de átomos de uranio y 400 de plomo.

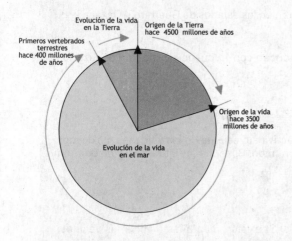

Fig. 2.21. Obsérvese en el esquema, el tiempo transcurrido desde el origen de la Tierra hasta las primeras manifestaciones de vida en el mar. Compárese el tiempo de la evolución de la vida en la superficie terrestre.

Entre los restos más notables del Precámbrico se encuentran los llamados **escudos**, término propuesto en 1885 por E. Suess y que se aplica a extensos terrenos con afloramientos de rocas precámbricas metamórficas, como el *gneiss*. Los escudos más notables en el Hemisferio Norte son el canadiense, el escandinavo y el siberiano, y en el Hemisferio Sur, el australiano. Debido al efecto de la erosión, estos escudos, que debieron haber alcanzado gran elevación en el Precámbrico, aparecen actualmente como mesetas de escasa altura.

Se conservan muy pocos fósiles del Precámbrico porque la mayoría de los organismos carecían de partes duras, como huesos y caparazones. En el Reino Unido y Australia, entre otros lugares, han sido encontradas carbón de plantas y animales en lodos y arenas que indican que en el Precámbrico avanzado existieron, entre otros organismos, bacterias, algas, medusas y almejas.

Cuadro 2.4.

Las eras geológicas

Eras y periodos	Épocas	Duración en millones de años	Algunas características importantes
Precámbrico Arcaico Proterozoico		4030	Enfriamiento de la Tierra. Formación de una corteza constituida por rocas ígneas. Formación de masas continentales y mares. Intenso vulcanismo. Formación de plegamientos. El vapor de agua liberado por las rocas forma nube y se precipita en forma de lluvias. Se inicia la formación de una atmósfera en la que predomina el dióxido de carbono.
Paleozoica Cámbrico Ordovícico Silúrico Devónico Carbonífero Pérmico		345	Formación de los Apalaches, Montes Escandinavos, Urales, Peninos, Grampianos, Macizo Central Francés. Numerosos volcanes. Trilobitas. Primeros peces, entre ellos el tiburón. Primeros anfibios, reptiles, insectos. Bosques de plantas de troncos verdes. En el periodo **Carbonífero** se forman depósitos de carbón. En el **Pérmico** se extinguen trilobitas y otros invertebrados.
Mesozoica Triásico Jurásico Cretácico		160	Se elevan las montañas del Cáucaso y las Rocosas. Comienza la fragmentación del Pangea. Palmeras; primeras aves y reptiles que alcanzan en el Jurásico enormes dimensiones. Aparecen los primeros mamíferos. En el Cretáceo aparecen las primeras plantas con flores. A fines de este periodo se extinguen los grandes reptiles. Formación de mantos petrolíferos.
Cenozoica Terciario Cuaternario	Paleoceno Eoceno Oligoceno Mioceno Plioceno Pleistoceno Holoceno	65	En el **Terciario** se forma el Plegamiento Alpino-Himalayo, Andes, Sierras Madres Oriental y Occidental; Cinturón Volcánico Mexicano; Pirineos, Atlas. Primeros caballos, monos y homínidos. Intensa actividad volcánica. En el **Cuaternario**, intensas glaciaciones cubren de hielos parte de América del Norte, Europa y Asia. Presencia del *Homo sapiens* o Cromagnon, antecedente del hombre actual. Formación de llanuras aluviales.

FUENTE: Charles R. Coble, *Earth Science*, Prentice-Hall, EUA, 1998.

Las otras eras

Era Paleozoica (Vida antigua). Tuvo una duración de 345 millones de años. Se divide en los periodos que aparecen en el cuadro 2.4. Se registraron intensos movimientos tectónicos que provocaron elevados plegamientos. Restos de ellos son los Montes Apalaches, el Macizo Central Francés, la Meseta de Castilla y todos los plegamientos del Reino Unido.

Durante los primeros periodos de esta era, la temperatura cálida y uniforme favoreció el desarrollo de innumerables especies vegetales y animales (fig. 2.22). Parte de esa vegetación terminó su ciclo y fue sepultada, a través del tiempo, por capas de sedimentos que, al comprimirla, la transformaron en carbón mineral (carbón, lignito) localizado principalmente

Fig. 2.22. Trilobita fósil característico de la Era Paleozoica. Los reptiles son algunos de los ejemplares representativos de la Era Mesozoica. En el periodo Jurásico de ésta alcanzaron grandes dimensiones.

en terrenos del periodo Carbonífero. En el último periodo, el Pérmico, la Tierra presentaba un aspecto muy diferente del actual: todas las tierras emergidas estaban unidas en un solo continente, Pangea. En este mismo periodo se registró un cambio radical en el clima: intensas glaciaciones cubrieron de hielos parte de las tierras emergidas (fig. 2.23).

En otras regiones se formaron desiertos; la sequedad de algunos climas originó la evaporación de mares que dejaron depósitos de sal en la actual Comunidad de Estados Independientes, Alemania, y el centro de Estados Unidos de América. Durante esta era, México sufrió múltiples cambios. Las elevaciones y hundimientos de las tierras fueron frecuentes.

Era Mesozoica (Vida media). Su duración fue de 160 millones de años. Después de la intensa actividad tectónica y volcánica del Pérmico, los movimientos violentos disminuyeron y se intensificó el acarreo de materiales arrancados por el viento y el agua a las rocas. Estos sedimentos formaron gruesas capas con restos de animales marinos y se transformaron posteriormente en rocas sedimentarias, algunas de las cuales contienen petróleo.

En el periodo Triásico de esta era comenzó la fragmentación del Pangea (fig. 2.24) en dos masas continentales a las que llamamos Laurasia y Gondwana. La India y Australia se separaron de Gondwana e iniciaron un desplazamiento hacia el Noreste. Se formaron las montañas del Cáucaso y se inició el predominio de reptiles. Éstos alcanzaron grandes dimensiones en el Jurásico, periodo en que convivieron con los primeros mamíferos y aves.

En el Cretácico se inicia la formación de las Rocosas y aparecen las primeras plantas con flores. Por causas que todavía no son explicadas lo suficientemente, se extinguen los grandes reptiles.

Era Cenozoica. Tiene una duración de 65 millones de años. Comprende los perio-

Fig. 2.23. Durante el periodo Pérmico de la era Paleozoica, las tierras emergidas formaban un solo continente: el Pangea.

¿Sabías que...

De acuerdo con una hipótesis, la extinción de los reptiles se debió a que hace 65 millones de años, un enorme meteorito chocó contra la Tierra, en una zona cercana a Yucatán, llamada Chicxulub. El impacto causó una fuerte explosión e intensos incendios que se extendieron a cientos de kilómetros y consumieron grandes cantidades del oxígeno de la atmósfera, desprendieron, además, monóxido de carbono y bloquearon la energía solar, con una intensa nube de hollín, produciendo un notable descenso de temperatura que causó la extinción de numerosas plantas y animales, entre éstos, los reptiles gigantescos.

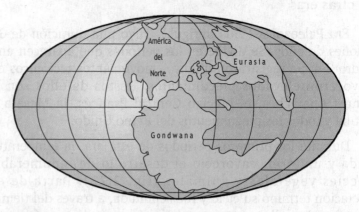

Fig. 2.24. En el periodo Terciario de la era Cenozoica, se inicia la fragmentación de Laurasia en Norteamérica y Eurasia.

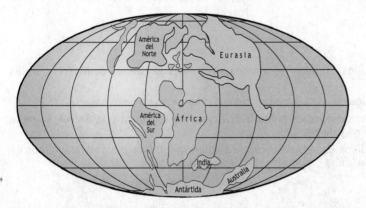

Fig. 2.25. Durante el periodo Terciario es completa la separación de Norteamérica y Eurasia y se inicia la de Sudamérica y África.

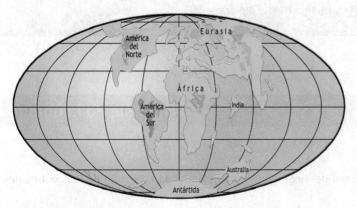

Fig. 2.26. Aspecto de la Tierra hace 45 millones de años. Obsérvese la separación de Australia de Antártida y a la India en su recorrido hacia Asia.

Fig. 2.27. Aspecto actual de los continentes.

dos Terciario y Cuaternario. El Terciario, abarca 63 200 000 años y el Cuaternario 1 800 000 años. Durante el Terciario se separan Norteamérica de Eurasia y Sudamérica de África (fig. 2.25). Se forman las dorsales del Atlántico y del Índico y dan origen a los océanos de los mismos nombres.

La Placa Africana y la Indoaustraliana chocan con la Eurasiática y se pliegan los Alpes, los Himalaya y otras varias cadenas montañosas de Europa, Asia y el norte de África. Termina la formación de las Rocosas y los Andes (fig. 2.26).

Aumenta el número de mamíferos y aves. Algunos mamíferos, como el mamut, alcanzan gran tamaño. Habitan la Tierra los primeros homínidos. Se produce una gran diversificación de plantas.

México adopta su forma actual. En el paralelo 19° latitud norte, se producen derrames de lava por un sistema de fallas y se forman numerosos volcanes, entre otros, el Citlaltépetl (Pico de Orizaba), el Popocatépetl, el Iztaccíhuatl y el Nevado de Toluca, los más elevados del país. En la Falla de San Andrés se inicia la separación de la Península de Baja California (fig. 2.27).

El periodo Cuaternario comenzó hace 1 800 000 años. Su característica más notable son cuatro grandes glaciaciones durante las cuales los hielos cubrieron extensas porciones de América del Norte, Europa y Asia. A los periodos que transcurrieron entre cada glaciación se les llama interglaciales. En estos periodos, la temperatura aumentó originando que gran parte de los hielos se fundieran y el agua aumentara el nivel de los océanos. Numerosos científicos piensan que la Tierra se encuentra actualmente en un periodo interglacial. En México, los abundantes depósitos de los ríos Mezcalapa, Grijalva y Usumacinta construyeron las llanuras aluviales del sureste.

El acontecimiento más destacado del Cuaternario es la presencia y desarrollo del *Homo sapiens* o Cromagnón, antecedente del hombre actual.

Trabajo en equipo

El grupo, se dividirá en cuatro equipos.

Equipo 1: Ilustrará y explicará al resto del grupo los cambios registrados en la situación de los continentes en las distintas eras geológicas.

Equipo 2: Ilustrará y dará información acerca de los plegamientos principales originados en cada era.

Equipo 3: Llevará a cabo una investigación, en enciclopedias como la Enciclopedia Británica o la Salvat, sobre la formación de los principales depósitos carboníferos y de petróleo.

Equipo 4: Relacionará los conocimientos geográficos con los de Biología e ilustrará (dibujos o recortes) algunos de los más representativos ejemplares de la flora y la fauna predominantes en cada era.

Para investigar

En tu libro de Historia, con ayuda de tu maestro, investiga cuántos años se atribuyen a los restos de homínidos descubiertos en África y en otras partes de la Tierra.

1. Observa en la figura 2.26 el recorrido de la India y el de Australia a través de las eras geológicas y contesta.

   a) ¿A cuál de los continentes actuales estaban unidas?

   b) ¿En qué dirección se desplazaron la India y Australia?

   c) ¿Con qué placa tectónica chocó la India? ¿A qué plegamiento dio origen?

Aplicación de conocimientos

1. Elabora con tus compañeros de equipo, una línea del tiempo en la que ubiques la evolución de los continentes en las distintas Eras Geológicas.

2. Sabes ya que los mapas conceptuales son de gran utilidad para organizar los conocimientos adquiridos y comprenderlos mejor. En tu cuaderno elabora un mapa conceptual, referido a las capas que constituyen la Tierra. Debe comprender las principales características de cada capa.

   Compara tu mapa con los de tus compañeros de equipo; añade los datos que consideres necesarios y suprime los poco importantes. Como una ayuda para la elaboración del mapa, a continuación encontrarás una sugerencia de la forma como podrías iniciarlo.

3. Para completar una síntesis de la unidad, el grupo se dividirá en cuatro equipos. Cada equipo seleccionará uno de los temas siguientes y elaborará un mapa conceptual del tema seleccionado.

   Posteriormente lo dará a conocer al resto del grupo para intercambiar puntos de vista con sus compañeros y elaborar mapas definitivos de cada tema, que sean de utilidad para todos los alumnos.

   Temas: Placas tectónicas, volcanes; sismos; diferentes formas de relieve.

Unidad

Los mapas y su utilización

3

Durante la primaria empleaste diversos mapas para localizar, entre otras cosas, montañas, ríos, países o bien, para ubicar y relacionar áreas de producción, consumo e industrialización, ¿recuerdas? Esto fue posible porque representan la superficie terrestre y tienen la información necesaria para interpretarlos. Los mapas son el resultado de un trabajo de perfeccionamiento basado en lo que el hombre conoce de la superficie terrestre; si comparas América con el mapa de esta ilustración, advertirás grandes imprecisiones. Américo Vespucio, navegante y cosmógrafo a quien se aprecia en una actitud de dibujar, fue la persona que delineó el contorno de nuestro continente, apoyado en las observaciones que hizo durante su expedición a América del Sur, en la que participó con Alonso de Ojeda entre 1499 y 1500.

Esta unidad se refiere al origen de los mapas y a los avances logrados en su elaboración, mediante el apoyo de las Matemáticas, entre otras ciencias, a través de la Aritmética, Álgebra, Cálculo y Geometría. Su estudio permite advertir el orden y la relación que guardan los elementos representados en un determinado espacio geográfico e inferir causas y consecuencias que dicha distribución tiene sobre el hombre y sus bienes culturales, con el propósito de aprovecharlos de mejor manera o prever situaciones para atenuar o nulificar sus efectos negativos.

Mapas antiguos y modernos: los avances en su elaboración

¿Para qué sirven los mapas? Son representaciones planas hechas a escala que sirven no sólo para orientarse, ubicar acontecimientos o delimitar territorios, sino que además, permiten concentrar información sobre los hechos y fenómenos que se dan en el espacio geográfico.

Su elaboración es anterior a los primeros testimonios escritos y estuvo asociada a la búsqueda de alimentos y sitios seguros para descansar y dormir. Exploradores y viajeros describieron los lugares visitados, y luego trataron de precisar su situación y las rutas para llegar a ellos, mediante dibujos.

Historia de los mapas

La cartografía antigua. Pueblos primitivos, como los indígenas de las Islas Marshall, elaboraron ingeniosas representaciones para resolver problemas de ubicación y navegación regional (fig. 3.1). Otros pueblos como el egipcio, el babilónico (fig. 3.2) y el chino, también realizaron mapas en diversos materiales que respondieron a sus necesidades.

En cada caso hubo avances, sin embargo, los de mayor trascedencia se deben a los griegos. Eratóstenes de Cirene, en el siglo III a. C. (276-196) propuso un sistema de proyección para trazar mapas sobre una retícula de latitudes y longitudes y Claudio Ptolomeo (90-168) desarrolló un tratado sobre la construcción de globos y la técnica de proyección de mapas, mismo que fue difundido por los árabes y perduró hasta la época de Copérnico (1473-1543).

Edad Media. En esta época se produjo en Europa un retroceso en casi todos los ámbitos de la cultura debido, entre otras cosas, a las invasiones bárbaras, la caída del Imperio Romano y el derrumbamiento del comercio.

La cartografía no fue la excepción; se volvió al uso del mapa de disco creado durante las primeras etapas de la cartografía griega, pero hacia la segunda mitad del siglo XVIII se desarrollaron las llamadas "Cartas Portulanas" ideadas, probablemente, por almirantes y capitanes de navíos con base en rumbos de "rosa de los vientos" que sirvieron de apoyo a los grandes exploradores y por supuesto, constituyeron el antecedente para elaborar mejores mapas.

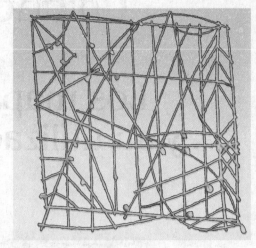

Fig. 3.1. En este mapa, hecho con fibras de palma, las islas están representadas por conchas, pero lo que llama la atención, son las líneas curvas, las cuales indican la dirección del frente de olas cerca de las islas, de lo cual se desprende que estas primitivas cartas, fueron usadas para la navegación.

Fig. 3.2. La tablilla babilónica, hecha sobre una placa de barro cocido, representa parte de la región mesopotámica; al norte del semicírculo trazado, se advierten marcas que corresponden a las Montañas del Cáucaso y la hendidura marcada al centro de la figura, representa el Río Éufrates.

El Renacimiento. Tres situaciones reactivaron el desarrollo cartográfico: la recuperación de la obra de Ptolomeo, la obtención de información cada vez más precisa en distancias y formas a representar y un sistema de impresión, apoyado en la invención del papel, la imprenta y el grabado. En el año 1500, Juan de la Cosa, un acompañante de Colón, dibujó de manera rudimentaria, el primer mapa del llamado "Nuevo Mundo" y en 1507, Martín Waldseemüller, publicó el primer mapa que lo incluye con el nombre de América, creyendo que Américo Vespucio había sido su descubridor.

Edad Moderna. Se inicia en 1569, con Gerard Kremer (1512-1594), llamado Mercator. Desde entonces, la elaboración de mapas se hace mediante un sistema de paralelos y meridianos, cuyo trazo se apoya en procedimientos matemáticos. A este avance se sumaron las aportaciones de Nicolás Copérnico (1473-1543), Juan Kepler (1571-1630) y Galileo Galilei (1564-1642) que contribuyeron a conceptualizar la esfericidad de la Tierra. A partir del siglo XVII se introduce en la elaboración de los mapas, un mayor rigor matemático y el uso de instrumentos como el teodolito, para obtener una mayor precisión.

La cartografía de los siglos XVIII y XIX. Europa sobresalió en este ámbito, especialmente Francia, donde se elaboraron los primeros mapas regionales y nacionales de su territorio. La expansión colonialista europea de la época, propició la exploración de territorios en África, América y Oceanía y con ello, la aportación de nueva información que contribuyó a perfeccionar los mapas.

El siglo XX. La introducción de la aerofotografía, entre otros avances, permitió el desarrollo cartográfico en zonas poco accesibles como selvas y pantanos, con reducción en costos, tiempos de producción y por supuesto, en el logro de una mayor precisión en la información.

A esta tecnología se suma ahora el apoyo de satélites artificiales programados para enviar información a centros de cómputo especializados, donde se elaboran cartas geográficas de una gran precisión.

En la actualidad se elaboran mapas que representan el relieve (topográficos), la naturaleza y disposición de las rocas (geológicos), ríos y lagos (hidrológicos), las características de los suelos (edafológicos), demarcaciones políticas (políticos), el asentamiento de la población (rurales y urbanos), la distribución de las razas (étnicos) o idiomas (lingüísticos), etcétera.

150 a. de J.C.

Fig. 3.3. A los esfuerzos realizados se agregó el globo construido por Crates (150 a. C.), en el que dibujó tres continentes para resolver la idea de simetría que dominaba la cartografía antigua del pueblo griego. De singular importancia también resultó la propuesta de Hiparco (190-125 a. C.), de recubrir un globo con material sobre el cual se hubiera trazado una red de paralelos y meridianos equidistantes.

¿Sabías que...

Mercator impulsó el trabajo cartográfico de Abraham Ortelio, quien en 1570 publicó el primer atlas del mundo, que consta de 53 planchas grabadas en cobre; en tanto que su propio trabajo, fue publicado en 1595, después de su muerte. La portada de su colección presenta al gigante mitológico Atlas quien lleva sobre sus hombros un globo terráqueo. Este es el origen del nombre que se le da actualmente a un conjunto encuadernado de mapas: *Atlas*.

En la elaboración de este tipo de representaciones destacan cinco aspectos:

a) Un *sistema de referencia* que permite ubicar sobre un plano los diversos elementos geográficos o humanos situados sobre la superficie terrestre, que se desean representar. Esto se logra ubicando las coordenadas geográficas de los elementos involucrados.

b) Un *sistema de proyecciones* que permiten trazar sobre el papel los detalles de la superficie terrestre a representar.

c) Una *escala* que establece las relaciones de dimensión existentes entre la realidad y la representación.

d) Un *símbolo* que permite orientar el mapa con respecto a la dirección Norte-Sur, denominado: "Rosa de los Vientos".

e) Una *simbología* para representar e interpretar los elementos que contiene el mapa.

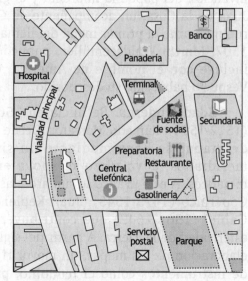

Fig. 3.4. La cartografía es la ciencia encargada de reunir, analizar datos y medidas de la superficie terrestre para representarlas. Ejemplo de este trabajo son las cartas urbanas como el fragmento que aquí se ilustra.

Finalmente, debe agregarse que mapa, plano y croquis no son sinónimos. El primero se utiliza para localizar países, ciudades, montañas o ríos, por ejemplo, en extensos territorios, en tanto que los planos, elaborados también mediante procedimientos matemáticos, permiten ubicar detalles como casas, parques y calles (fig. 3.4), en áreas más reducidas como puede ser una ciudad o una colonia. Esto a diferencia de los croquis que se realizan a partir de la observación, sin hacer uso de instrumento o procedimiento matemático alguno.

Actividades

Trabajo en equipo

Material: Texto y cuaderno de notas.

Intégrate a un equipo y nombren a un moderador. Bajo su conducción comenten las preguntas-guía que a continuación se incluyen y obtengan conclusiones; preséntenlas al grupo.
  a) ¿Qué son los mapas?
  b) ¿Para qué nos sirven?
  c) ¿Qué diferencia hay entre mapa, plano y croquis?
  d) ¿Qué avances científicos y tecnológicos han influido en su evolución?
  e) ¿Qué razones tiene el ser humano para elaborar diversas clases de mapas?

Compara y obtén conclusiones

Material: Figuras 3.1, 3.2, 3.3 y 3.4; cuaderno de notas.

  a) De manera individual analiza las figuras señaladas; compáralas y establece semejanzas y diferencias. Determina cuál de ellas incorpora mayores avances en su elaboración; presenta al equipo y al grupo tus puntos de vista.
  b) Comenta en equipo las ventajas del empleo de satélites artificiales en el desarrollo de los trabajos cartográficos, en cuanto a costos, precisión, tiempo y recursos empleados; obtengan conclusiones y preséntenlas al grupo.

Latitud y longitud

Los sistemas de coordenadas como recurso para la localización geográfica

¿En qué se basa la localización geográfica? Para determinar la posición exacta de un punto sobre la superficie terrestre, hacemos uso de los paralelos y los meridianos como un sistema de referencia. Ambos, mencionados en la unidad 1 al tratar los círculos de la Tierra, son líneas imaginarias trazadas sobre el globo terráqueo, cuyo conjunto forma una red a la que se le da el nombre de coordenadas geográficas (fig. 3.5).

Mediante los paralelos y los meridianos podemos precisar, respectivamente, la latitud y la longitud de cada punto de la superficie terrestre. Dichas coordenadas se miden en grados de arco.

La latitud es la distancia medida en grados a la que se encuentra un punto cualquiera de la superficie terrestre respecto al Ecuador, y como éste divide a la Tierra en dos hemisferios, el valor máximo de la latitud de un punto será de 90° hacia el Norte o hacia el Sur y éste corresponde a los Polos Norte y Sur, respectivamente (fig. 3.7).

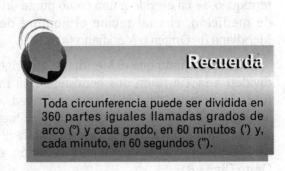

Recuerda

Toda circunferencia puede ser dividida en 360 partes iguales llamadas grados de arco (°) y cada grado, en 60 minutos (') y, cada minuto, en 60 segundos (").

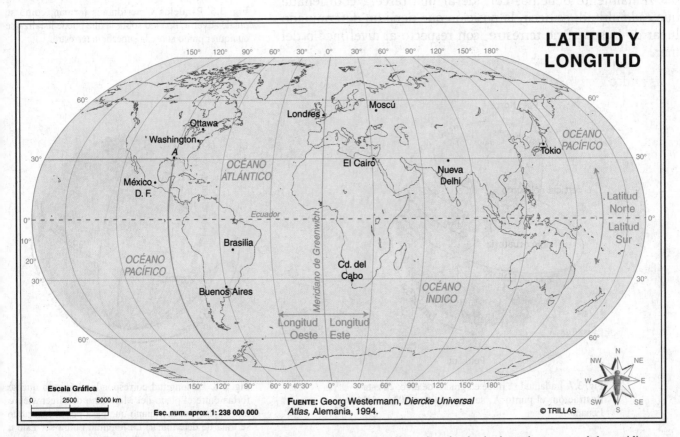

Fig. 3.5. Sobre este mapa se ha trazado una red de paralelos, representados por líneas imaginarias horizontales y una red de meridianos que corresponden a las líneas rectas verticales. Si se tratara de precisar la ubicación del punto A, podrá advertirse que se encuentra en la intersección del paralelo 30° N, con el meridiano 90° W; estos serían los valores de las coordenadas geográficas del punto de referencia.

Los mapas y su utilización **53**

La longitud, en cambio, nos permite precisar la distancia medida en grados a la que se encuentra un determinado lugar de la Tierra, con respecto al Meridiano de Greenwich.

Los meridianos que unen a ambos polos, son líneas perpendiculares a los paralelos y, consecuentemente, éstos representan sólo la mitad de un círculo que divide a la Tierra en dos partes iguales. De entre todos los meridianos que se pueden trazar sobre el globo terráqueo, se ha elegido a uno como punto de partida para este tipo de medición, el cual recibe el nombre de Primer Meridiano, Meridiano de Origen o Meridiano Cero (0°).

Considerando que el Meridiano de Origen y su antimeridiano dividen a la Tierra en dos hemisferios, la medición que se haga hacia la derecha del Meridiano de Origen, corresponderá a una longitud oriental, en tanto que la que se haga hacia la izquierda, será occidental y en ambos casos, la ubicación del punto a localizar, podrá situarse en una u otra dirección, entre 0 y 180° Este u Oeste (fig. 3.8).

En resumen, si conocemos las coordenadas de cualquier punto o lugar, nos será muy sencillo localizarlo sobre la superficie misma de la Tierra, un mapa o un globo terráqueo (fig. 3.6).

Finalmente debemos considerar una tercera coordenada que es la altitud; es decir, la posición que tiene un determinado lugar de la superficie terrestre, con respecto al nivel medio del mar.

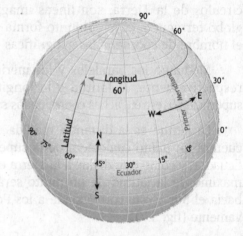

Fig. 3.6. Paralelos y meridianos forman, como se puede advertir, una red sobre la que puede localizarse cualquier punto sobre la superficie terrestre.

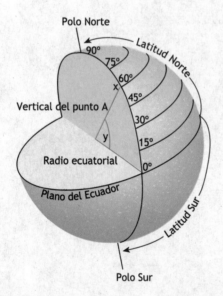

Fig. 3.7. La latitud se mide en grados de arco; en esta ilustración, el punto *X*, se encuentra a 60° N del Ecuador.

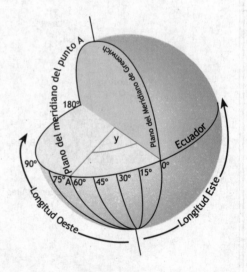

Fig. 3.8. La longitud corresponde al ángulo que se forma entre el plano del Meridiano de Greenwich o de Origen y, el meridiano que pasa por el lugar que se trata de determinar. La longitud podrá ser Este u Oeste respecto al Meridiano 0 y su valor máximo será, en ambos casos, de 180°.

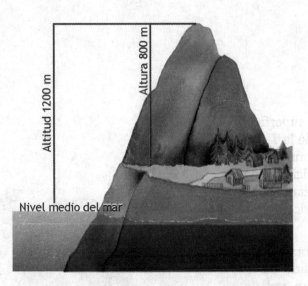

Fig. 3.9. La tercera coordenada es la altitud: es decir, la distancia en metros a la que se encuentra el punto que se trata de determinar, con respecto al nivel medio del mar. En esta ilustración se puede apreciar la diferencia entre altitud y altura, que como se puede advertir, se trata de conceptos diferentes.

Esta coordenada se mide en metros sobre la vertical del lugar que se trata de determinar (fig. 3.9) y no debe confundirse con el concepto de altura.

Si se observa la figura 3.9, se advertirá la diferencia, pues mientras la altitud se mide a partir del nivel medio del mar, la altura del relieve que en este caso se ilustra, corresponde a la distancia vertical entre la base y la cúspide del cerro.

La representación del relieve en los mapas se obtiene mediante el trazo de líneas que unen puntos de igual altitud, denominadas curvas de nivel; cuando éstas se marcan muy juntas, significa que la pendiente del terreno es abrupta; en cambio, si quedan distantes, debe entenderse que la pendiente es más ligera (véase fig. 3.17).

Actividades

Analiza y comenta en equipo

Material: Figura 3.5 del texto y cuaderno de notas.

Intégrate a un equipo y nombren un moderador; bajo su conducción, analicen el mapa de la figura 3.5 y precisen la información que se les requiere a continuación:

a) Las coordenadas geográficas (latitud y longitud) de las ciudades señaladas en la figura 3.5; registren sus valores en un cuadro de concentración, como en el ejemplo siguiente.

Ciudad	Latitud	Longitud	País en el que se localiza
Brasilia	16° S	48° O	Brasil

Continúa en tu cuaderno de la misma manera.

Debatir en clase

Material: texto (fig. 3.9).

Bajo la conducción de tu maestro(a), analicen la figura 3.9 y precisen:

a) ¿Cuál es la diferencia entre altura y altitud?

b) ¿Por qué debe medirse la altitud sobre la vertical del punto a determinar?

c) ¿Podría prescindirse de la altitud para situar un punto sobre la superficie terrestre? sí, no, ¿por qué? Justifiquen sus puntos de vista.

Las proyecciones cartográficas

Los principales tipos de proyecciones

¿Por qué se produce distorsión al proyectar la superficie terrestre sobre un plano? Al no corresponder la forma de la Tierra a una superficie plana, se generan inevitablemente deformaciones de la superficie representada, tanto en formas y superficies como en la orientación de los lugares y los valores de las distancias, lo cual da lugar a falsas apreciaciones del espacio geográfico o área cartografiada.

Para reducir al mínimo este problema en la elaboración de los mapas, se utiliza un procedimiento, que apoyado en la matemática y en la geometría, permite trazar una red de paralelos y meridianos sobre la que puede ser dibujado un mapa que minimiza, dentro de límites tolerables, las deformaciones derivadas de la representación plana (fig. 3.10). Este procedimiento es denominado con el nombre de proyección cartográfica, de la cual hay diversas clases que responden a necesidades específicas del hombre por representar la superficie del planeta. Entre ellas, tenemos:

Proyecciones cilíndricas

Se obtienen al proyectar la superficie del planeta sobre un cilindro tangente o secante a dos paralelos de la misma latitud. En ella, los paralelos están representados por líneas rectas horizontales y los meridianos, por líneas rectas verticales. Entre las más utilizadas se encuentran la de Mercator y la de Peters (figs. 3.11 y 3.12).

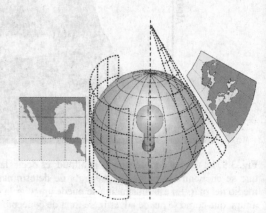

Fig. 3.10. Aun cuando la elaboración de las proyecciones cartográficas es compleja, podemos recurrir a esta ilustración para facilitar su explicación. Si colocamos un foco en el interior de la esfera y acercamos una hoja de papel, al encenderlo proyectaremos sus trazos sobre la hoja. Colocamos la hoja sobre una esfera formando un cilindro, tendremos una proyección cilíndrica y, si la ponemos sobre un polo, en forma de cucurucho, obtendremos una proyección cónica.

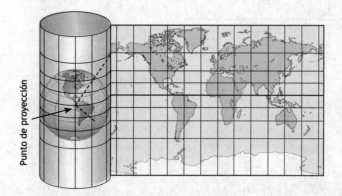

Fig. 3.11. Proyección de *Mercator*. La superficie representada con mayor precisión, corresponde a los paralelos que hacen contacto con el cilindro, pero hacia los extremos norte y sur, la deformación aumenta, pues según se puede advertir en esta figura, los meridianos no se unen en los polos.

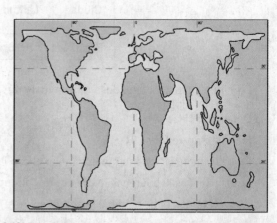

Fig. 3.12. Proyección de *Peters*. Es una variante de las proyecciones cilíndricas; en ella, el trazo de los paralelos es equidistante uno de otro, por ello, la superficie terrestre representada, en comparación con la proyección de Mercator, tiene una mayor exactitud en las dimensiones.

Proyecciones cónicas

Se obtienen al proyectar la superficie de la Tierra sobre el cuerpo de un cono tangente o secante a la esfera terrestre. De éstas hay diversos tipos; uno de ellos corresponde a la proyección cónica simple que se ilustra en la figura 3.13, en la que se advierte que el cono que envuelve al globo terráqueo, tiene contacto sólo con uno de los paralelos, al cual se le llama paralelo base. Consecuentemente, al desarrollar el cono sobre un plano, el paralelo base es el único que guarda las proporciones reales de la superficie representada. Este tipo de proyecciones se utilizan para elaborar, principalmente, mapas de latitudes medias, donde los paralelos se representan con semicírculos y los meridianos con líneas rectas que convergen hacia los polos. Entre las desventajas de este tipo de representación, tenemos:

a) No representa toda la Tierra.

b) Al norte y al sur del paralelo base, las dimensiones de las superficies representadas quedan alteradas, es decir, se deforman.

Proyecciones acimutales

Se obtienen proyectando la superficie del planeta sobre un plano tangente a la superficie del globo terráqueo, desde un determinado punto de perspectiva, cuya posición varía según el tipo de mapa que se vaya a elaborar. Entre las proyecciones acimutales se encuentran las gnomónicas, ortográficas y estereográficas; de las gnomónicas, existen tres variantes: polar, oblicua y ecuatorial (fig. 3.14). Entre las desventajas de este tipo de cartas, encontramos que las regiones alejadas del centro de proyección presentan grandes deformaciones.

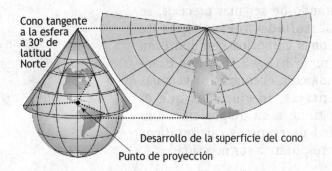

Fig. 3.13. En esta ilustración se presenta la proyección cónica simple; adviértase que la superficie del cono es tangente a la esfera en el paralelo 30° y por tanto, ésta será la zona de mayor precisión; hacia el norte y hacia el sur de dicha referencia, la deformación de la superficie representada irá siendo mayor.

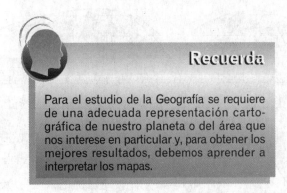

Recuerda

Para el estudio de la Geografía se requiere de una adecuada representación cartográfica de nuestro planeta o del área que nos interese en particular y, para obtener los mejores resultados, debemos aprender a interpretar los mapas.

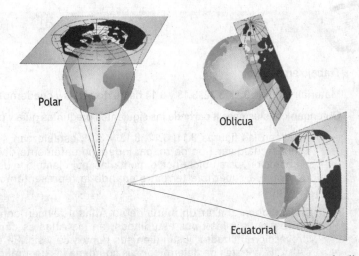

Fig. 3.14. Las proyecciones acimutales presentan diversas variantes; una de ellas es la gnomónica que, a su vez, se divide como puede observarse en esta ilustración, en polar, oblicua y ecuatorial. Su denominación depende del sitio desde el cual se proyecta la superficie terrestre.

Tratando de ser más precisos, se han desarrollado nuevos tipos de proyecciones como los que aparecen en las figuras 3.15 y 3.16, y aun cuando en cada caso encontramos ventajas y desventajas, lo cierto es que el hombre tiene a su disposición una diversidad de recursos cartográficos para dar respuesta a sus necesidades.

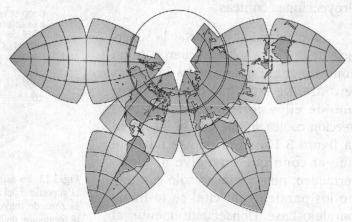

Fig. 3.15. Proyección de Mariposa de J. S. Cahill. Corresponde al desarrollo de un octaedro y presenta, como puede advertirse, una superficie discontinua.

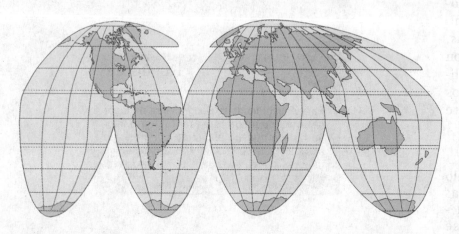

Fig. 3.16. Proyección Cortada Homalosenoidal de Goode. Su representación también se encuentra interrumpida, pues elimina varias áreas oceánicas para lograr mayor exactitud en los meridianos centrales que corresponden a los distintos continentes.

Actividades

Trabajo en equipo

Material: Figuras 3.11, 3.12, 3.13 y 3.14 del texto; *Atlas* y cuaderno de notas.

Obtengan conclusiones a partir de las siguientes preguntas guía y preséntenlas al grupo.

a) Analicen las figuras 3.11, 3.12, 3.13 y 3.14; establezcan semejanzas y diferencias y determinen: ¿se podría utilizar cualquier tipo de mapa, independientemente del tipo de proyección que se haya utilizado en su elaboración, para ubicar ríos o montañas, por ejemplo, o de qué depende la selección? ¿En todos los casos se deforma la superficie terrestre cuando la representamos sobre un plano? ¿Por qué? Fundamenten sus opiniones.

b) Seleccionen al azar un mapa de su Atlas y revisen con qué tipo de proyección fue elaborado y si éste corresponde a los tipos estudiados (en los Atlas es común anotar cerca de la escala gráfica el tipo de proyección utilizado); justifiquen sus puntos de vista. En ese mismo mapa fijen arbitrariamente dos puntos "A" y "B" y traten de determinar sus coordenadas geográficas, la distancia a la que se encuentran uno de otro y el rumbo o punto cardinal hacia donde se encuentra la ciudad o referencia geográfica más cercana a ellos. Comparen sus respuestas con las obtenidas por los otros equipos.

Las clases más usuales de mapas

Los mapas no son un invento reciente, éstos han sido transformados con el tiempo; primero la necesidad de orientarse, calcular distancias y representar detalles topográficos como un río o una montaña llevaron a nuestros antepasados a dibujar sobre barro o pieles de animales; posteriormente se hicieron croquis que mostraban la ubicación aproximada de algunos sitios. El empleo de coordenadas geográficas y escalas representó un gran avance pues ayudó a localizar con exactitud ciudades y otros rasgos geográficos, lo que permitió trazar planos y más tarde mapas.

Actualmente, contribuyen a la elaboración de mapas geográficos, técnicas muy avanzadas, entre otras, fotografías aéreas, imágenes obtenidas desde satélites y sistemas de información geográfica procesados en computadoras.

¿Sabías que...

En México, el INEGI produce información geográfica para el estudio de los recursos naturales y la elaboración de las cartas geográficas del país, mediante una red geodésica nacional, para ubicar diversos puntos basándose en la tecnología satelital.

Para cada necesidad existe un tipo diferente de mapa. Algunos, de uso muy especializado, son utilizados exclusivamente por ingenieros, economistas, agrónomos, geógrafos y otros; en cambio existen otros que, por la información que contienen, son de uso común y frecuente. En este último caso se encuentran los mapas de carreteras, turísticos, los mapas hidrográficos empleados para localizar ríos, mares y lagos; los de división política, en los que se pueden identificar países o ciudades importantes, los de población y otros muchos igualmente útiles (fig. 3.17).

Dada la variedad de mapas que pueden elaborarse y la cantidad de temas que se han de representar, en cartografía se ha optado por clasificarlos en **generales** y **temáticos**.

Los mapas generales. Como los topográficos representan la configuración del terreno y los principales rasgos geográficos. Los mapas topográficos, constituyen la cartografía básica en que se apoyan los sistemas de información geográfica para elaborar los mapas a diferentes escalas.

Los mapas temáticos. Destacan determinados aspectos de una región como el clima, las aguas superficiales y subterráneas, la geología (tipos y estructuras de las rocas); temas relacionados con el uso y características físicas y químicas del suelo, de vegetación, agricultura, formas del

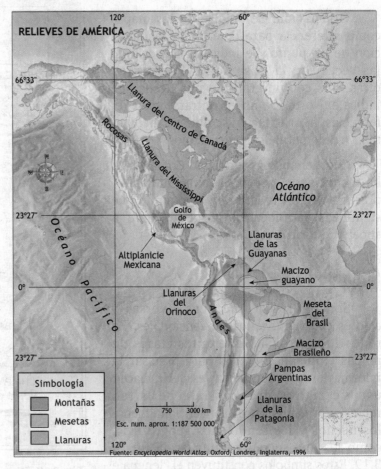

Fig. 3.17. En el mapa están identificados: llanuras, mesetas, montañas, ríos y lagos, con los símbolos adoptados por los organismos cartográficos para señalar fenómenos geográficos.

paisaje, comunicaciones, industria, distribución de la población y otras características geográficas.

Mapas topográficos

En ellos se representan principalmente relieve terrestre con el empleo de curvas de nivel (líneas que unen puntos de igual altitud) y otros detalles geográficos, como poblaciones, montañas, ríos y caminos, entre otros, de la superficie de una región, mediante signos convencionales y el empleo de diversas escalas.

En el mapa topográfico de la figura 3.18 se advierten los rasgos físicos y culturales de una superficie reproducida: vegetación, poblados, ríos, vías de carretera y las diferentes altitudes representadas por curvas de nivel.

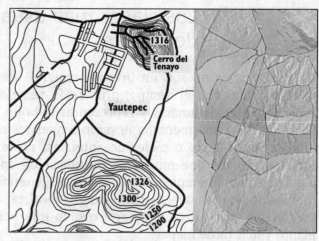

Fig. 3.18. Carta topográfica que representa la configuración de una región en México. En ella se encuentran diversos símbolos como los utilizados para indicar poblaciones.

Elementos convencionales

Orientación. Se emplea en los mapas como referencia para determinar la ubicación de un punto. Se indica la mayoría de las veces con la Rosa de los Vientos; en otras, sólo con un gráfico o una flecha que indica el Norte. De no encontrarse estas referencias, la orientación se obtiene mediante la red de paralelos y meridianos.

Coordenadas geográficas. Como ya se ha mencionado, son líneas imaginarias representadas por la latitud y la longitud que se utilizan para localizar un punto sobre la superficie terrestre.

Símbolos

Son figuras geométricas diversas o colores con significados convencionales. En todos los casos, las diferentes clases de mapas emplean símbolos para precisar la información que contienen; es decir, hacen uso de signos gráficos que permiten representar e identificar convencionalmente los hechos y los fenómenos geográficos, como los que se representan en la figura 3.19. Estos símbolos constituyen el "lenguaje cartográfico" de los mapas.

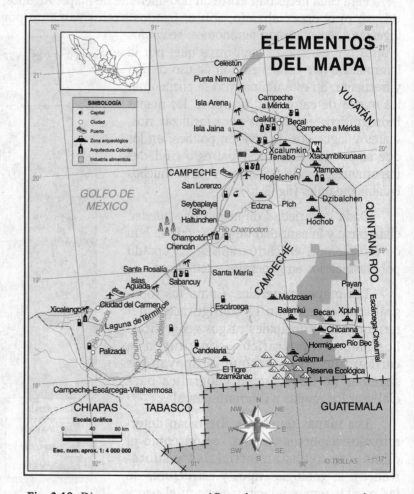

Fig. 3.19. Diversos aspectos geográficos de un mapa representados con símbolos.

En la figura 3.20 se encuentran algunos de los símbolos más importantes.

Las escalas de los mapas

Los mapas son representaciones muy reducidas de la superficie terrestre y, por tanto, montañas, ríos, superficies boscosas, zonas urbanas e industriales así como otros detalles, guardan cierta proporción con las dimensiones reales. A esta relación entre las dimensiones de lo representado y las reales, se le llama escala (fig. 3.21).

Hay dos tipos de escala: numérica y gráfica

Escala numérica. Es la relación expresada en números, de la distancia entre dos puntos de un mapa y la distancia real entre esos mismos puntos en el terreno; así, por ejemplo, la escala 1:500 000 indica que 1 cm del mapa equivale a 500 000 cm en el terreno; es decir a 5000 metros o 5 km.

Un ejemplo para entender mejor lo anterior es determinar, en el mapa de la figura 3.19, la distancia real entre Escárcega y Campeche. Si medimos con una regla la distancia entre estas dos poblaciones, encontramos que ésta mide 4 cm aproximadamente. Ahora, al multiplicar esta distancia por 4 000 000, que representa la escala numérica, nos da 16 000 000; esta cantidad representa 1 cm y equivale a 160 000 m, es decir, 160 km.

Escala gráfica. Esta escala se representa con una recta dividida en partes o segmentos iguales, como aparece en la parte superior de la figura 3.21. En la escala utilizada en esta figura, cada segmento equivale a 100 km.

SIMBOLOGÍA		
◉ Capital		Gruta
○ Ciudad		Montañas
Zona arqueológica		Ríos
Arquitectura Colonial		Salinas
Artesanía		Industria alimenticia
Gasolinera		Industria maderera
Aeropuerto		Industria química
Carretera		Petróleo
Autopista	- - - - -	Límite estatal
Puerto	+ + +	Límite internacional
Playa		

FUENTE: Gobierno del estado de Campeche, *Guía Turística*, México, 1999.

Fig. 3.20. Elementos de un mapa. Los símbolos más representativos (Campeche, México).

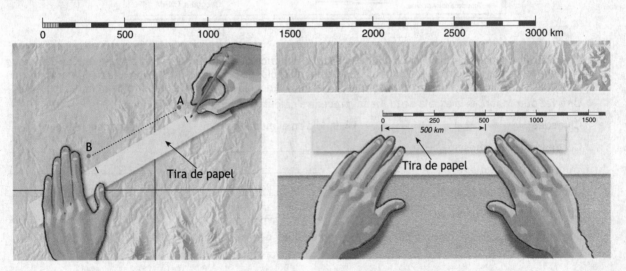

Fig. 3.21. Aplicación de la escala gráfica. Para conocer la distancia que hay entre los puntos *A* y *B* del esquema de la izquierda, tomamos una tira de papel, y marcamos en ella la distancia, como se indica; después colocamos la tira junto a la escala (figura derecha) y así obtenemos la distancia representada en kilómetros.

Interpretación de material

Material: Cuaderno de notas.

1. En el mapa de la figura 3.19, se encuentran los diversos elementos que se representan en un mapa; éstos te servirán para resolver en tu cuaderno de notas los ejercicios relacionados con el siguiente mapa.

    a) Escala numérica de este mapa.

    b) Aspectos que se representan en él.

    c) Tipo de mapa al que corresponde, de acuerdo con el tema representado.

    d) Las coordenadas trazadas más cercanas a la Ciudad de México.

    e) Otros símbolos empleados en el mapa.

2. Práctica del uso de la escala. Para calcular la escala numérica que falta en el mapa, apóyate en los datos que contiene la escala gráfica, o bien, en la distancia por ejemplo, de la Ciudad de México a la de Matamoros que es de 700 km en línea recta aproximadamente. Si es necesario, pide ayuda a tu maestro de matemáticas

    Una vez que conozcas la escala de tu mapa, procede a calcular las siguientes distancias.

Ciudades	Distancia en el mapa (cm)	Distancia real (km)
Cd. de México-Hermosillo		
Tampico-Tuxtla Gutiérrez.		
Cd. de México-Nuevo Laredo		
Cd. de México-Cd. Juárez		

3. Comenta tus resultados con tus compañeros; regístralos en tu cuaderno y explica al grupo la manera como los obtuviste.

Satélites artificiales

¿Desde cuándo existen los satélites y cuál es su utilidad? Se conoce como satélite artificial a cualquier objeto elaborado por el hombre y puesto en órbita alrededor de nuestro planeta.

La Tierra se encuentra rodeada por un enjambre de satélites artificiales de todo tipo. Éstos parecen pequeños cuerpos luminosos que se desplazan a gran velocidad a través del firmamento, y, en ocasiones, pueden observarse antes de la salida del Sol o después de que éste se oculta.

El primer satélite artificial lanzado al espacio fue el *Sputnik I*. Fue puesto en órbita por la URSS el 4 de octubre de 1957 (fig. 3.22). El primero de Estados Unidos fue el *Explorer I*, puesto en órbita el 31 de enero de 1958. El *Sputnik I*, por ser el primero, causó conmoción en el mundo, ya que por primera vez se lograba colocar en órbita un objeto fabricado por el hombre.

De acuerdo con datos de la NASA, (organismo estadounidense encargado de las actividades espaciales), desde el lanzamiento del *Sputnik I*, han sido puestos en órbita cientos de satélites; una gran parte de ellos sigue activa, y otra forma parte de lo que se ha llamado chatarra espacial.

Los satélites son lanzados al espacio por medio de una serie de cohetes que permiten alcanzar la dirección y la velocidad necesarias, para ser colocados en órbita (fig. 3.23). Una vez situado en ésta, el satélite no necesita mayor impulso y puede girar durante días, meses o siglos, según la altura a la que se encuentre; a medida que asciende en la atmósfera el número de partículas atmosféricas disminuye y, por consiguiente, la fricción es menor.

Se calcula que las posibilidades de vida de un satélite a una altura de 200 km son de dos o tres semanas; a 500 km puede durar varios años y a 1000 km o más, algunos siglos. Sin embargo, a la larga, el frenado constante que realizan las partículas atmosféricas, termina por hacer que el satélite descienda y se desintegre por el calentamiento provocado por la fricción con la atmósfera.

La información que registran los satélites, es enviada a la Tierra mediante impulsos eléctricos que se interpretan en las computadoras; el producto de esa interpretación, lo constituyen las imágenes del satélite que permiten observar diversos rasgos físicos y culturales de la superficie terrestre.

Fig. 3.22. *Sputnik I.* Primer satélite artificial lanzado al espacio exterior por la Unión Soviética. Lo constituían cuatro antenas para transmitir señales de radio a la Tierra.

Fig. 3.23. Satélites en órbita. Los satélites artificiales que se colocan en órbita aún enfrentan obstáculos técnicos y financieros. Por su alto costo se están investigando nuevos conceptos de lanzamiento que incluyen cohetes y jets reutilizables.

Fig. 3.24. Laboratorio espacial. Observa que este aparato para investigación cuenta con antenas con numerosos paneles de celdas fotoeléctricas y un escudo que protege a la nave del impacto de micrometeoritos.

Utilidad de los satélites en el desarrollo del conocimiento geográfico

Varios de ellos han sido destinados al estudio de fenómenos relacionados con la Tierra y el espacio que la rodea. Investigan, entre otros fenómenos, las radiaciones que nos llegan del espacio, la abundancia y distribución de los micrometeoritos, los campos magnéticos, la composición y densidad de las capas atmosféricas elevadas. Otros satélites, llamados de "aplicación", tienen propósitos utilitarios. Entre ellos se encuentran los meteorológicos, los de comunicación y los que investigan los recursos naturales (fig. 3.24).

Satélites meteorológicos. Estos satélites cumplen dos objetivos:

a) Registrar y enviar a la Tierra, entre otros datos, la temperatura y la humedad en la alta troposfera y en la baja estratosfera, así como el porcentaje de radiación que reflejan las nubes, las tierras y las aguas.

b) Obtener, con cámaras de televisión, fotografías de sistemas de nubes.

Los satélites envían su información a estaciones terrestres situadas dentro del campo de trasmisión del satélite, dotadas de receptores y computadoras. En la actualidad, existe una extensa red de estaciones meteorológicas, más densa en el Hemisferio Norte que en el Sur, que trasmiten información, por ejemplo, acerca de un ciclón o una fuerte tormenta que se inician, a las poblaciones, barcos y aviones que se localizan en la zona afectada. Así, gracias a los satélites es posible evitar catástrofes que podrían ser de graves consecuencias (fig. 3.25).

Satélites de comunicación. Estos satélites son los más conocidos, se clasifican de acuerdo con el tipo de órbita que describen y la función que realizan. Algunos simplemente reflejan las señales de telecomunicación; otros, las amplifican y repiten. De todos los sistemas experimentados, el adoptado por la red de comunicaciones es el de satélites geoestacionarios.

Éstos han sido colocados exactamente a 35 000 km de altura para que su periodo de revolución sea igual al de la Tierra (24 horas) y, por consiguiente, permanezcan por arriba de una misma posición geográfica. No obstante la importancia de su aplicación, debe permanecer encima del Ecuador, y no puede cubrir toda la Tierra por lo que se están utilizando nuevos sistemas satelitales de interconexión.

Los satélites de comunicación en México

El sistema satelital nacional se apoya en satélites como el *Morelos II* y el *Solidaridad II*, que cubren todo el territorio

Fig. 3.25. Satélite meteorológico en órbita terrestre. La información que proporciona es sumamente valiosa, sobre todo para los medios de comunicación aéreo y marítimo que requieren constantemente de este útil servicio.

nacional, su mar patrimonial, parte de Canadá y Estados Unidos, así como las islas del Caribe, Centro y Sudamérica. Sus usos son muy variados; se utilizan para trasmisiones regulares de TV y noticias; para trasmisiones por radio en Cadena Nacional o regional; para el envío de noticias entre agencias dedicadas a estos medios informativos, periódicos y demás medios de comunicación; para transferencias financieras; supervisión y monitoreo de oleoductos y líneas eléctricas; para conversaciones telefónicas de larga distancia y telefonía rural, entre otras (fig. 3.26). Cuenta además con aplicaciones especiales para la educación y la salud.

Recientemente, México ha puesto en órbita un nuevo satélite el *SATMEX 5*, con capacidad para ofrecer mayor amplitud en servicios de comunicación, como el envío de señales telefónicas, bancos de datos y video, con la tecnología más avanzada del momento.

Satélites para el estudio de los recursos de la Tierra.

En 1972, fue lanzado el primero de estos satélites. Se le dio el nombre de ERTS (Satélite Tecnológico de los Recursos de la Tierra). Están provistos de un sistema de televisión multiespectral que les permite registrar imágenes en varias bandas del espectro, incluso las de ultravioleta y el infrarrojo. Llevan, además, radares, receptores de radio frecuencia, sismógrafos, gravímetros y magnetómetros, para la medición de campos magnéticos.

Estos satélites proporcionan, entre otros campos de información, los siguientes: clasificación de suelos, capacidad del uso de la tierra, identificación de cosechas, inventario forestal de detección de incendios forestales, localización de zonas contaminadas, inundaciones, etcétera (fig. 3.27).

Otra información útil que proporcionan los satélites artificiales es la que se destina a confección de mapas topográficos, geológicos, mineros, petroleros y de zonas de riesgo, entre otros (fig. 3.28).

Los satélites artificiales han contribuido a ampliar nuestro conocimiento geográfico con la aplicación de técnicas como la de teledetección espacial con la que se logra descubrir muchos recursos naturales aún desconocidos; llegándose a revolucionar las técnicas de representación cartográfica, ya que las imágenes de los satélites hicieron posible la medición exacta de la Tierra y a la vez la detección de cualquier objeto o rasgo de la zona de estudio; todo ello facilitó la elaboración y corrección de mapas de diversos lugares de la Tierra. Otra técnica, es en la que se aplican sistemas de cómputo para la información geográfica; ésta analiza y clasifica de manera rápida, los datos de las imágenes del satélite para ser representados mediante mapas digitalizados.

Fig. 3.26. Satélites de comunicación como el *Score Telestar Syncom II, Inlestal y Morelos I y II, Solidaridad I* apagado en agosto del 2000 y *Solidaridad II* (mexicanos), entre otros que han sido puestos en órbita durante los últimos años por diferentes países, ayudan en gran medida a proporcionar servicios de comunicación con alta tecnología a un mayor número de pobladores en el mundo.

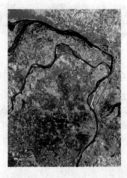

Fig. 3.27. Imagen de satélite del curso normal del Río Mississippi y su principal afluente, el Río Missouri, cerca de la Ciudad de San Luis Missouri. En esta imagen se advierten el área urbana y las zonas de vegetación de esta región de Estados Unidos de América.

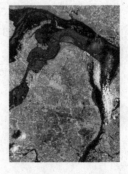

Fig. 3.28. Imagen de satélite de los ríos Mississippi y Missouri durante una inundación en la época de intensas lluvias. Se nota el desbordamiento de los ríos que provoca la inundación de áreas rurales y urbanas.

Los mapas y su utilización

Para investigar y comentar en clase

Material: Cuaderno de notas.

1. Comenta con tus compañeros la aplicación y utilidad de los satélites meteorológicos a través de los informes de las condiciones atmosféricas diarias. Registra tus resultados en tu cuaderno.

2. Investiga en equipo, la información proporcionada por los satélites artificiales de comunicación. Pide a tu maestro te auxilie en la obtención de datos.

   Al término de la investigación den a conocer al grupo los resultados de su investigación.

3. Elaboren un periódico mural en el que se muestren los diversos usos de la información obtenida a través de los satélites meteorológicos y de comunicación. Utiliza recortes de revistas y periódicos alusivos a éstos.

Síntesis de la unidad 3

Aplicación de conocimientos

Junto con tus compañeros de equipo elabora un mapa conceptual referido al tema: mapas geográficos. Para ello, selecciona los conceptos básicos que habrás de anotar en el mapa trazado. Posteriormente dalo a conocer al resto del grupo para intercambiar puntos de vista. Si hicieron falta algunos conceptos incorpóralos al mapa. Observa el ejemplo.

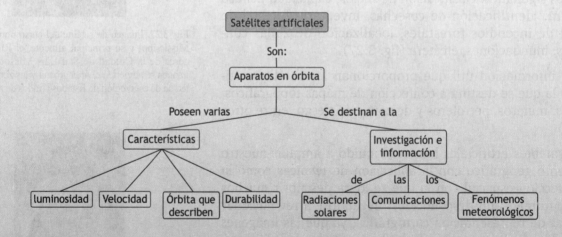

Unidad

Los océanos

En esta ilustración se advierte la proporción que guardan los océanos (en azul) con respecto a las tierras emergidas. Mares y océanos cubren 71 % de la superficie terrestre. Su estudio se apoya en la Oceanología, y en los aportes que ofrecen la Geofísica, la Geoquímica, la Geología y la Biología marinas, entre otras ciencias. En esta unidad recordarás su ubicación y profundizarás en el conocimiento de sus principales movimientos, así como sobre las características fundamentales de los rasgos del relieve de los fondos oceánicos.

Tema I

Ubicación de las principales masas oceánicas

¿Qué importancia tienen los océanos? Su trascendencia no sólo se debe a la superficie que cubren o al volumen que representan (fig. 4.1), sino también a la influencia que ejercen sobre el desarrollo y la evolución de la vida. Los océanos albergan la mayor diversidad de especies que habitan el planeta, además de que en ellos se encuentran los seres de mayores dimensiones, como la ballena azul, que llega a medir más de 30 metros de largo y pesar alrededor de 125 toneladas.

Los fenómenos que ocurren en los océanos, influyen sobre los seres vivos que los habitan e incluso, su acción se extiende a otros seres que pueblan la superficie de la Tierra. En particular, el dióxido de carbono (CO_2) de la atmósfera que se disuelve en contacto con las aguas oceánicas, es transportado por las corrientes marinas por todo el planeta, mismo que al ser asimilado por el fitoplancton, se convierte en residuos orgánicos a partir de su capacidad fotosintética. Estos residuos junto con el zooplancton constituyen la base de la alimentación de los animales marinos superiores. A lo anterior debe agregarse el hecho de que las algas marinas producen una cantidad importante del oxígeno que respiramos.

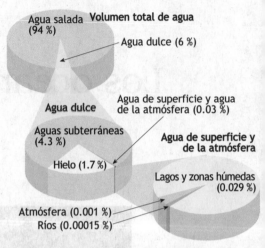

FUENTE: *Atlas del Mundo*, Aguilar, España 1992.

Fig. 4.1. En esta ilustración se puede apreciar gráficamente los porcentajes de agua salada y dulce que se estima existen en la Tierra. Aun cuando su volumen no es fácil de precisar, la cantidad es tal, que algunos investigadores afirman que nuestro planeta debiera de llamarse "Agua".

Por otra parte, los océanos constituyen la fuente principal de evaporación y, por tanto, el motor principal del ciclo hidrológico; esto los asocia a los diversos elementos meteorológicos: humedad y temperatura del aire, nubosidad, precipitación y presión atmosférica, que son determinantes en la definición del sistema climático de la Tierra.

Ubicación de las grandes masas de agua. En 1968, el comandante Frank Borman a bordo de la cápsula espacial *Apolo VIII*, comentaba a 380 000 kilómetros de distancia del planeta su emoción de advertir, desde el espacio exterior, las dos capas en las que se sustenta la vida: la hidrosfera y la atmósfera. La primera capa está representada básicamente por las aguas oceánicas que en el Hemisferio Norte ocupan 60 % de la superficie, en tanto que en el Hemisferio Sur, representan 80 % (fig. 4.2).

Las aguas oceánicas no guardan uniformidad en sus características físicas (color, transparencia, densidad, temperatura y movimiento), ni en sus características químicas (composición).

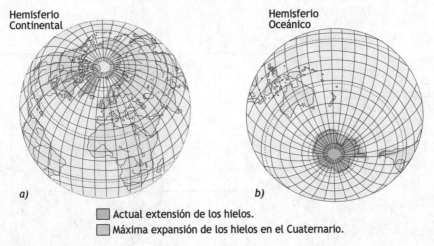

Hemisferio Continental

Hemisferio Oceánico

a)

b)

☐ Actual extensión de los hielos.
☐ Máxima expansión de los hielos en el Cuaternario.

Fig. 4.2. Cerca de dos tercios de la superficie terrestre continental –100 millones de km^2 aproximadamente– se ubican en el Hemisferio Norte (*a*); en tanto que el tercio restante –menos de 50 millones de km^2– se localiza en el Hemisferio Sur (*b*). En consecuencia, la superficie oceánica, como se aprecia en esta ilustración, es mayor en este último hemisferio.

¿Sabías que...

El primer viaje de estudio científico de los mares, se realizó abordo del barco de guerra británico *Challenger*, entre 1872 y 1876. Dicha embarcación navegó alrededor del mundo efectuando mediciones y coleccionando especímenes.

Los océanos constituyen las masas de agua de mayor extensión con las que cuenta nuestro planeta y se dividen para su estudio en cuatro grandes áreas: el Océano Pacífico que representa 49 % del total; el Océano Atlántico, 26 %; el Océano Índico, 21 %; y el Océano Ártico, 4 % restante (cuadro 4.1). Entre sus principales características, se pueden citar las siguientes:

El Océano Pacífico (fig. 4.3), se extiende desde el Estrecho de Bering hacia el sur. Al este, su límite está definido por las costas americanas, en tanto que al oeste, queda determinado con menos precisión, por la costa asiática y su zona insular sureste. La parte más ancha alcanza 17 700 kilómetros, aproximadamente.

Cuadro 4.1.

Superficie y profundidad de los principales océanos, mares y golfos

Nombre	Extensión (km²)	Profundidad	Nombre	Extensión km²	Profundidad
Océano Pacífico	166 241 000	11 024	Mar Caribe	2 515 900	7 680
Océano Atlántico	86 557 000	9 219	Mar Mediterráneo	2 510 000	5 020
Océano Índico	73 427 000	7 455	Golfo de Bengala	2 172 000	5 258
Océano Ártico	9 485 000	5 449	Golfo de Guinea	1 533 000	N. D.
Mar del Coral	4 791 000	9 165	Golfo de México	1 507 600	4 380
Mar Arábigo	3 683 000	5 800	Golfo de Alaska	1 327 000	N. D.
Mar de China Meridional	2 974 600	4 572	Golfo de Carpentaria	310 000	N. D.

N. D. No hay datos.
FUENTE: *Almanaque Mundial 1999*, Samra, México, 1999.

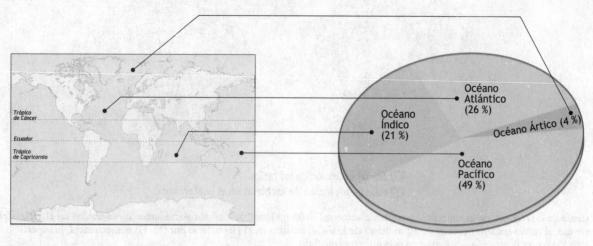

Fig. 4.3. Ubicación geográfica y comparación porcentual gráfica de la extensión de los grandes océanos.

Fig. 4.4. Los icebergs (palabra de origen inglés que significa montaña de hielo) son desplazados por la acción del viento y de las corrientes marinas.

El Océano Atlántico (fig. 4.3), segundo en extensión, ha ejercido una gran influencia en el desarrollo de las antiguas civilizaciones y en la actualidad, constituye el ámbito de mayor tráfico marítimo. Corresponde a una cuenca que se extiende desde Islandia, en el Hemisferio Norte, hasta la Isla de Bouvet, en el Hemisferio Sur, situada a 2400 km, aproximadamente, al suroeste del Cabo de Buena Esperanza, África. Al oeste limita con América y al este, con África y Europa. Su máxima anchura es de 9600 km.

En Europa, el agua de este océano, da origen a los mares Mediterráneo, Negro, Báltico y del Norte; en la costa americana determina, entre otras áreas, la Bahía de Hudson, el Golfo de San Lorenzo, el Golfo de México y el Mar Caribe.

El Océano Índico (fig. 4.3) está delimitado por Asia y África; sólo su parte sur queda totalmente abierta, entra en comunicación con las aguas de los océanos Pacífico y Atlántico, más allá de los 40° de latitud Sur.

Finalmente, el Océano Ártico (fig. 4.3), cuyo reconocimiento por parte de la comunidad científica es parcial, está delimitado por las costas septentrionales de América del Norte y Eurasia; durante el verano se caracteriza por la presencia de innumerables bloques de hielo flotante (icebergs) originados en 90 % por desprendimientos procedentes de los glaciares de la costa de Groenlandia (fig. 4.4).

Algunos oceanógrafos nombran un quinto océano, el Antártico, pero lo cierto es que se trata de la zona sur de los océanos Pacífico, Atlántico e Índico, donde al no haber obstáculo alguno, se une el agua de estos océanos mundialmente reconocidos.

Para comparar y obtener conclusiones

Material: Texto, papel milimétrico y colores diversos.

Con la información del cuadro 4.1, elabora una gráfica de barras en un papel milimétrico que te permita comparar la superficie y la profundidad de los océanos; para tal efecto, intégrate a un equipo de trabajo para precisar la escala con la que habrán de realizar su trabajo. Concluido el trabajo, comenten en grupo en dónde están localizados, cuál de ellos es el más extenso y cuál el más profundo.

| Tema II | Movimientos oceánicos |

Las principales corrientes marítimas; sus causas, ubicación y efectos climáticos. Las mareas

¿En algún momento el agua de los océanos queda inmóvil? No. Siempre está en movimiento y en ocasiones, cuando se presentan perturbaciones atmosféricas como los ciclones, éstos se tornan tan violentos, que su furia nos hace sentir indefensos o vulnerables frente a la naturaleza (fig. 4.5). Olas, mareas y corrientes marinas son los movimientos que les dan la dinámica que los caracteriza.

Olas. Se trata del movimiento superficial del agua oceánica, originado por el viento que al entrar en contacto con ésta produce, por fricción, un empuje que pone en movimiento la parte más superficial. Se trata de una ondulación y su influencia, aun durante los temporales, no va más allá de una profundidad comprendida entre 20 y 30 metros.

Existen dos tipos de olas: las de *oscilación*, caracterizadas por un movimiento ondulatorio, y las de *traslación*, las cuales, al llegar a la costa, rompen sobre acantilados y playas. Las primeras se dividen, a su vez, en olas forzadas o "mar de viento", generadas por vientos locales, y olas libres o "mar tendida", provocadas por la acción del viento que sopla desde lugares distantes y cuyo efecto, se propaga abarcando extensas áreas.

El tamaño de las olas depende, por tanto, de la velocidad del viento, del tiempo durante el cual haya ejercido su acción, y de la extensión de la superficie sujeta a su influencia. Para su estudio, podemos distinguir en una ola: la cresta y el valle; la primera, corresponde a la parte más elevada, y el segundo, a la parte deprimida. La distancia entre cresta y cresta recibe el

¿Sabías que...

Los terremotos que se producen en los fondos oceánicos llamados maremotos, dan lugar a grandes olas que reciben el nombre de *tsunami* (término japonés). En 1755, olas de este tipo, causaron la muerte de unas 60 000 personas en Lisboa, Portugal.

Fig. 4.5. El faro Minot, situado en la costa atlántica de Estados Unidos de América, es una de las muchas construcciones del hombre que desafían la furia del mar. Sus muros de granito reciben permanentemente el golpe de las olas que, durante las tormentas, se elevan hasta 20 metros.

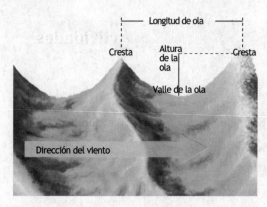

Fig. 4.6. En esta figura se advierten las partes que conforman una ola: la cresta y el valle; también se ilustran dos conceptos: longitud y altura.

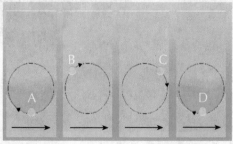

Fig. 4.7. Esquema de una ola de oscilación ideal. El corcho, que para el caso representa una molécula de agua, en los puntos A, B, C y D, sólo describe un círculo para regresar a su posición original.

nombre de longitud de la ola, y la diferencia en metros entre la cresta y el valle, es precisamente su altura (fig. 4.6).

La ola más alta, y probablemente la mayor que se haya registrado en alta mar, alcanzó 34 metros de altura; fue reportada por R. P. Whitemarsh, comandante del barco *Ramapo*, petrolero de la marina de Estados Unidos de América de 510 metros de eslora, durante el trayecto de Manila a San Diego, el 7 de febrero de 1933.

En alta mar, la ondulación de la superficie marina no implica transporte de masas de agua; se trata tan solo de la trasmisión del movimiento, que equivale a la forma de la ola. Para dar mayor claridad a esta afirmación, en la figura 4.7 se representa el movimiento ondulatorio de referencia. Para tal efecto, se ha dibujado un corcho en color amarillo.

Las olas de oscilación se transforman en olas de traslación en las cercanías de la costa. Esto se debe a que, al disminuir la profundidad, las moléculas de agua que descienden en su movimiento ondulatorio, chocan contra el fondo provocando un retraso en la oscilación que deja sin base de sustentación a las crestas, las cuales, se precipitan provocando el desplazamiento de un gran volumen de agua, que invade las playas o choca contra los acantilados.

Corrientes marinas. Se clasifican en superficiales y profundas. Las primeras son flujos horizontales que, a la manera de ríos dentro del propio océano, lo recorren en diferentes direcciones; las diferencias de salinidad, temperatura y densidad del agua entre las diferentes zonas del océano, definen las márgenes y el fondo de estas corrientes. Algunas de ellas, como la Corriente Circumpolar Antártica, desplazan un volumen de agua dos mil veces mayor al que vierte el Río Amazonas al desembocar en el Océano Atlántico.

Las corrientes superficiales, como la Corriente del Golfo, pueden alcanzar una velocidad de 90 km por día, aun cuando hay algunas que en circunstancias especiales, llegan a medir más de 80 km de ancho y alcanzar velocidades de hasta 220 km al día. Se les conoce también como corrientes planetarias (fig. 4.8), por la gran superficie que abarcan y los efectos que producen tierra adentro y hasta cierto límite, sobre islas y áreas continentales cercanas a su zona de influencia.

Las corrientes superficiales debieran seguir la misma trayectoria de los vientos regulares, pero en realidad sufren desviaciones tanto por la presencia de islas y continentes que se encuentran a su paso, como por efecto de la rotación terrestre (efecto de Coriolis).

Por efecto de este movimiento terrestre, las corrientes marinas superficiales describen en el océano amplios círculos; en el

Hemisferio Norte, siguen la dirección de las manecillas del reloj y en el Hemisferio Sur, la dirección contraria.

Su temperatura, de acuerdo con el lugar de procedencia, oscila entre 30 y −2 °C. Esta característica ha determinado el uso común de la clasificación de las corrientes en frías y cálidas. Entre las primeras, que pueden identificarse en la figura 4.9, se encuentran las corrientes del Labrador, Groenlandia y Humboldt; y, entre las segundas, destacan la Corriente del Golfo y la de Kuro-Shivo.

Por lo que se refiere a las corrientes marinas profundas, éstas son impulsadas por las diferencias de densidad determinadas, básicamente, por la temperatura y la salinidad del agua. Cuanto más fría y salada sea, mayor será su densidad.

Fig. 4.8. Los vientos que a nivel planetario conservan permanentemente su dirección, influyen sobre las superficies oceánicas para dar lugar al desplazamiento de masas de agua, cuya velocidad dependerá de su intensidad y persistencia.

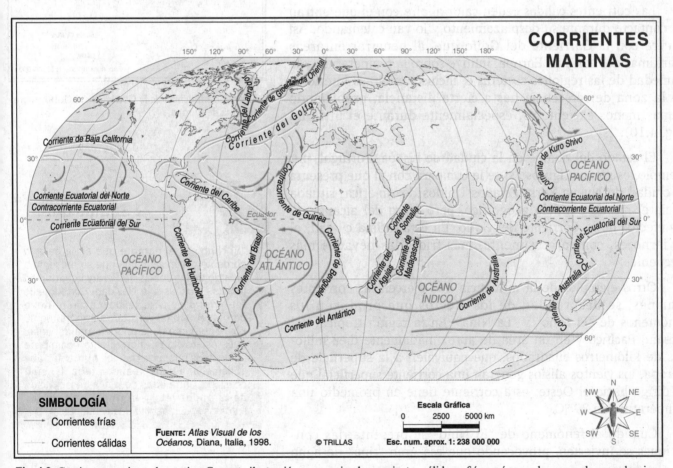

Fig. 4.9. Corrientes marinas planetarias. Con esta ilustración se aprecian las corrientes cálidas y frías, así como las zonas de procedencia y la dirección que siguen.

Los océanos, por otra parte, contribuyen a definir los climas de la Tierra; entre sus efectos pueden destacarse los siguientes:

a) El agua oceánica actúa como un gran regulador térmico. Debido al elevado calor específico del agua, ésta se calienta y enfría lentamente; esta propiedad le permite actuar sobre la temperatura ambiente. Al ceder poco a poco su calor al aire, se evita que se produzcan **oscilaciones** térmicas bruscas; gracias a este efecto, las regiones costeras y, hasta cierto límite, tierra adentro, la variación de la temperatura, entre el día y la noche y entre las diversas estaciones del año, no presenta grandes contrastes.

De acuerdo con lo anterior, los océanos influyen sobre tierras aledañas (áreas insulares y continentales hasta cierta distancia tierra adentro), en la determinación tanto del estado del tiempo como del propio clima, propiciando veranos más frescos e inviernos menos fríos; sin embargo, en el caso de las corrientes marinas, sus efectos, en función de sus características (temperatura, dirección, velocidad, etc.), se extienden a zonas mucho más amplias.

Las corrientes cálidas ceden calor al aire con el que entran en contacto durante su desplazamiento y lo van calentando. Así ocurre con la Corriente del Golfo que, al penetrar en áreas marítimas del norte de Europa, influye sobre la temperatura y la humedad de las regiones costeras e, incluso, en áreas interiores de la zona de referencia hasta cierta distancia, propiciando climas menos extremosos, especialmente durante el invierno (fig. 4.10).

El estado del tiempo en la ciudad de Lisboa, Portugal, por ejemplo, es menos riguroso si se le compara con el que presenta la ciudad de Nueva York, Estados Unidos de América, situada hacia el mismo paralelo geográfico, pero fuera del alcance de los efectos de la Corriente del Golfo. En esta última ciudad, el invierno es, comparativamente, más frío y las nevadas más frecuentes.

Otros ejemplos de la influencia que ejercen las corrientes marinas, se desprenden de los efectos que producen los fenómenos de "El Niño" y "La Niña". En la región tropical del Océano Pacífico y en un área de aproximadamente diez millones de kilómetros cuadrados, que equivalen a la superficie de Europa, los vientos alisios generan una corriente superficial que se dirige hacia el Oeste; esta corriente tiene en promedio una temperatura de 29 °C.

Cuando el fenómeno de "El Niño" se presenta, las condiciones se invierten, provocando que esa gran "tina" de agua

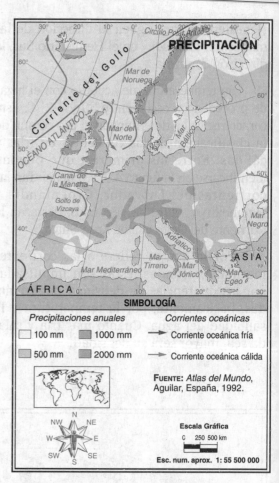

Fig. 4.10. Influencia de la Corriente del Golfo, sobre el clima de Europa.

¿Sabías que...

"El Niño" es el nombre que se le da a la corriente oceánica cálida que se presenta a lo largo de las costas de Perú y Ecuador, en fechas cercanas a la Navidad. Cuando este fenómeno ocurre, la pesca disminuye porque el hábitat se altera temporalmente por el aumento de la temperatura del agua, pues ésta evita el afloramiento costero de aguas frías que arrastran los nutrientes que abastecen la cadena alimentaria. Lo cual ocasiona, entre otras cosas, la desaparición de la anchoveta y la migración de las sardinas al sur, hacia aguas chilenas.

caliente se desplace entre 3000 y 4000 km hacia el Este, arrastrando consigo una gran humedad y generando abundantes precipitaciones (fig. 4.11).

Aun cuando este fenómeno se presenta por Navidad y de ahí el nombre de "El Niño", haciendo referencia al niño Jesús, lo cierto es que cada cuatro o cinco años en promedio, los efectos de este fenómeno son más intensos y particularmente más significativos en la determinación de las condiciones del estado del tiempo (fig. 4.12).

Cuando las manifestaciones de "El Niño" son más intensas, las costas áridas de California en Estados Unidos de América, México, Perú y Chile reciben lluvias torrenciales. Durante 1997, este fenómeno fue particularmente devastador; recuérdese los efectos del ciclón *Paulina* en Centroamérica y su impacto sobre las costas de Guerrero y Oaxaca, en México, en tanto que en la costa oeste del Pacífico, el territorio asiático sufrió de una intensa sequía.

En oposición a "El Niño" se presenta otro fenómeno, también recurrente pero no periódico, al que se le da el nombre de "La Niña" (fig. 4.13), que se manifiesta mediante el desplazamiento de aguas superficiales y subsuperficiales más frías en las zonas central y oriental del Océano Pacífico tropical. En este caso, la temperatura a nivel del mar en el área del Ecuador, puede descender 4 °C por debajo de lo normal.

Estos fenómenos no son nuevos, sólo que su estudio se viene realizando a partir de 1935. Desde esta fecha, se han documentado ocho episodios de "La Niña", en contraste con los trece casos de "El Niño". Ambos influyen sobre las condiciones atmosféricas y climáticas a nivel mundial e incluso, su acción tiene efectos sobre la vegetación, el desarrollo y evolución de los suelos, los asentamientos humanos y las actividades económicas.

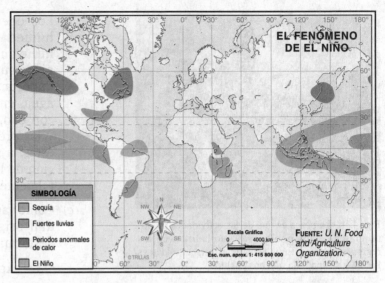

Fig. 4.11. En este mapa se presentan las áreas de impacto del fenómeno "El Niño" ocurrido en los meses de noviembre a marzo de 1998.

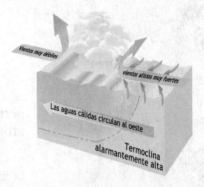

Fig. 4.12. Esquema "El Niño" durante el invierno del Hemisferio Norte. Este fenómeno produce sequías, temperaturas altas y fuertes lluvias en áreas muy localizadas.

Fig. 4.13. Esquema "La Niña". Este fenómeno se inició a finales de julio de 1998 y se extendió hasta el primer semestre de 1999.

Los océanos

Fig. 4.14. La pesca es una de las actividades predominantes de los pobladores que habitan en las regiones costeras. En la actualidad, esta actividad es fuente y sustento de muchos pueblos.

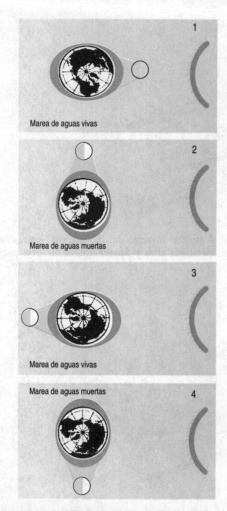

Fig. 4.15. Cada mes se producen dos mareas vivas (durante la Luna nueva y la Luna llena) y dos mareas muertas (durante el cuarto creciente y el cuarto menguante).

b) Los océanos constituyen la fuente principal de la humedad atmosférica. Las aguas oceánicas no sólo influyen sobre las variaciones de la temperatura del aire; su extensión las convierte en la fuente más importante de evaporación, proceso mediante el cual el agua, en estado gaseoso, se incorpora a la atmósfera y con ello, al ciclo hidrológico. La humedad atmosférica y las precipitaciones contribuyen a definir los climas y éstos, a su vez, la flora y la fauna e, incluso, la evolución de los suelos que el hombre aprovecha, fundamentalmente, con propósitos agrícolas y ganaderos.

c) Como factor de desarrollo económico. Mares y océanos dan origen a muy diversas actividades, entre ellas, destacan las siguientes:

- La explotación de los recursos marinos renovables y no renovables. En este rubro, se encuentran las actividades pesqueras (fig. 4.14), y la explotación de los yacimientos de petróleo, principalmente.

- La utilización de esos cuerpos de agua como vías de comunicación.

- La definición de actividades relacionadas con el comercio marítimo y la construcción de obras portuarias, entre otras.

Mareas. Se da este nombre al ascenso y descenso periódicos del nivel de las aguas, originado por las fuerzas de atracción del Sol y de la Luna.

Dichas fuerzas no se manifiestan con la misma intensidad; la atracción que ejerce el Sol sobre las aguas marinas es menor que la ejercida por la Luna, a pesar de que su masa es 27 millones de veces mayor que la de nuestro satélite natural; esto es debido a la distancia que nos separa de ese astro.

Cuando el Sol, la Luna y la Tierra ocupan las posiciones que se muestran en la figura 4.15 (posiciones 1 y 3), las fuerzas de atracción de los dos primeros astros se suman y se produce una marea intensa que se denomina de aguas vivas, en cambio, cuando dichos astros ocupan las posiciones que se ilustran en la misma figura (posiciones 2 y 4) sus fuerzas de atracción se contrarrestan, produciéndose una marea de poca intensidad que recibe el nombre de aguas muertas.

La deformación de la hidrosfera que se observa en las figuras de referencia, opuesta a la posición de la Luna, se produce por la fuerza centrífuga de la Tierra.

Cuando la marea sube se produce un ascenso general del agua, llamado flujo, cuyo límite máximo sobre la playa recibe el nombre de pleamar. Cuando el agua baja, hablamos de reflujo, el cual desciende hasta un límite inferior, llamado bajamar.

La hora y altura de la marea son diferentes para cada lugar de la costa y están determinadas por diversos factores, entre ellos, la configuración del litoral y la profundidad del relieve submarino (fig. 4.16).

En términos generales, la marea se produce dos veces al día: dos pleamares (ascenso del nivel del mar sobre la costa) y dos bajamares (descenso del nivel del mar con respecto a la costa) con un intervalo de seis horas, que obedece al día lunar, cuya duración es de 24 horas y 50 minutos; además, cada 28 días se da otro ciclo que depende de las posiciones relativas de la Luna, el Sol y la Tierra. En este lapso se tienen dos mareas vivas y dos mareas muertas, con intervalo de una semana entre una y otra.

En mar abierto la diferencia de nivel entre la pleamar y la bajamar es de 2 a 3 metros, pero en ciertos lugares del litoral, debido al enorme volumen de agua que avanza sobre él, puede elevarse entre 6 y 15 metros cada doce horas, y durante las mareas de agua viva; el nivel puede alcanzar 21 metros con respecto a la bajamar, como ocurre en la Bahía de Fundy, situada en la costa atlántica entre Estados Unidos de América y Canadá.

Fig. 4.16. La marea es un fenómeno que debe ser tomado en cuenta en la navegación y la operación de los puertos.

Actividades

Trabajo en equipo

Material: Texto y cuaderno de notas.

Intégrate a un equipo de trabajo y nombren un moderador; bajo su conducción:

a) Distribúyanse los diversos párrafos de las páginas 71 a la 77; ordenada y sucesivamente vayan leyendo lo que a cada quien le tocó. Se trata de recordar lo estudiado en clase sobre olas, corrientes marinas y mareas; en cada caso, precisen sus características y señalen sus diferencias por consenso.

b) Elaboren un periódico mural sobre las principales corrientes marinas en el que se establezcan sus causas, ubicación y algunos de sus efectos climáticos. Para tal efecto, distribúyanse la tarea entre los diversos equipos que funcionan en tu grupo y pónganse de acuerdo sobre las dimensiones y las características generales de la presentación; revisen el contenido del texto sobre este punto (págs. 72 a la 76) y realicen una investigación para ampliar su información respecto a lo que les haya tocado registrar en el periódico. Concluyan su trabajo con una presentación de lo logrado ante el grupo.

Los fondos oceánicos

Los rasgos del relieve. Comparación entre el relieve oceánico y el continental

¿Cómo es el fondo del océano? La hidrosfera, como se mencionó, abarca las dos terceras partes de la superficie del planeta y es precisamente esta extensión, una de las razones por las que el estudio del relieve submarino no ha avanzado como se desea. No obstante, durante las últimas décadas se ha logrado acumular información muy valiosa, derivada, principalmente, de estudios de prospección minera realizados por compañías petroleras y por instituciones de carácter oceanográfico (fig. 4.17).

El relieve submarino presenta grandes contrastes. Sus formas son muy variadas y algunas de ellas son más espectaculares que las que observamos en tierra firme. Entre ellas, se distinguen cuatro grandes relieves:

a) **Plataforma continental.** Se trata de un relieve con declive suave que se extiende desde el litoral hasta mar adentro, como una continuación de las tierras continentales. Su anchura es mayor en aquellas regiones donde las llanuras costeras son amplias, y estrecha en aquellos lugares donde las montañas se extienden hasta la costa. Es una zona cubierta por depósitos diversos procedentes de las áreas insulares y continentales aledañas. Este relieve está cortado por cañones submarinos que se proyectan mar adentro, a partir de la desembocadura de los grandes ríos y hasta una profundidad, aproximadamente, de 200 m (figs. 4.18 y 4.19). Desde el punto de vista económico, este relieve es el más importante para el hombre, no sólo porque en él existen importantes yacimientos mineros y petroleros, sino porque la diversidad de vida marina le permite realizar actividades pesqueras.

b) **Talud continental.** En el límite de la plataforma continental y en dirección a las profundidades oceánicas, encontramos una pendiente pronunciada. Este desnivel se inicia aproximadamente hacia los 200 m de profundidad y termina a una profundidad promedio de 3600 m; se trata de un desnivel de paredes muy recortadas.

c) **Llanuras abisales.** Situadas entre 3600 y 6000 metros de profundidad promedio, constituyen el relieve que mayor superficie abarca. Gracias a las últimas investigaciones, sabemos que este relieve está configurado por grandes planicies, mesetas y cadenas montañosas (fig. 4.21). Entre estas últimas, destaca la dorsal mesoatlántica, que se extiende desde Islandia hasta la Antár-

Sonar de profundidad

Fig. 4.17. Uno de los métodos modernos para el estudio del relieve submarino es el sonar. Este aparato trasmite impulsos ultrasónicos que alcanzan el fondo; el tiempo que tarda el eco en regresar permite determinar la profundidad y obtener un gráfico que precisa los desniveles del relieve.

Cañón submarino

Fig. 4.18. Los cañones submarinos alcanzan profundidades superiores a 1000 m y a través de ellos descienden sedimentos de origen continental.

El sedimento es transportado al océano desde el río Amazonas

Parte del sedimento es arrastrado sobre el borde de la plataforma

América del Sur

Río Amazonas

Plataforma continental

Abanico del Amazonas

En el fondo del mar se forma un abanico de sedimento

Fig. 4.19. En el borde de la plataforma continental, los sedimentos se precipitan a través del talud para dar lugar a depósitos en forma de abanico que se acumulan en llanuras pelágicas.

tida. Cordilleras de proporciones similares se localizan en los océanos Pacífico e Índico, como se mencionó en la unidad 2.

d) **Fosas oceánicas.** Se conocen también con el nombre de trincheras o fosas abisales y corresponden a las zonas más profundas del océano; sus paredes son escarpadas. La más profunda de ellas, la de Guam (10 916 m), se encuentra en las cercanías de las Islas Marianas; supera la altitud del Monte Everest (8848 metros, sobre el nivel medio del mar), que es la mayor altitud continental (fig. 4.20 y cuadro 4.2).

e) **Dorsal océanica.** En la página 36, al mencionar el estudio de las placas tectónicas, se citan las dorsales océanicas como un sistema de elevadas cordilleras submarinas, separadas por una porción hundida llamada rift, es en esta zona de límites divergentes entre placas donde asciendes desde el rift, material de la astenosfera dando lugar a la creación de nuevo suelo oceánico.

Si comparamos las formas del relieve submarino con las formas que observamos sobre las superficie terrestre (llanuras, mesetas, depresiones y montañas), podemos encontrar cierta relación; sin embargo, aunque pudieran parecernos semejantes, debemos tener presente que su evolución, independientemente de la influencia que reciben de los agentes internos del modelado terrestre, se rige por la acción física y química de las aguas; en tanto que los relieves que caracterizan la superficie terrestre, se ven afectados por el intemperismo y la acción física y química de los agentes de erosión, como el viento y el agua en todas sus manifestaciones.

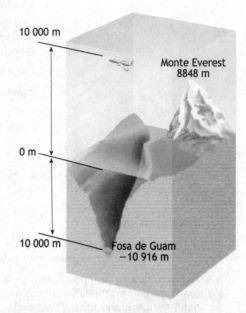

Fig. 4.20. La profundidad de la Fosa Guam es tal, que podríamos trasladar la montaña más alta de la Tierra y sobraría una diferencia de 2067 m, que casi equivale a la altitud de la Ciudad de México (2240 m, snm).

PRINCIPALES RASGOS DEL RELIEVE SUBMARINO

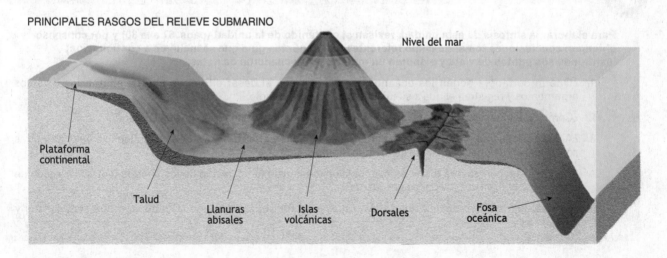

Fig. 4.21. En esta ilustración se pueden identificar los relieves anteriormente descritos que caracterizan los fondos oceánicos: plataforma continental, talud, llanuras pelágicas y fosas oceánicas.

Cuadro 4.2.

Fosas oceánicas

Fosa	Océano	Profundidad en metros
Marianas	Pacífico	10 915
Puerto Rico	Atlántico	8 648
Java	Índico	7 125
Eurasia	Ártico	5 122

<small>FUENTE: *Almanaque Mundial 1999*, Samra, México, 1999.</small>

Actividades

Trabajo en equipo

Material: Texto (figs. 2.10 y 4.21 así como el contenido de las páginas 78 a la 80), cuaderno de notas, papel de periódico, engrudo, cartón y colores de agua (azul, café y negro).

Reúnete con tu equipo de trabajo y pónganse de acuerdo para hacer una maqueta que represente los rasgos fundamentales del relieve submarino. Analicen sus características generales y definan cómo los van a representar; usen cartón como base y sobre él, coloquen la pasta que deberán hacer con periódico previamente remojado, despedazado y mezclado con el engrudo. Al terminar, deberán darle color para diferenciar los diversos relieves; hagan etiquetas con sus nombres y colóquenlas en los lugares que les correspondan. Bajo la conducción de tu maestro(a) exhiban sus maquetas y expliquen las diferencias entre uno y otro relieve, así como las semejanzas y diferencias que existen con las grandes formas del relieve continental: montañas, llanuras, mesetas y depresiones.

Síntesis de la unidad 4

Para elaborar la síntesis de esta unidad, revisen el contenido de la unidad (págs. 67 a la 80) y por consenso obtengan conclusiones tomando como referentes las preguntas-guía que se incluyen a continuación; justifiquen sus puntos de vista y elaboren un registro en su cuaderno de notas.

1. ¿Qué importancia tienen los océanos en relación con el desarrollo de la vida? Debatan los diversos argumentos y registren el que a su juicio sea el más importante.

2. ¿Cómo podemos diferenciar una ola de una corriente marina y éstas de lo que es la marea?

3. ¿A qué se debe que unas corrientes marinas sean cálidas y otras frías? ¿Cuál es su influencia de unas y otras sobre las condiciones del estado del tiempo atmosférico?

4. ¿Por qué se recomendará tomar en cuenta las mareas para la operación de los puertos (entrada y salida de embarcaciones) y las actividades pesqueras?

5. ¿Cuáles son los principales rasgos del relieve submarino estudiado? ¿Cuáles son sus semejanzas y diferencias?

Unidad

Los continentes

5

El conocimiento geográfico es mayor a medida que transcurre el tiempo. En esta unidad se tratan aquellos rasgos esenciales del medio físico, que le dan personalidad propia a los continentes como son: cordilleras, mesetas, llanuras y depresiones; algunos rasgos hidrográficos; los climas y las regiones naturales. También se destacan algunos aspectos de la población, así como sus índices de nivel de vida y bienestar. Los aspectos físicos que se tratan en esta unidad se relacionan con la Geomorfología, Hidrología, Climatología y Biología principalmente y los aspectos de población con la Demografía y la Economía.

Desde la Antigüedad, la curiosidad y el interés por el conocimiento de la Tierra ha sido una continua aventura del hombre; así, a lo largo de la historia de la Humanidad, todos los pueblos han organizado expediciones para explorar y conocer los rasgos geográficos de los continentes, como las costas, las montañas, los ríos, los desiertos, las selvas y las poblaciones. La superficie de la Tierra es un inmenso mosaico de rasgos geográficos, tanto físicos como humanos, dando lugar a una diversidad de espacios geográficos.

Ubicación de los cinco continentes

Los continentes son porciones separadas de la *Pangea*, que se desplazaron miles de kilómetros en millones de años hasta tener la distribucción geográfica actual (fig. 5.2).

Las tierras continentales se distribuyen en mayor proporción en el Hemisferio Norte; en contraste con el Hemisferio Sur, donde predominan los océanos (fig. 5.1). En cuanto a las características físico-geográficas, sociales, económicas, históricas, culturales y políticas, se consideran cinco continentes: América, Europa, Asia, África y Oceanía.

Los límites físicos de Asia con Europa son los Montes Urales y los Cáucaso, y los mares Mediterráneo, Negro y Caspio.

El Canal de Suez, obra ejecutada por el hombre, es el límite artificial y político entre África y Asia.

Las latitudes y longitudes extremas de los continentes permiten precisar su ubicación en el planeta asi como su distancia con respecto al Ecuador y al Meridiano de Origen.

Europa como casi toda Asia se ubican en el Hemisferio Norte, los otros continentes en ambos hemisferios. América, Europa y Asia son los que se extienden a mayor distancia del Ecuador, más allá de los 70° N, en la zona de latitudes altas. América, África y Oceanía llegan, por el sur, más allá de los 50° S, en la zona de latitudes medias.

Las longitudes extremas muestran que América está en el Hemisferio Occidental entre los 34° 47' W; y 168° 05' W casi toda Asia en el Oriental y los tres restantes en ambos hemisferios (cuadro 5.1). La Antártida se ubica en la zona limitada por el Círculo Polar Antártico, desde los 66° 33' S, aproximadamente hasta el Polo Sur (90° S), y se distribuye en los hemisferios Oriental y Occidental.

Porcentaje y superficie de tierras y aguas en nuestro planeta

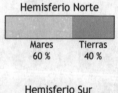

Mares 71 %   Tierras 29 %
369 millones de km^2 141 millones de km^2

Hemisferio Norte

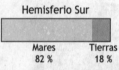

Mares   Tierras
60 %   40 %

Hemisferio Sur

Mares   Tierras
82 %   18 %

Fig. 5.1. De acuerdo con la distribución de los continentes y las aguas oceánicas, el Hemisferio Norte es denominado continental y el Hemisferio Sur oceánico.

Cuadro 5.1.

Coordenadas extremas de los continentes

Continente	Latitud		Longitud	
	Extrema norte	Extrema sur	Extrema oriental	Extrema occidental
América	73° 00' N	55°59' S	34° 47' W	168°05' W
Europa	71° 11' N	34°32' N	68° 05' E	24°32' W
Asia	77° 40' N	1°16' N	169° 40' W	26°05' E
África	37° 20' N	35°00' S	51° 23' E	17°32' W
Oceanía	28° 13' N	54°36' S	121° 00' W	113°00' E

FUENTE: *Enciclopedia Británica*, Libro del año, EUA, 1998.
NOTA: La altitud extrema norte que se da para América es considerando sólo hasta el norte de Groenlandia, al norte de ésta se ubican numerosas islas.

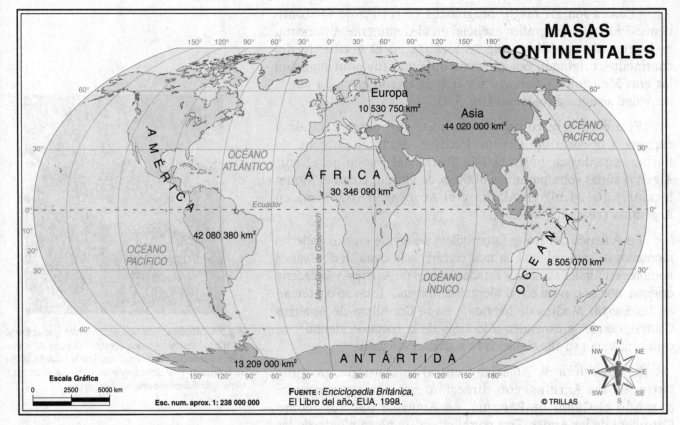

MASAS CONTINENTALES

Europa
10 530 750 km²

Asia
44 020 000 km²

OCÉANO PACÍFICO

OCÉANO ATLÁNTICO

ÁFRICA
30 346 090 km²

AMÉRICA

Ecuador

Meridiano de Greenwich

OCÉANO PACÍFICO

42 080 380 km²

OCÉANO ÍNDICO

OCEANÍA
8 505 070 km²

ANTÁRTIDA
13 209 000 km²

Escala Gráfica
0   2500   5000 km
Esc. num. aprox. 1: 238 000 000

Fuente: *Enciclopedia Británica*, El Libro del año, EUA, 1998.

© TRILLAS

Fig. 5.2. Según la *Teoría de la deriva continental*, los continentes son grandes porciones de tierra que se separaron de un enorme bloque continental y se desplazaron miles de kilómetros en distintas direcciones en millones de años hasta tener la distribución geográfica actual.

Descripción de sus rasgos esenciales

En cada uno de los continentes se identifican rasgos geográficos (orografía, hidrografía, clima, regiones naturales), sociales y económicos que, al interrelacionarse e interactuar dan como resultado espacios geográficos diferentes con características propias. A veces, algunos de esos rasgos son semejantes en varios espacios geográficos, por ejemplo: el clima y las actividades económicas, entre otros.

Orografía

En la unidad dos se trató la acción de las fuerzas o agentes internos (tectonismo) de la Tierra y la de las fuerzas externas: ambas construyen, modifican o modelan la orografía o formas del relieve continental y dan lugar a la formación de cordilleras, montañas, mesetas, llanuras y depresiones (véase fig. 5.3 y 5.8).

Los dos tipos de fuerzas actúan en forma dinámica y transforman las formas originales del relieve en nuevas formas, aunque en periodos generalmente largos, que alcanzan cientos o miles de años.

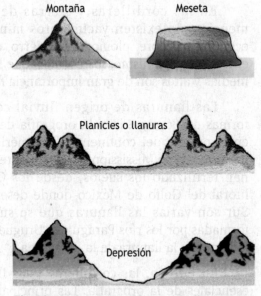

Montaña   Meseta

Planicies o llanuras

Depresión

Fig. 5.3. Las formas orográficas o del relieve terrestre son: llanuras, mesetas, montañas, cordilleras y depresiones.

Los continentes   **83**

¿Cuáles son los rasgos orográficos esenciales de los continentes? El rasgo orográfico esencial en el Continente Americano es la elevada cordillera que se localiza en el occidente del continente, originada por plegamientos que tuvieron lugar en las eras Mesozoica y Cenozoica y que ha estado afectada por la actividad sísmica y volcánica (fig. 5.4).

Esta cordillera con dirección norte-sur, corre paralela y cercana a la costa del Océano Pacífico, desde el Estrecho de Bering, en Alaska, hasta la Isla Tierra del Fuego en el sur. Algunas cimas sobrepasan los 6000 m de altitud, como el Monte Mckinley (6194 m) en Alaska y el Aconcagua (6959 m) en Argentina (véase fig. 6.8).

En América del Norte la cordillera se divide en dos cadenas montañosas. La occidental, la más cercana a la costa, recibe varios nombres en Alaska, Canadá y Estados Unidos de América y la cadena oriental, que se conoce como Montañas Rocosas. Éstas se continúan en las Sierras Madres de México y en la Cordillera de América Central, donde se extienden a lo largo de la costa occidental y se caracterizan por su alta sismicidad y actividad volcánica.

La cordillera de América Central se continúa, por una parte, en las Antillas, con dirección este-oeste y por otra, pasando el Canal de Panamá, en América del Sur, como Cordillera de los Andes. Esta cordillera es un plegamiento de las eras Mesozoica y Cenozoica, y se caracteriza por registrar movimientos sísmicos frecuentes y actividad volcánica.

En esta cordillera, al igual que en las Rocosas, existen glaciares a 4500-5000 m de altitud, sobre todo en los Andes que atraviesan Chile y Argentina.

En las cordilleras y sierras de América que se han mencionado existen yacimientos minerales de importancia económica: cobre, plomo, zinc, hierro, carbón, estaño, bauxita, entre otros: asimismo, los bosques que los cubren en sus partes medias y altas son de gran importancia forestal.

Las llanuras de origen fluvial constituyen otra de las formas que caracterizan la orografía de América y se localizan en el oriente del continente. En América del Norte destaca la llanura del Río Mississippi y sus afluentes, que con sus aluviones han fertilizado los suelos, desde los Grandes Lagos hasta el litoral del Golfo de México donde desemboca. En América del Sur son varias las llanuras que se suceden de norte a sur, formadas por los ríos Paraguay y Uruguay: El Chaco, Entre Ríos, la Pampa y la llanura de la Patagonia.

En Europa, las cordilleras y las llanuras son las formas esenciales de la orografía. Las principales cordilleras europeas se localizan en el sur del continente, cercanas al Mar Mediterráneo, desde la Península Ibérica hasta el Mar Caspio, con

Fig. 5.4. Montañas Rocosas, plegamiento que se formó en la Era Mesozoica y que constituyen parte de la cordillera del occidente de América. Por la latitud a la que se encuentra y su altitud, está cubierta por glaciares y nieve que al fundirse originan varios ríos.

¿Sabías que...

En la Cordillera de los Andes que atraviesa Perú, a más de 4000 m de altitud, existen testimonios de uno de los asentamientos de población y culturas de la época prehispánica, como son las majestuosas ruinas arqueológicas de Machu Picchu, y para llegar a ellas, hay que llegar primero a la Ciudad de Cuzco; ésta fue fundada en la época colonial. Además, desde la época prehispánica hasta la actualidad, los pueblos asentados en los Andes de Perú y Bolivia, crían la vicuña, la alpaca y la llama o guanaco, animales típicos de esta región andina. De estos animales se aprovecha su pelaje y lana con los que se tejen mantas, ponchos y tejidos varios, además de la leche y la carne.

una orientación de oeste a este. Las cordilleras europeas, al igual que las de América también son plegamientos jóvenes, se originaron en las eras Mesozoica y Cenozoica y han estado afectados por la actividad sísmica y volcánica. Estas cordilleras alcanzan altitudes menores en comparación con las de América y Asia; la cima más alta es la del Monte Blanco en los Alpes, con 4807 metros.

Entre las cordilleras más importantes están los Pirineos y los Alpes, éstos atraviesan principalmente el norte de Francia, Suiza, Austria, norte de Italia, así como el sur de Alemania. Otras cordilleras son los Cárpatos, Balcanes, Cáucaso (fig. 5.5), los Apeninos en la Península Itálica y los Alpes Dináricos en la Península Balcánica. Todas estas cordilleras forman el Sistema Alpino (véase fig 7.5).

En cuanto a las llanuras, éstas constituyen la forma predominante del relieve europeo, pues ocupan dos tercios de su superficie, dando lugar a la "gran llanura europea". Su altitud no llega a 200 m y se extiende en forma continua desde el Océano Atlántico hacia el este, hasta los Montes Urales.

Estas llanuras fueron modeladas desde la era Cenozoica por los glaciares continentales y de montaña, y por los ríos, los cuales han erosionado la superficie terrestre y, al mismo tiempo, han depositado gran cantidad de sedimentos que han formado suelos fértiles para la agricultura y la ganadería.

En el oeste y centro de Europa, las llanuras son de menor superficie en contraste con la llanura rusa, que es la más extensa de este continente.

En Asia, los rasgos orográficos esenciales son las elevadas cordilleras y las altas mesetas que van de oeste a este en el centro del continente, desde la Cordillera del Cáucaso hasta la del Himalaya (fig. 5.5). Estas cordilleras y mesetas son las que alcanzan las mayores altitudes en el mundo y ocupan la mayor superficie territorial (véase fig. 8.5).

¿Cómo se originaron estas cordilleras y mesetas? Se trata de varias cadenas montañosas que se formaron en las eras Mesozoica y Cenozoica, debido a que el tectonismo plegó la corteza terrestre, quedando encerradas entre las cadenas montañosas varias mesetas altas como las de Pamir y el Tíbet, denominadas "el techo del mundo", ya que su altitud es superior a los 5000 m y no existen prácticamente asentamientos de población en condiciones normales, las temperaturas son muy bajas y el aire se enrarece.

La Cordillera Himalaya, la más elevada de todos los continentes y situada al sur de la Meseta del Tíbet, con sus numerosos picos de más de 7000 m, es de difícil acceso y constituye una barrera entre el Tíbet y las fértiles llanuras de los ríos Indo y Ganges en la India (fig. 5.6).

Fig. 5.5. La Cordillera del Cáucaso es un plegamiento que forma parte del Sistema Alpino. Constituye el límite entre Europa y Asia y se extiende entre el Mar Negro y el Mar Caspio.

Fig. 5.6. En la Cordillera del Himalaya los glaciares han modelado varios valles pequeños, que por encontrarse en las montañas altas, son de difícil acceso y están despoblados, como éste, situado entre el Everest y otros picos elevados.

La orografía de África está formada principalmente por mesetas fracturadas. La altitud de éstas es de entre 2500 y 3000 m y ocurre con frecuencia que una meseta con una determinada altitud se prolonga rápidamente en otra de altitud diferente, más alta o más baja, dándose un abrupto desnivel entre esas mesetas. Estas condiciones constituyen una barrera para la construcción de carreteras y vías de ferrocarril.

La intensa erosión que afectó los plegamientos formados en las eras Azoica y Paleozoica, así como a toda la superficie del territorio africano, modeló las mesetas, éstas son la forma del relieve predominante de África. Las mesetas del este y sureste del continente son de mayor altitud que las del oeste y del norte.

En el este del continente, afectado por el tectonismo desde fines de la era Mesozoica que ocasionó grandes fracturas, levantando unos bloques y hundiendo otros, se originó la fosa tectónica con dirección sur a norte y que llega hasta el Mar Rojo y el Mar Muerto, conocida como "Valle de la Gran Grieta" o "Gran Valle del Rift". Esta fosa es otro rasgo esencial de África (figs. 5.7 y 5.8).

Fig. 5.7. El Valle del Rift, en el oriente de África, constituye la fosa tectónica más profunda y de mayor longitud en el mundo. En esta fosa se alojan varios lagos entre los que destaca el Victoria.

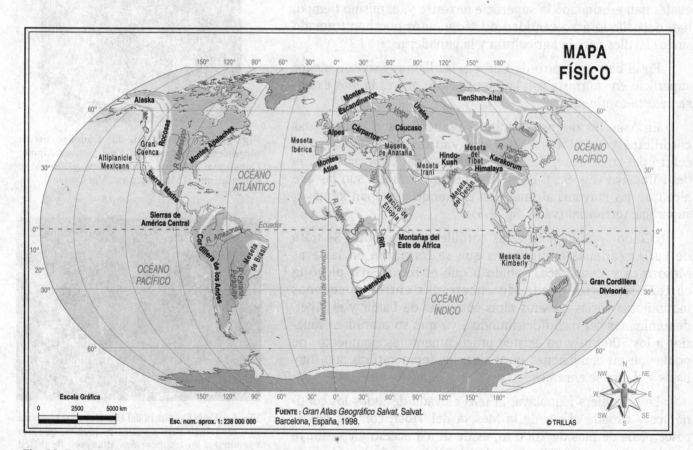

Fig. 5.8. El relieve de los continentes está formado principalmente llanuras, mesetas y montañas.

En esta fosa tectónica que es la más grande del mundo, se alojan varios lagos de manera sucesiva, de sur a norte: Malawi (Nyssa), Tangañica, Kivu, Eduardo, Alberto; al este de estos tres últimos, se localizan los lagos Victoria y Rodolfo, en los cuales nace el Río Nilo (véase fig. 9.3).

El rasgo esencial de Oceanía es su condición insular. Este continente se distribuye en una extensa área del Océano Pacífico Sur. Está constituido por islas de tamaño considerable, Australia, Nueva Zelandia, Papúa Nueva Guinea y por pequeñas islas, agrupadas, la mayoría de ellas, en archipiélagos.

Unas islas son de origen volcánico, otras se deben a la acumulación de corales (fig. 5.9); en tanto que Australia tiene su origen en la fragmentación del continente Gondwana.

En Australia se distinguen tres elementos orográficos: la meseta occidental, una llanura que se extiende desde el centro hacia el este y está limitada por la Gran Cordillera Divisoria en el este. Esta última consiste en una serie de plegamientos que se originaron en la era Paleozoica (véase fig. 5.8).

Nueva Zelandia está formada por dos islas. En la Isla del Norte está presente la actividad volcánica, la Isla del Sur es más antigua, pues se originó en la era Paleozoica. En esta isla destaca la Cordillera de los Alpes Neozelandeses cuyas cimas están cubiertas por glaciares.

Fig. 5.9. Isla de origen volcánico, en su costa se ha formado un arrecife de coral. Este tipo de islas son características de Oceanía.

Los ríos y los lagos

Otro rasgo físico-geográfico de los continentes es la hidrografía, como ríos, lagos, lagunas y aguas subterráneas, y sus características.

Los ríos por lo general se originan o nacen en las partes altas de las cordilleras, montañas, sierras, o mesetas, ya que una porción del agua de las lluvias o del agua que resulta de la fusión de las nieves o hielos (glaciares) forman corrientes que descienden hacia las partes bajas, como son las mesetas y las llanuras (fig. 5.10).

Otra porción del agua se filtra y da lugar a las corrientes subterráneas y los manantiales, o también pasa a formar parte de la humedad del suelo.

¿Cuáles son los rasgos hidrográficos esenciales de los continentes? La situación de la cordillera y sierras del occidente del Continente Americano –Rocosas, Sierra

¿Sabías que...

Los ríos son de origen pluvial (lluvias), nivoso (nieve o glaciares); pluvionivoso (lluvias y glaciares), depende de la latitud, la altitud, y las condiciones climáticas del sitio donde nacen los ríos. Los ríos también pueden tener su origen o nacer en un manantial o lago.

Su aprovechamiento y sus usos son diversos: para el riego agrícola, la pesca, comunicaciones, consumo doméstico, generación de electricidad, desarrollo industrial e, incluso, para la recreación y prácticas deportivas.

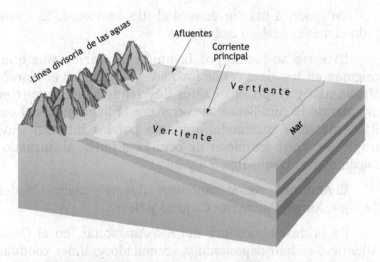

Fig. 5.10. La parte más alta de las cordilleras, montañas, mesetas o sierras, ahí donde se originan los ríos para luego descender por un lado u otro del relieve, hacia las partes bajas se le llama línea divisoria de las aguas o parteaguas y, los lados del relieve por donde descienden los ríos para verterse en los océanos o en los lagos se llama vertiente. La corriente con mayor volumen de agua se considera como río principal y es el colector de varias corrientes pequeñas a las que se les llama afluentes.

Madre Occidental, Andes– paralelas y cercanas a la costa y con fuertes pendientes, hacen que los ríos de la vertiente del Océano Pacífico sean de corta longitud y desciendan de manera torrencial hacia la llanura costera estrecha.

En cambio, los ríos de la vertiente del Océano Atlántico, que descienden por las laderas orientales de la misma cordillera, son de gran longitud y corren suavemente por amplias llanuras, como las del Mississippi y el Amazonas.

En América del Norte, el rasgo hidrográfico esencial lo constituye el Mississippi. Este río, con su gran afluente el Missouri, es considerado como uno de los más largos de la Tierra con 6500 km.

El Río Mississippi nace en el noreste de Estados Unidos de América, en varios lagos de origen glaciar cercanos a los Grandes Lagos. Sus principales afluentes, Missouri, Arkansas y Rojo se originan en los glaciares de las Montañas Rocosas en tanto que los afluentes Illinois, Ohio y Tennessee, en los Montes Apalaches y los Grandes Lagos. Estos ríos forman algunas cascadas, cataratas y rápidos en su curso alto y medio. El Mississippi y sus afluentes, al descender y correr por la amplia llanura aluvial que han modelado, son alimentados por las lluvias, aumentando así su caudal.

El Mississippi, los Grandes Lagos (Superior, Michigan, Huron, Erie y Ontario) y el Río San Lorenzo constituyen una amplia red de comunicación fluvial y lacustre, ya que se conectan a través de varios canales vinculando los centros mineros, agrícolas, forestales, ganaderos, industriales y urbanos de la llanura del Mississippi, de los Grandes Lagos y del sur de Canadá (fig. 5.11).

En América del Sur destaca el Río Amazonas. Es considerado el más caudaloso de la Tierra.

Este río se forma por la unión de varios ríos que se originan en los glaciares de los Andes, entre ellos el Marañón, Urubamba y Napo, los cuales descienden por la vertiente oriental de la cordillera y al correr por la llanura aluvial como Río Amazonas, su caudal aumenta por las intensas lluvias tropicales, entre los meses de octubre a junio, alcanzando su máximo nivel (véase figs. 5.8 y 5.12).

El Amazonas recibe numerosos afluentes, como el Madeira, Tapajoz, Xingú, Putumayo, Caquetá y Negro.

En la desembocadura del Río Amazonas, en el Océano Atlántico, se han depositado y acumulado grandes cantidades de aluviones que han formado numerosas islas e islotes, lo cual divide al río en varios canales.

Los ríos de Europa nacen en los glaciares del Sistema Alpino y vierten sus aguas en el Océano Atlántico, en el Mar del Norte y en el Mar Báltico.

Fig. 5.11. En la llanura del Mississippi se cultivan diversos productos agrícolas, se practica la ganadería, y se han emplazado numerosos centros industriales y ciudades. Este río es navegable por grandes barcos y, para tener el suficiente calado o profundidad, se han hecho costosas obras de dragado.

Fig. 5.12. El Río Amazonas es el más caudaloso del mundo. En la época de crecidas adquiere tal anchura que no se ve de ribera a ribera, y si nos situamos en medio del río tampoco podemos verlas.

Los ríos aumentan su caudal a fines de primavera y principios de verano debido a las lluvias y a que, al ascender la temperatura en estas estaciones del año, la nieve y los glaciares de las montañas se funden.

Aunque casi todos los ríos europeos son de corta longitud, su profundidad y su caudal son suficientes para ser navegables en gran parte; además están unidos por medio de canales, de manera que constituyen una importante red de comunicación fluvial. Al desembocar forman amplios estuarios por los que sube la marea y al producirse el reflujo, material aluvial es arrastrado mar adentro, por eso la desembocadura se mantiene ancha y profunda y se facilita la navegación.

El Río Rhin es uno de los más importantes de Europa; nace en el Lago Constanza en los glaciares de los Alpes. En un tramo corto es frontera entre Suiza y Alemania, y entre ésta y Francia. Al internarse en Alemania lo hace por un estrecho cañón; al salir de éste circula de sur a norte a través de la llanura alemana, recibiendo varios afluentes (fig. 5.13). En sus márgenes existen numerosos puertos fluviales comerciales y ciudades industriales, comerciales, financieras, culturales y de educación superior, entre otras. Este río tiene un intenso tráfico e intercambio de productos diversos (fig. 5.13).

Desde que nace en la frontera con Francia, el Rhin es un río de navegación internacional, pues se une a otros ríos por una red de canales que atraviesan varios países. Este río cruza Holanda y desemboca en estuario en el Mar del Norte.

Los ríos Danubio, Budapest y Volga son otros ríos importantes de Europa. Los lagos europeos más importantes se localizan en los Alpes por lo que son de origen glaciar. Entre los lagos alpinos destacan el Constanza, Como y Garda. Otros lagos en el norte de Europa son el Onega y Ladoga y los numerosos lagos de Finlandia.

Por otra parte, en Asia, varios de los ríos se originan en los glaciares que cubren las montañas y mesetas del centro de este continente.

Los ríos han erosionado intensamente las montañas y las mesetas dando lugar, por una parte, a la formación de cañones, saltos y cascadas, y por otra, han arrastrado gran cantidad de materiales aluviales que se han despositado en las partes bajas formando fértiles llanuras en las que, desde la Antigüedad, se asentaron pueblos que desarrollaron civilizaciones importantes: China, India y Mesopotamia.

Los ríos Yang tse Kiang y Ganges destacan entre los más importantes de Asia. Se considera que el Yang tse Kiang es el de mayor longitud de Asia y uno de los más largos del mundo. Este

Fig. 5.13. En las márgenes del Río Main, afluente del Río Rhin, se localiza la ciudad de Francfort, primer centro financiero de Alemania, de comunicaciones terrestres y aéreas.

Fig. 5.14. Esta montaña muestra la erosión que ha sufrido debido a la acción del río.

Fig. 5.15. Varios espacios de la llanuras aluviales se han formado los ríos de China, se aprovecha para el cultivo del arroz.

río nace en la Meseta del Tíbet, en una serie de lagos de origen glaciar, atraviesa la meseta por estrechos y profundos cañones y forma cataratas, cascadas y rápidos en su curso hasta llegar a la "Gran Llanura" China.

Su caudal desciende en invierno porque el agua se congela en su parte alta; en cambio en primavera, el caudal del Yang tse Kiang y de sus afluentes aumenta a causa de la fusión de las nieves y los glaciares y, en verano, por las abundantes lluvias monzónicas, originando grandes crecidas e intensas inundaciones en la llanura, la cual por los depósitos de aluviones que recibe resulta fértil (fig. 5.16).

La "Gran Llanura" china ha permitido desde la antigüedad el asentamiento de numerosas poblaciones agrícolas y de pescadores.

Este río vierte su aguas en el Océano Pacífico, y los aluviones que acarrea y deposita en la desembocadura han formado un delta. En cuanto a los lagos de Asia, el Baikal es el más importante; éste se formó por la inundación de una fosa tectónica, es el de mayor profundidad (alcanza de 1600 a 1700 m, de los cuales, 1200 m están bajo el nivel del mar), y el de mayor volumen de agua dulce de la Tierra (23 000 km³).

En África sólo los ríos Nilo, Congo, Níger y Zambeze tienen importancia por el volumen de agua que llevan y por su longitud. Estos ríos son alimentados principalmente por las lluvias, de ahí que las crecidas y desbordamientos sean enormes cuando corren por las llanuras, pues su caudal aumenta cuando atraviesan las zonas lluviosas; pero cuando sus corrientes pasan cerca de las zonas desérticas o esteparias, donde prácticamente no llueve y por ello sufren una fuerte evaporación, y tampoco reciben afluentes, su caudal desciende, aunque no totalmente. Estas características se presentan en los ríos Níger y Nilo (fig. 5.17).

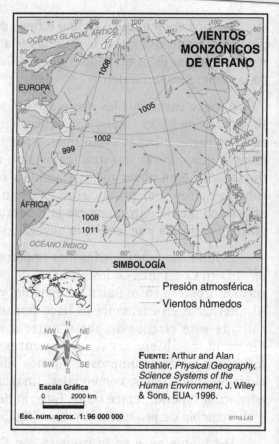

Fig. 5.16. El monzón de verano es el viento húmedo del mar que sopla hacia la tierra produciendo abundantes lluvias en verano. En el invierno el monzón sopla de la tierra al mar y son vientos secos.

Fig. 5.17. El Río Nilo es una importante vía de transporte y comunicación fluvial.

Otra característica de los ríos africanos es la formación de cataratas y rápidos, además de circular por estrechos cañones, por esto sólo son navegables en ciertos tramos.

El Río Nilo es considerado el de mayor longitud del mundo (6600 km). Se forma por dos corrientes, el Nilo Blanco que se origina en el Lago Victoria y, al cruzar la zona desértica de Sudán, en la ciudad de Jartum, se le une el Río Nilo Azul, que nace en el Macizo de Etiopía.

El Nilo atraviesa de sur a norte por varias zonas climáticas que influyen en su caudal. Al pasar por la zona ecuatorial, las intensas lluvias tropicales lo alimentan, después atraviesa el Desierto del Sáhara (en Sudán) y la fuerte evaporación hace que descienda el nivel de sus aguas sin que su cauce se seque; su caudal vuelve a aumentar al recibir el Nilo Azul.

También influyen en el Río Nilo las condiciones del invierno y el verano. En la primera estación, el Nilo tiene un fuerte estiaje; es decir, el nivel de sus aguas se reduce muchísimo. En la segunda estación, a partir de junio y hasta octubre, su caudal aumenta continuamente, ya que recibe varios afluentes alimentados por las lluvias monzónicas; estos afluentes descienden del Macizo de Etiopía.

El Río Nilo es una amplia vía de tráfico fluvial y desemboca en el Mar Mediterráneo.

Los climas

El clima es otro factor de los rasgos físico-geográficos esenciales de los continentes por su estrecha relación con la vida diaria y las actividades del hombre. Algunos ejemplos son: para el cultivo de cítricos, vid y olivo, se requiere un clima templado con lluvias en invierno; la explotación forestal de pinos y abetos es propia de los climas fríos, y los pastos de las zonas templadas con lluvias en verano, permiten la cría del ganado vacuno (fig. 5.18) y ovino, en mejores condiciones que en los climas tropicales con lluvias en verano.

El clima de un lugar de la Tierra depende de la influencia e interacción de sus factores sobre sus elementos.

Los factores del clima son: la latitud, altitud, relieve, cercanía o lejanía al mar, corrientes marinas y vegetación.

Los elementos del clima son: temperatura, presión, viento, humedad, nubosidad y las precipitaciones.

Temperatura. Es el grado de calor que tiene el aire en un lugar y momentos determinados. El aire se calienta por las radiaciones de calor que emite la superficie de la Tierra y ésta se calienta por la radiación solar.

Presión. La presión atmosférica es el peso que tiene el aire sobre la superficie de la Tierra. La presión disminuye con la altura, en las zonas montañosas es baja porque es menor la cantidad de aire; en las llanuras, sobre todo es las costeras, la presión aumenta ya que la cantidad de aire es mayor.

Viento. Es el aire en movimiento, esto se debe a la desigualdad de la presión atmosférica. Esta desigualdad a su vez se debe a los cambios de temperatura. Cuando la temperatura es baja o desciende el aire es frío y tiene mayor peso o presión. Cuando la temperatura es alta o asciende el aire se calienta y tiene menor peso o presión. El aire se mueve de zonas de alta presión a zonas de baja presión (fig. 5.19).

Humedad. La cantidad de vapor de agua que contiene el aire constituye la humedad de la atmósfera. El vapor de agua la adquiere el aire por la evaporación de los océanos, mares, lagos y ríos.

Fig. 5.18. El clima es importante tanto para la vida humana y sus actividades, como para la vida vegetal y animal. Así, algunos climas favorecen la presencia de pastos propios para la cría de ganado bovino, como en las sabanas de Tabasco.

Fig. 5.19. La veleta se utiliza para indicar la dirección en la que sopla el viento.

Nubosidad. Cuando el vapor de agua de la atmósfera se condensa alrededor de pequeñas partículas de sal, polvo, hollín, se forman pequeñas gotas y éstas a su vez forman las nubes.

Precipitación. Ocurre cuando las gotas de agua adquieren un gran peso y caen, es decir se precipitan en forma de lluvia, nieve o granizo.

Estos elementos se observan y miden diariamente en las estaciones meteorológicas y para cada elemento se obtienen promedios diarios, mensuales y anuales, así como promedios de 5 años como mínimo y 10 años máximo. Estos promedios finales definen el clima de un lugar; es decir, el estado más frecuente o medio de las condiciones de todos sus elementos (fig. 5.20).

¿Cómo influyen e interactúan los factores del clima en los elementos de éste? Para que comprendas mejor las explicaciones siguientes, recuerda los aspectos que estudiaste en las unidades 1, 2 y 4, como lo referente al Ecuador, los trópicos, círculos polares, el movimiento de traslación, la inclinación de la Tierra y otros más.

Influencia de las tierras y de las aguas. Las tierras se calientan y enfrían más rápido que los océanos. Las aguas oceánicas se calientan y enfrían más lentamente de ahí que el aire que sopla durante la noche o el invierno hacia las tierras, al penetrar a éstas les proporciona calor y humedad.

En el interior de los continentes a donde no alcanzan a llegar los vientos que soplan del mar, con calor y humedad, tienen temperaturas más extremosas y son más secos.

Vegetación. Su tipo influye en la temperatura, la humedad y las precipitaciones así en el bosque mixto y de coníferas, las temperaturas son muy bajas, la humedad es alta y las precipitaciones también aumentan (fig. 5.21). En la sabana las temperaturas son más altas la humedad y la precipitación son medias. En la estepa; la temperatura es extremosa entre el día y la noche así como entre el verano y el invierno, la humedad y las precipitaciones son bajas.

Latitud. Las temperaturas más altas corresponden a las latitudes bajas, es decir del Ecuador a los trópicos. A medida que aumenta la latitud, hasta los 90° Norte o Sur, la temperatura disminuye.

El relieve. Influye en la variación de la temperatura. En las cordilleras, montañas o mesetas, la temperatura disminuye a medida que aumenta la altitud 0.6 °C por cada 100 m (fig. 5.22).

Las corrientes marinas. Cuando las corrientes marinas cálidas se mezclan en su trayecto con las corrientes marinas frías, aumentan la temperatura y la humedad atmosféricas y se

CLIMOGRAMAS

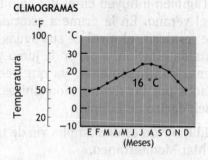

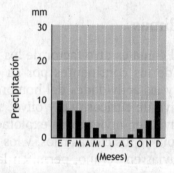

Fig. 5.20. Según el gráfico, en las regiones mediterráneas las temperaturas máximas corresponden a los meses de julio y agosto, en el verano, y la mayor cantidad de lluvia se precipita en los meses de diciembre, enero, febrero y marzo, es decir, en el invierno. La lluvia se mide en milímetros. El valor máximo aquí aparece en dos escalas: celcius, en ésta la temperatura es de 25 °C. La otra escala es la Fahrenheit, en ésta la temperatura es de 80 °F.

Fig. 5.21. En la ciudad de México las lluvias son la forma de precipitación más frecuente. En algunas ocasiones, es en forma de granizo y rara vez en forma de nieve.

producen lluvias; por el contrario, cuando las corrientes marinas frías se mezclan con las corrientes cálidas disminuyen la temperatura, la humedad y las lluvias, lo que favorece la sequía.

Clasificación de los climas

La clasificación de climas más utilizada internacionalmente es la de Wilhelm Köppen. Para realizarla se basó en estos elementos del clima: temperatura, humedad y lluvia. Con base en la temperatura, Köppen estableció zonas climáticas a las que distinguió con letras mayúsculas: tropical, A, templado, C; frío, D; polar, E. Cada una de estas zonas tienen características particulares de humedad.

A la zona de clima seco le asignó la letra B. En esta zona, la precipitación es inferior a la evaporación.

Para indicar la estación del año en que ocurren las lluvias se utilizan letras minúsculas: f, lluvias abundantes en todo el año; w, lluvias en verano; m, lluvias monzónicas en verano con influencia de ciclones tropicales (fig. 5.23) y s, lluvias en invierno.

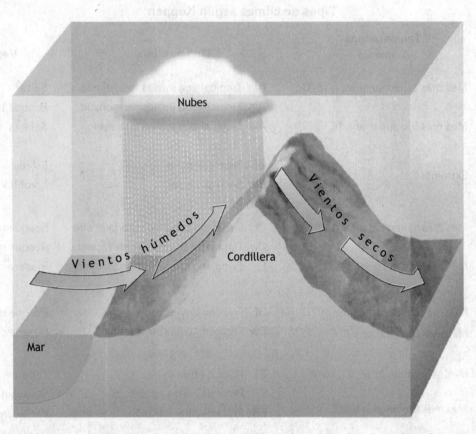

Fig. 5.22. El relieve también es una barrera natural para los vientos. Al chocar las nubes y los vientos húmedos y elevarse sobre las laderas o vertientes de las montañas que dan al mar, se precipitan y dejan toda o casi toda la humedad en ellas. Por ello, cuando estos vientos atraviesan las cimas de la montañas y pasan al interior de los continentes son vientos secos o con muy escasa humedad propiciando las zonas secas. En algunos lugares y épocas del año, los vientos húmedos logran cruzar las montañas y llevar algo de humedad al interior de los continentes.

Los climas secos y polares se combinan con letras mayúsculas que se refieren a la vegetación que los caracteriza: estepa, S; desierto, W; tundra, T; hielos perpetuos, F, y alta montaña, B.

Las zonas climáticas se dividen en varios tipos de climas (véanse cuadro 5.2 y fig. 5.24).

Uno de los tipos de climas es el EB o polar de alta montaña, es consecuencia principalmente de la altitud sobre el nivel del mar y la influencia de la latitud. Por esto, este tipo de clima solo se presenta, de manera permanente en las partes más elevadas de las montoñas rocosas, de las cordilleras de los andes, de los alpes, del Cáucaso, y los Urales del Himalaya, en la Meseta de Tibet, en las montañas del Oriente de Asia, de Australia y África.

Fig. 5.23. Los ciclones tropicales, conocidos como huracanes en el Océano Atlántico y como tifones en los océanos Pacífico e Índico, afectan las costas orientales de América del Norte, las orientales y del sur de Asia. El ciclón *Andrew* afectó las costas del sureste de Estados Unidos, el 25 de agosto de 1992.

Cuadro 5.2.

Tipos de climas según Köppen

Zona de climas	Temperaturas promedio	Tipo de clima		Vegetación
A Tropical	Mes más cálido superior a 18 °C	**Af**	Tropical con lluvias todo el año	Selva
		Am	Tropical con lluvias de monzón	Bosque tropical
	Mes más frío superior a 18 °C	**Aw**	Tropical con lluvias en verano	Sabana
B Seco	Extremoso	**BS**	Seco estepario	Estepa
		BW	Seco desértico	Xerófitas
C Templado	Mes más cálido superior a 18 °C	**Cf**	templado con lluvias todo el año	Bosque mixto
		Cw	Templado con lluvias en verano	Bosque mediterráneo
	Mes más frío superior a 0 °C	**Cs**	Templado con lluvias en invierno	Pradera
D Frío	Mes más cálido superior a 10 °C	**Df**	Frío con lluvias todo el año	Bosque de coníferas
	Mes más frío inferior a 0 °C	**Dw**	Frío con lluvias en verano	Bosque de coníferas
E Polar	Mes más cálido inferior a 10 °C	**ET**	Polar de tundra	Tundra
		EF	Polar de hielos perpetuos	Sin vegetación
	Mes más frío inferior a 0 °C	**EB**	Polar de alta montaña	Varía con la altitud

FUENTE: Alan and Arthur Strahler, *Physical Geography, Science systems of the human environment*, J. Wiley & Sons, Nueva York, 1996.

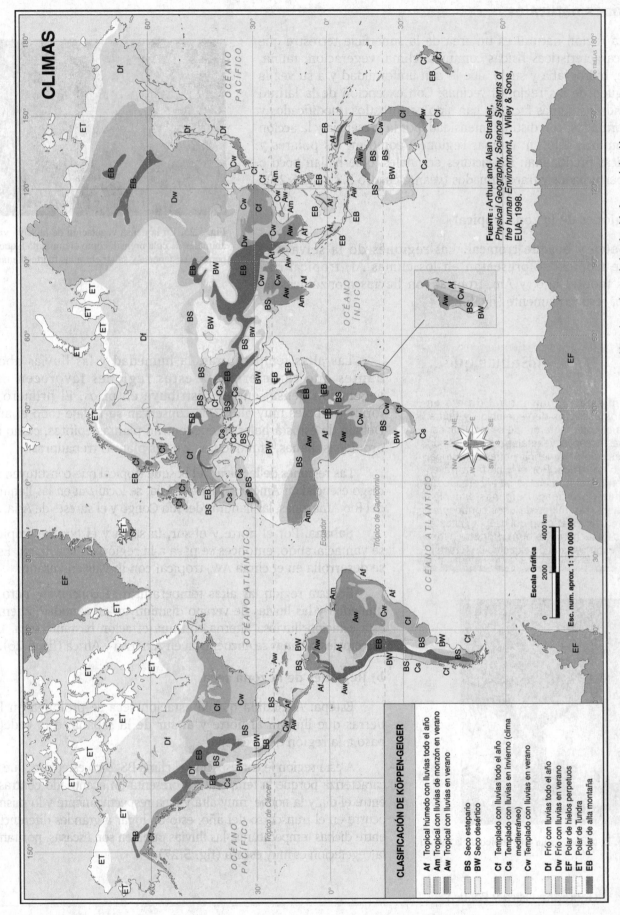

CLIMAS

CLASIFICACIÓN DE KÖPPEN-GEIGER

Af Tropical húmedo con lluvias todo el año
Am Tropical con lluvias de monzón en verano
Aw Tropical con lluvias en verano

BS Seco estepario
BW Seco desértico

Cf Templado con lluvias todo el año
Cs Templado con lluvias en invierno (clima mediterráneo)
Cw Templado con lluvias en verano

Df Frío con lluvias todo el año
Dw Frío con lluvias en verano
EF Polar de hielos perpetuos
ET Polar de Tundra
EB Polar de alta montaña

Escala Gráfica

0   2000   4000 km

Esc. num. aprox. 1: 170 000 000

FUENTE: Arthur and Alan Strahler, *Physical Geography, Science Systems of the human Environment*, J. Wiley & Sons, EUA, 1998.

Fig. 5.24. El mapa de climas de la Tierra sintetiza las condiciones medias de los elementos del clima: temperatura, presión, viento, humedad, nubosidad y precipitación.

Regiones naturales

La región natural es un área de la superficie terrestre que tiene características físicas comunes: clima, vegetación, fauna, relieve, hidrografía y suelo, que le dan uniformidad y a su vez la distinguen de las regiones vecinas. Con excepción de la latitud y altitud, los demás factores han sido perturbados, modificados y transformados, con distinta intensidad, por la presencia y la acción del hombre; sólo en algunas regiones, como en las polares y desérticas predominan los factores originales, o se hallan poco o nada perturbados y transformados (véanse cuadro 5.3 y fig. 5.29).

a) Regiones de la zona tropical

Selva y bosque tropical. Las regiones de la selva y el bosque tropical se presentan en los climas Af, tropical con lluvias todo el año, y Am, tropical con lluvias monzónicas de verano, respectivamente (fig. 5.25).

Fig. 5.25. En la densa vegetación de la selva viven animales de cola prensil, como el orangután, que les permite sostenerse y saltar entre las fuertes lianas.

Fig. 5.26. El *baobab* es un árbol típico de la sabana africana.

Las altas temperaturas, la humedad y las lluvias abundantes que caracterizan a estas regiones favorecen una vegetación densa, que se distribuye en pisos. El primero lo forman árboles muy altos que conservan su follaje todo el año. Debajo de estos árboles se encuentran plantas epífitas, como las orquídeas, lianas, enredaderas y otras plantas trepadoras.

Las regiones de la selva y el bosque tropical que constituyen un rasgo esencial en América, África y Asia, se localizan en las llanuras del Río Amazonas, las llanuras del Río Congo y el sureste de Asia.

Sabana. Por el norte y el sur, la selva y el bosque tropical se van aclarando, entonces se pasa a la región de la sabana. Ésta se desarrolla en el clima Aw, tropical con lluvias en verano.

En esta región las altas temperaturas se conservan, pero la humedad y las lluvias de verano disminuyen en cantidad, además esta estación lluviosa alterna con una estación bastante seca. Las principales sabanas se encuentran en América y África (fig. 5.26).

b) Regiones de la zona seca

Estepa. A medida que la estación seca se prolonga en las tierras que limitan al norte y al sur de la sabana, ésta cede el paso a la región de la estepa.

A esta región le corresponde el clima BS, seco estepario, que se caracteriza porque la temperatura presenta un acentuado contraste entre el día y la noche, muy alta y baja respectivamente y lo mismo ocurre en el transcurso del año, esto da lugar a grandes diferencias entre dichas temperaturas; las lluvias también son escasas, por tanto la vegetación es muy escasa (fig. 5.27).

Las estepas de África, Ucrania, Rusia y las que forman una banda de suroeste a noreste, desde Arabia hasta Mongolia en Asia, son las principales.

Desierto. La región conocida como desierto se presenta en el clima BW, seco desértico, y está rodeada por la estepa.

En esta región, la variación diaria de las temperaturas es muy extremosa y la escasez de lluvias, característica principal, es mayor que en la estepa, estas condiciones originan que la sequía se prolongue casi todo el año. En algunos lugares, como en África, Asia y Australia, a veces transcurren dos o más años sin llover.

Cuando se presenta una lluvia considerable, una parte del agua se evapora y otra se filtra formando corrientes subterráneas. Cuando el nivel freático es muy superficial, esta agua aflora a la superficie formando los oasis o bien se extrae el agua por medio de pozos. En los oasis se han asentado pequeños grupos de población (fig. 5.28).

El Desierto del Sáhara en África, que se continúa hasta el oriente, en los desiertos de Arabia, Irán, Afganistán, Thar y Gobi en Asia, constituye un rasgo esencial en estos continentes.

Fig. 5.27. En la estepa, debido a la escasez de lluvias, la vegetación es dispersa y de poca altura, en ella se encuentran algunas xerófitas.

c) Regiones de la zona templada

Las regiones naturales de esta zona son las que más han sido perturbadas y transformadas por la acción del hombre, ya que son las que mayor atracción han ejercido sobre él para establecerse. Así, la vegetación natural ha sido remplazada por cultivos, espacios para la ganadería, las industrias, las ciudades, etcétera.

Región mediterránea. Conforme se avanza hacia los polos, en los hemisferios Norte y Sur, el clima se va tornando más húmedo y la vegetación nuevamente comienza a aumentar en densidad, tamaño y variedad de especies. Así es como, limitando con la estepa, aparece la región mediterránea (fig. 5.29).

Fig. 5.28. En el desierto, la lluvia es casi nula, no existe vegetación, sólo en los oasis, el viento acumula las arenas formando dunas.

Fig. 5.29. Los campos de olivo se encuentran en toda la región mediterránea, siendo un paisaje característico.

Cuadro 5.3.

Principales características de las regiones naturales

Región natural	Vegetación	Fauna silvestre	Actividades económicas importantes
Selva y bosque tropical	Ébano, caoba, cedro rojo, teca, ceiba, hevea o caucho, chicle, nuez de pará, nuez de Brasil, quinina, palmas, aceitíferas, palo de rosa, bambú.	Chimpancé, orangután, gorila, cocodrilo, pitón, cobra, boa, águila, tigre y lechuza.	Agricultura: plantaciones tropicales: caucho, café, cacao, té, plátano, piña, mango y arroz. Explotación forestal: maderas preciosas Caza y pesca
Sabana	Pastos altos, gramíneas, acacias, eucaliptos, casuarinas, bosques en galería, baobab.	Elefante, jaguar, tigre de bengala, león, leopardo, rinoceronte, hipopótamo, jirafa, cebra, antílope, canguro, avestruz y buitre.	Agricultura: plantaciones tropicales: caña de azúcar, cacahuate, algodón, sorgo, mijo, yuca, ñame, pastos forrajeros. Ganadería: bovino
Estepa	Matorrales y arbustos espinosos, acacias, gramíneas, xerófitas: cactáceas altas.	Camello, caballo, cabra, yack, lobo, antílope saiga, buho real y halcón peregrino.	Agricultura de riego: maíz, trigo, frutales, viñedos, hortalizas. Ganadería: ovina y caprina. Pastoreo.
Desierto	Pequeños manchones de pastos muy bajos, xerófitas, arbustos espinosos.	Camello, dromedario, gacela, antílope saltador, asno salvaje, carnero, cuervo, cobra, serpiente de cascabel y arácnidos.	Agricultura: en los oasis: trigo, mijo, olivo, cítricos, frutales y palma datilera. Ganadería: ovina y caprina Recolección: raíces, cortezas y hojas. En algunos desiertos: explotación de petróleo
Mediterránea	Encinos, alcornoques, laurel, herbáceas, brezo, jara, matorral espinoso, xerófitas, cactáceas altas, palma datilera y pinos.	Liebres, jabalíes, gamo, cabra, montés, lince, gineta, buho chico, perdiz, codorniz.	Agricultura: cítricos, olivo, vid, trigo, cebada, avena, higuera, nuez, almendra, legumbres, hortalizas y forrajes. Ganadería: bovino, vacuno, ovino, caprino y porcino. Industria diversificada
Pradera	Herbáceas, pastos, árboles de hojas caducas y de hojas perennes: encinos, robles, alcanfor, haya, olmo, arce, castaño, fresno, ciprés, nogal, coníferas.	Topo, marmota, lobo, coyote, bisonte, zorro, liebre, ardilla, oso, puma, berrendo, águila real y grulla.	Agricultura: Trigo, cacahuate, frijol soya, guisantes, caña de azúcar, remolacha, hortalizas, frutales y arroz. Ganadería: bovino, vacuno y ovino. Industria diversificada.
Bosque mixto y de coníferas	Variedades de pinos y abetos, alerces, cedro blanco, arce. Árboles de hojas caducas: sauce, abedul, tiemblo, roble, haya y fresno.	Oso, venado, alce, ardillas, ciervos, corzo, castor, mapache, lechuza gavilana.	Agricultura: Trigo, maíz, remolacha, soya, hortalizas, frutales, pastos y forrajes. Explotación forestal: maderas y resinas. Industria: celulosa, papel y otras.
Taiga	Variedades de pinos y abetos, alerces, cedro blanco, arce. Árboles de hojas caducas: roble, álamo, nogal, castaño, fresno, olmo, haya, abedul, pinabeto, chopo, sauce, líquenes, musgos, herbáceas y matorrales.	Zorra, lobo, oso, marta, liebre, armadillo, chinchilla, visón, caribú o reno, ardilla, castor, nutria, lince, glotón americano, mapache, coyote y pingüino.	Agricultura: Trigo, cebada, centeno y avena. Explotación forestal: maderas y resinas. Industria: celulosa y papel.
Tundra	Musgos, líquenes, gramíneas, pinos, sauces y abedules enanos.	Oso polar, zorro ártico, buey, almizclero, zorra, lobo, armiño, chinchilla, caribú o reno, nutria, marta, visón, castor y oso.	Caza, pesca Cría de renos y caribúes.

FUENTES: Pierre, George, *Diccionario de Geografía*, Akal, Madrid, 1991.
Monk house, F. J., *Diccionario de términos geográficos*, Oikos Tau, Barcelona, 1978.
Strahler, Alan and Arthur, *Physical geography, Science and systems of the human environment*, John Wiley & sons, Nueva York, 1996.

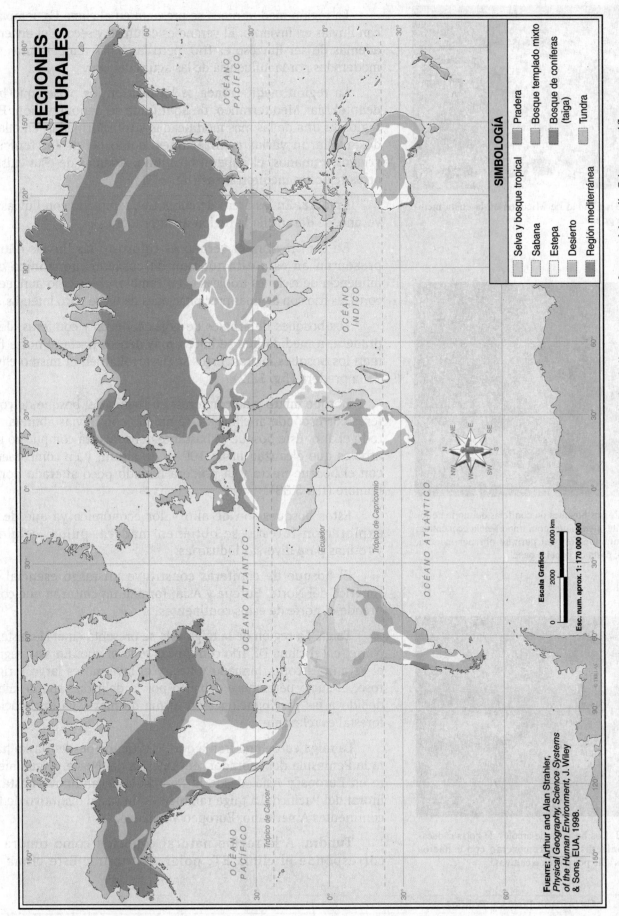

REGIONES NATURALES

OCÉANO PACÍFICO

OCÉANO ÍNDICO

OCÉANO ATLÁNTICO

OCÉANO ATLÁNTICO

OCÉANO PACÍFICO

Trópico de Cáncer

Ecuador

Trópico de Capricornio

SIMBOLOGÍA

- Selva y bosque tropical
- Sabana
- Estepa
- Desierto
- Región mediterránea
- Pradera
- Bosque templado mixto
- Bosque de coníferas (taiga)
- Tundra

Escala Gráfica

0   2000   4000 km

Esc. num. aprox. 1: 170 000 000

Fuente: Arthur and Alan Strahler, *Physical Geography, Science Systems of the Human Environment,* J. Wiley & Sons, EUA, 1998.

Fig. 5.30. La distribución de las diversas regiones naturales en la Tierra se relaciona con la altitud, la latitud y el clima, entre otros factores del medio físico-geográfico.

Fig. 5.31. Ciudad de Miconos en la costa mediterránea griega.

Fig. 5.32. Los bosques de coníferas del norte de los continentes tienen una gran importancia económica; su explotación forestal permite obtener madera, celulosa, pasta de papel y papel.

Fig. 5.33. Los bosques de árboles de hojas caducas y de coníferas se entremezclan con espacios cubiertos sólo por pastos o cultivos.

La región mediterránea se presenta en el clima Cs, templado con lluvias en invierno. El verano es caluroso y seco, y el invierno, además de ser lluvioso es frío, pero las bajas temperaturas son moderadas por la influencia de las aguas del mar.

La región mediterránea se localiza en los países que bordean el Mar Mediterráneo, de aquí toma su denominación. Esta región es una de las más modificadas y transformadas, en ella se desarrollaron varias civilizaciones, como las de los fenicios, griegos, romanos, el imperio bizantino. Además de ésta existen otras regiones mediterráneas (fig. 5.31).

Pradera. En las áreas de clima Cw, templado con lluvias en verano, se desarrolla la región de la pradera.

En esta región, el verano es caluroso, las lluvias que se presentan en esta estación son de carácter monzónico con influencia de ciclones tropicales; en cambio, el invierno aunque es corto, es frío con algunas precipitaciones de nieve poco intensas.

Los bosques de árboles de hojas caducas y coníferas, de la pradera, a medida que se hacen más densos hacia el norte forman los bosques mixtos. Éstos se desarrollan en el mismo clima de la pradera (fig. 5.32).

Bosque mixto y de coníferas. La región del bosque de coníferas corresponde al clima Cf, templado con lluvias abundantes todo el año. Este bosque es bastante denso y está compuesto por árboles que alcanzan hasta 100 m de altura, y en comparación con el bosque mixto y la pradera ha sido poco alterado por el hombre (fig. 5.33).

Estos bosques son de alto valor económico ya que de su explotación forestal se obtienen madera, pulpa, celulosa y resinas para diversas industrias.

El bosque de coníferas constituye un rasgo esencial de América del Norte, Europa y Asia; forman un cinturón que comprende el norte de estos continentes.

Taiga. La región de la taiga sólo se presenta en el Hemisferio Norte, en el clima Df, frío con lluvias todo el año. En esta región el verano es corto, húmedo y frío, y el invierno es largo y riguroso, el suelo permanece cubierto por la delgada capa de nieve debido a las precipitaciones en forma de nieve. La explotación forestal es relevante.

La taiga cubre una franja que se extiende desde Alaska hasta la Península del Labrador, en América del Norte, e igualmente en Europa y Asia, desde la Península Escandinava hasta el litoral del Pacífico. La taiga también es un rasgo distintivo de los continentes Americano, Europeo y Asiático.

Tundra. A la región natural conocida como tundra le corresponde el clima ET, polar de tundra. Este clima se caracteriza por registrar temperaturas inferiores a cero grados celsius en todo el año, razón por la que el invierno es muy largo y riguroso y las precipitaciones en forma de nieve son abundantes. La larga duración del hielo que cubre el suelo, restringe la existencia de plantas, pues únicamente unos cien días entre marzo y agosto, esto en el hemisferio Norte, el suelo se deshiela en poca profundidad y florece la tundra durante dos o tres meses.

La tundra comprende la franja costera del norte de Alaska y Canadá y todas las islas situadas al norte de este país, así como las costas de Groenlandia. Abarca también la franja costera del norte de Europa y Asia, entre Islandia y extrecho de Bering (fig. 5.34).

Fig. 5.34. En la tundra, el oso blanco es una de las especies más característica de la fauna de esta región natural.

Actividades

Elaboración de mapa e investigación de material

Material: Dos hojas de papel albanene, lápices de colores y libro de texto.

1. Copia en una de las hojas de papel albanene el contorno de los continentes de la figura 5.24, en la página 95, y traza el Ecuador y los trópicos.

2. Consulta las páginas 93, 94 y 95, y agrega al dibujo anterior las áreas de los distintos tipos de climas de la Tierra. Usa los colores que correspondan.

3. En otra hoja de papel albanene, dibuja el mapa de las regiones naturales (fig. 5.30 y pág. 99)

Elaboración de mapa e investigación de material

Material: Una hoja de papel albanene, lápices de colores (verde) y páginas 95 a 101 del libro de texto.

1. En la hoja de papel albanene, calca el contorno de los continentes de la figura 5.30.

2. Dibuja y colorea en este mapa, las regiones naturales en las que sus bosques son importantes para la explotación forestal: obtención de maderas, resinas, celulosa e industria del papel.

3. Escribe en el mapa el nombre de estas regiones.

4. Investiga y anota en tu cuaderno entre qué grados de latitud aproximadamente se distribuyen estas regiones, el tipo de clima, las temperaturas promedio y la época de lluvias que las caracterizan. Cita tres variedades de árboles que hay en estas regiones.

Comparación de los continentes

Extensión, magnitud y densidad de población

La población total o absoluta del mundo hasta 2000 era de 6048.5 millones de habitantes, que se distribuían en 135.5 millones de km^2, superficie total de los cinco continentes. La relación de estos dos datos indican una densidad de 44.5 habitantes por kilómetro cuadrado. Sin embargo, la distribución de la población en la superficie terrestre es muy desigual.

Distribución por hemisferios. Respecto a los hemisferios Norte y Sur, en el primero es donde hay un mayor número de habitantes, casi 90 % de la población se localiza ahí. Si se comparan los hemisferios oriental y occidental, en el primero se concentra aproximadamente 86 % de la población total mundial.

Distribución por continentes. Asia es el continente de mayor extensión y ocupa el primer lugar por su elevado número de habitantes y densidad de población en el mundo. En contraste, Oceanía tiene menor extensión territorial y el menor número de habitantes, así como la más baja densidad de población.

La extensión de América difiere muy poco de la de Asia, pero su población total es casi la cuarta parte de la asiática.

Europa tiene una población inferior a la de América y a la de África, en cambio la extensión de su territorio es casi cuatro veces menor que la de Asia y América, por lo que su densidad de población es elevada, 69.2 habitantes por km^2, sólo superada por la de Asia (cuadro 5.4 y fig. 5.35).

Fig. 5.35. Las elevadas tasas de natalidad y el descenso de la mortalidad, sobre todo en los países en desarrollo, han influido en el continuo aumento de la población mundial.

Cuadro 5.4.

Extensión y población de los continentes 2000

	América	Europa	Asia	África	Oceanía	Antártida
Superficie	42 080 380 28.3 %	10 530 750 7.1 %	44 020 000 29.6 %	30 346 090 20.4 %	8 505 070 5.7 %	13 209 000 8.9 %
Población* absoluta (habitantes)	819 044 000 13.5 %	728 110 000 12.0 %	3 669 732 000 60.7 %	800 810 000 13.2 %	30 773 000 0.5 %	
Densidad hab./km²	19.5	69.2	83.3	26.4	3.6	

NOTA: La Antártida no tiene asentamientos de población permanente, sólo existen estaciones científicas y militares, y el personal de éstas se cambia periódicamente.

FUENTE: *Enciclopedia Británica*, Libro del año, EUA, 2001.

* Los porcentajes de población absoluta son con respecto a la población mundial.

Áreas con densidades de población superiores a 50 habitantes por km^2:

a) El oriente, sur y sureste de Asia y la República Popular de China con 1 265 207 000 hab. (fig. 5.36) y Japón con 126 920 000, éstos en el oriente de Asia. India con 1 014 004 000; Indonesia 209 342 000; Pakistán, 141 553 775, y Bangladesh con 129 194 000 hab., en el sur y sureste de Asia, son los países más poblados de esas áreas del mundo (véanse cuadro 8.2 y fig. 5.41).

Fig. 5.36. El número elevado de habitantes del este y sureste de Asia origina, en algunos lugares, altas concentraciones de población.

b) Europa, incluyendo la porción europea de Rusia, corresponde a una franja continua, desde el Reino Unido de Gran Bretaña hasta Alemania, Austria, Rep. Checa, Eslovaquia e Italia, pasando por Francia, Países Bajos y Suiza. Sin embargo, los países con mayor población absoluta no se comparan con los de Asia, pues lo más poblados tienen menos de 100 millones (véanse cuadro 7.4 y fig. 5.41).

c) El área noreste de América del Norte, que comprende la llanura del Río Mississippi, desde los Grandes Lagos hasta las costas del Golfo de México, por el sur, y hasta la costa del Océano Atlántico por el oriente. Sólo Estados Unidos de América rebasa los 275 millones de habitantes (véanse cuadro 6.2 y fig. 5.41). En México y América Central, las altas densidades de población se localizan en las mesetas. La población total de México es de 97.4 millones de habitantes, en el 2000.

Fig. 5.37. La población de Brasil se concentra principalmente en las ciudades costeras del centro y sur del territorio.

e) Las llanuras de los ríos Paraná-Paraguay-Uruguay y las costas centro sur de Brasil, en América del Sur. Brasil es el único país en esta parte del continente que tiene más de 150 millones de habitantes (véanse cuadro 6.2 y figs. 5.37 y 5.41).

f) En África, las densidades de más de 50 habitantes por kilómetros cuadrados, se presentan en los deltas de los ríos Nilo y Níger y en el sureste del continente. Los países con mayor población absoluta son Egipto con 65.8 millones y Nigeria con 123.3 millones (véanse cuadro 9.2 y fig. 5.41).

g) Las costas orientales de Australia y Nueva Zelandia, son las únicas áreas en estos países donde se registran las densidades de población que apenas si llegan a los 50 habitantes por km^2. Su población absoluta apenas supera los 19 y 3 millones de habitantes respectivamente (véanse cuadro 10.1 y figs. 5.38 y 5.41).

Fig. 5.38. La Ciudad de Sydney, en el sureste de Australia, se caracteriza por su alta densidad de población y por su gran cantidad de edificaciones.

Fig. 5.39. La utilización de técnicas agrícolas modernas y el alto grado de mecanización son características de las actividades primarias, que permiten altos rendiminetos en la producción.

Fig. 5.40. Las actividades terciarias del transporte y las comunicaciones son de gran importancia para el intercambio comercial y la distribución de la producción, incluso de la población.

Áreas casi vacías o casi despobladas son las que registran densidades de población menores a 1 habitante por km² y corresponden a la franja norte de América del Norte, Europa y Asia donde se presentan la taiga y la tundra. Las zonas desérticas del Sáhara en África, del centro de Asia y Australia. Las zonas tropicales, cálidas y húmedas de la cuenca del Río Amazonas, en América del Sur; de la cuenca del Río Congo en África; Sumatra, Borneo y Papúa Nueva Guinea, del sureste de Asia (véanse cuadro 7.4 y fig. 5.41). Su característica común es la de presentar condiciones climáticas extremas.

Existen otras áreas y países con densidades de más de 50 habitantes por km², cifra que alcanzan porque la extensión de su territorio es muy pequeña, así como hay países con gran extensión territorial y tienen bajas densidades de población, a pesar de contar con cantidades elevadas de habitantes (véanse cuadros 6.2, 7.4, 8.2, 9.2 y 10.1 y fig. 5.41).

Puede considerarse que las áreas con altas densidades y concentraciones de población, corresponden a las que poseen climas templados, llanuras aluviales o glaciares, presencia de ríos y lagos, suelos fértiles, minerales, recursos forestales, fauna, cercanía al mar y recursos pesqueros; además, disponen de vías de comunicación y han desarrollado múltiples actividades primarias (fig. 5.39), secundarias y terciarias en distinto grado.

Actividades económicas

La población realiza múltiples actividades productivas, por medio de éstas obtiene del medio natural los recursos naturales que utiliza para su uso o consumo, ya sea en forma directa (peces, tubérculos, leña, por ejemplo); o los transforma parcial o totalmente para obtener los más variados artículos o mercancías (pescado empacado y refrigerado, harinas y muebles de madera).

Las actividades económicas se clasifican en tres grandes grupos (cuadro 5.5).

Cuadro 5.5.

Clasificación de las actividades productivas

Primarias: Agricultura, ganadería, silvicultura, caza y pesca.

Secundarias: Industrias extractivas, industrias básicas, industrias de transformación, industrias de la construcción.

Terciarias: Comercio, comunicaciones, transporte (fig. 5.40).

Servicios: banca, finanzas, educativas, salud, culturales, agua potable, electricidad, gas y servicios profesionales.

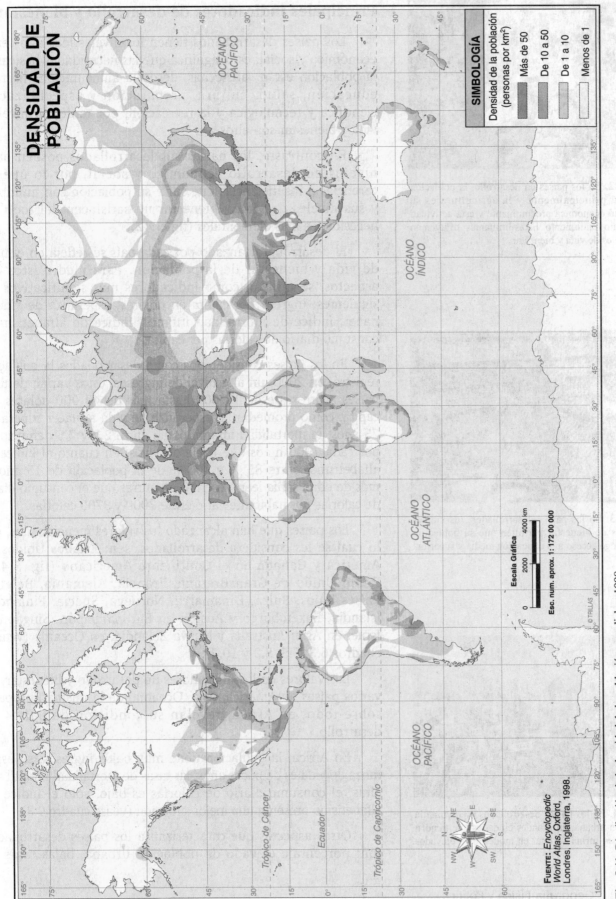

DENSIDAD DE POBLACIÓN

OCÉANO PACÍFICO

OCÉANO ÍNDICO

OCÉANO ATLÁNTICO

OCÉANO PACÍFICO

Trópico de Cáncer

Ecuador

Trópico de Capricornio

SIMBOLOGÍA

Densidad de la población
(personas por km²)

Más de 50
De 10 a 50
De 1 a 10
Menos de 1

Escala Gráfica

0   2000   4000 km

Esc. num. aprox. 1: 172 00 000

© TRILLAS

Fuente: *Encyclopedic World Atlas*, Oxford, Londres, Inglaterra, 1998.

N NE
NW
W E
SW SE
S

Fig. 5.41. Distribución de la densidad de la población mundial en 1998.

Fig. 5.42. En los países en desarrollo, la población es rural principalmente y la agricultura es su actividad económica predominante y esta actividad es de bajo rendimiento. Estas limitantes influyen en los niveles de vida y bienestar.

Fig. 5.43. En los países desarrollados, los índices elevados de bienestar permiten que su población joven tenga acceso a la educación media y superior.

Fig. 5.44. En los países desarrollados predomina la población urbana, en grandes ciudades que tienden a crecer en forma vertical en modernos y elevados edificios.

Principales indicadores de desarrollo y bienestar

Los países desarrollados tienen los niveles más altos en lo económico y social, esto significa que las necesidades básicas de la población están satisfechas, desde la alimentación hasta la educación, salud, cultura, preparación y especialización científica y tecnológica y la recreación, por tanto, su nivel de vida y bienestar son altos.

En contraste, los países subdesarrollados poseen bajos niveles de desarrollo económico y social, por lo que las carencias e insuficiencias que sufre su población son múltiples, y sus niveles de vida y bienestar no satisfacen del todo sus necesidades más elementales (fig. 5.42).

El desarrollo alcanzado por cada país se refleja en el nivel de vida y bienestar de la población. Para medir estos dos aspectos, se utilizan como indicadores más significativos los siguientes: ingreso per cápita en dólares, esperanza de vida al nacer, índice de mortalidad infantil, índice de alfabetismo y consumo diario de calorías per cápita.

En los países considerados como desarrollados la población registró, en 2000, un alto nivel de ingresos, éstos varían de unos países a otros, desde 15 000 hasta más de 40 000 dólares per cápita, como promedio; la esperanza de vida al nacer supera los 75 años; la mortalidad infantil osciló entre 2.2 y 7.5 defunciones por cada 1000 niños que nacieron vivos; en cuanto al índice de alfabetismo, entre 85 % y 100 % de la población de 15 años y más de edad sabía leer y escribir, mientras que el consumo diario de calorías por habitante varió entre 3000 y 3700 calorías.

Los países que han alcanzado los valores mencionados, por lo cual se les considera desarrollados, son: Estados Unidos de América y Canadá en el Continente Americano (fig. 5.43); Reino Unido de Gran Bretaña, Francia, Alemania, Bélgica, Países Bajos, Suiza, Dinamarca, Noruega, Suecia, Finlandia, Islandia, Luxemburgo y Austria en Europa. Japón, Singapur e Israel en Asia; Australia y Nueva Zelandia, en Oceanía (véanse cuadros 6.3, 7.5, 8.3 y 10.2).

Los valores de los indicadores de desarrollo y bienestar, en varios países de América, Asia, Oceanía, de la misma Europa y, sobre todo, en África, revelan su condición de países en desarrollo.

En África, la población tiene muy bajos ingresos, su esperanza de vida es de pocos años, las tasas de mortalidad infantil son altas, el consumo diario de calorías es bajo, sólo el índice de alfabetismo presenta una mejor situación (véase cuadro 9.3).

Otros aspectos que caracterizan a los países desarrollados son: porcentaje elevado de población urbana, bajas tasas de natalidad, lento crecimiento de la población. Disponibilidad de vivienda y servicios, como agua potable, drenaje, electricidad, salud, educativos y transportes, entre otros (fig. 5.44).

Estos países tienen un gran desarrollo industrial, disponen de tecnología muy moderna y especializada (fig. 5.45), lo mismo ocurre en los sectores primario y terciario. Aportan capital, realizan inversiones y llevan tecnología a industrias denominadas transnacionales que instalan en los países menos desarrollados.

Los países desarrollados se especializan en productos manufacturados, desde alimentos industrializados, textiles, herramientas, hasta maquinaria de todo tipo, aparatos electrónicos, de precisión, petroquímicos (fig. 5.46), químicos, etc. Estos productos los exportan a todos los países, en particular, a los menos desarrollados, generado una intensa actividad comercial internacional y para ello han desarrollado modernas vías de comunicación y transportes.

En cambio, los países subdesarrollados tienen elevadas tasas de natalidad y acelerado crecimiento natural de su población. Fuerte migración del campo a las ciudades, por esto el crecimiento urbano es muy acelerado. La vivienda es escasa y de malas condiciones, lo cual influye en el hacinamiento e insalubridad, alta morbilidad y mortalidad. Los servicios de agua potable, drenaje, electricidad, salud, y transporte son deficientes.

La población percibe bajos ingresos por lo que la mayor parte de ella no puede ahorrar y su poder adquisitivo es bajo; en consecuencia, el consumo de productos es poco, incluyendo los alimenticios, lo cual se refleja en altos índices de desnutrición y subalimentación.

Los países subdesarrollados basan su economía en las actividades primarias y terciarias con escaso uso de técnicas modernas de producción. Son países que exportan materias primas e importan productos industrializados. El sector secundario tiene un deficiente desarrollo, carece de capital y tecnología; en cambio, predomina el capital extranjero (trasnacionales, maquiladoras), la mano de obra para estas empresas es barata.

El comercio exterior es de poco volumen y valor, generalmente, las materias son vendidas a los países desarrollados.

En los países subdesarrollados coexisten lugares más desarrollados que otros, como las ciudades o centros urbanos, y lugares rurales. Incluso, en las ciudades se ubican áreas en las que la población tiene altos niveles de bienestar, junto con otros que tienen grandes carencias (fig. 5.47). Estos últimos reciben varias denominaciones; las más generalizadas son zonas marginadas o cinturones de miseria.

Fig. 5.45. Los grandes centros industriales, como los siderúrgicos en los que las materias primas son el hierro y el carbón mineral para la fundición, son característicos de los países desarrollados como este centro en las márgenes del Río Sena.

Fig. 5.46. Los países desarrollados disponen de tecnologías modernas para la extracción del petróleo en la plataforma continental, como en ésta del Mar del Norte.

Fig. 5.47. Dentro de las ciudades de los países subdesarrollados ocurre, que junto a los modernos edificios habitacionales, comerciales, financieros, se asientan grupos de población de muy bajos niveles de vida y bienestar.

Elaboración de mapa e investigación de material

1. En una hoja de papel albanene, dibuja el mapa de densidad de población (fig. 5.41, pág. 105).

2. Coloca el mapa de densidad de población sobre el mapa de climas. Observa, compara y analiza cómo se relacionan la densidad de población y el clima.

3. Forma equipo con 4 de tus compañeros y discutan lo siguiente:

   a) ¿Qué tipos de climas favorecen las altas densidades de población? ¿Cuáles son sus características de temperaturas y lluvias?

   b) ¿Qué tipo de climas no son atractivos para la población, por lo que registran bajas densidades de población?

   c) ¿Entre qué latitudes se presentan los climas con altas densidades de población?

Elaboración de gráficas

1. Consulta el cuadro 5.4 y en papel milimétrico elabora las gráficas de los tres países más poblados en África, América y Europa. Construye también las gráficas de la superficie de los mismos países.

Aplicación del conocimiento

En tu cuaderno realiza el siguiente mapa conceptual; te permitirá comprender mejor y ordenar tus conocimientos sobre la construcción, modificación y modelado de las formas de la orografía de los continentes

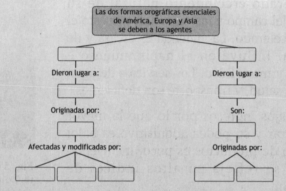

Trabajo en equipo

1. Formen equipos de cinco alumnos.

2. Consulten en su libro las páginas 83, 84, y 85.

3. Analicen y discutan el texto. Expliquen, anotando en sus cuadernos, cuáles son los recursos naturales que se obtienen de las cordilleras Rocosas y los Andes, útiles en la economía, y la importancia que tienen en común la "Gran llanura europea" y las llanuras de los ríos Yang tse Kiang y Ganges, en Asia.

Aplicación del conocimiento

La extracción de minerales, la obtención de maderas y la transformación de éstas, son algunas de las actividades productivas que realiza la población. En tu cuaderno elabora el siguiente mapa conceptual que te permitirá resumir y ordenar lo referente a las actividades productivas.

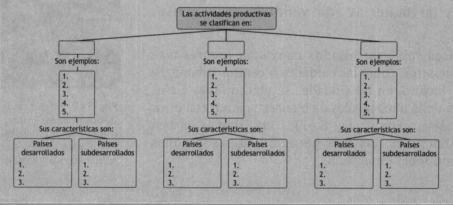

Unidad

América

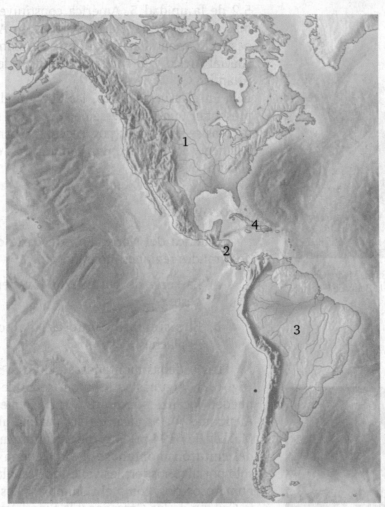

Tres grandes regiones constituyen el Continente Americano: América del Norte (1), América Central (2) y América del Sur (3), y otra región más pequeña a la que se conoce como las Antillas (4). Cada una posee ciertas características físicas y culturales que las distinguen, las cuales serán explicadas en la presente unidad. Para el estudio de estas regiones geográficas que conforman América recurrimos al estudio transdisciplinario con la Geología, la Climatología, la Demografía y la Economía.

Fig. 6.1. El alto rendimiento de la producción triguera de Estados Unidos de América se atribuye a la existencia de vastas llanuras cultivables con el apoyo de moderna maquinaria.

Características físicas básicas

En otros grados tuviste oportunidad de conocer datos muy generales referentes a América, como la conformación del relieve de sus dos grandes regiones, la utilidad de los principales ríos que recorren el territorio, la variedad de paisajes ocasionados por sus diferentes climas, y las principales actividades productivas (fig. 6.1).

En esta unidad se te proporciona información que te permitirá ampliar los conocimientos adquiridos sobre el continente donde habitamos.

Como viste en el mapa de masas continentales de la figura 5.2 de la unidad 5, América constituye el segundo continente más extenso de la Tierra después de Asia. Sus límites son: al oeste el Océano Pacífico, al este el Atlántico, al norte el Océano Glacial Ártico y al sur la confluencia de los océanos Pacífico y Atlántico.

En el aspecto físico, las dos grandes regiones americanas presentan una notable semejanza en el relieve: sus zonas montañosas se extienden; por lo general, paralelas a los litorales del Pacífico y el Atlántico; las llanuras más extensas se localizan en el centro.

La orografía

América del Norte. En esta parte del continente destacan dos grandes regiones montañosas:

a) La serie de cordilleras jóvenes del Mesozoico en el oeste.

b) El sistema antiguo del Paleozoico de los Montes Apalaches.

Las cadenas montañosas del oeste son paralelas a la costa (fig. 6.2). Algunas se levantan cerca del litoral occidental y se pueden localizar de norte a sur. Comienzan en el arco de las Aleutianas y tras alcanzar su máxima altura en Alaska (Monte Mackenzie 6194 m) (fig. 6.3) se bifurcan en dos alineaciones: la del cinturón montañoso de la Cadena Costera, interrumpida sólo por algunos fértiles valles que señalan la salida al litoral de numerosos ríos, como el Columbia, y los grupos montañosos de la Cadena de las Cascadas y la Sierra Nevada, ambos con cimas elevadas y laderas cubiertas por densos bosques de coníferas. Entre estas dos alineaciones principales se suceden una serie de mesetas, como las de Columbia, Arizona y Colorado.

Fig. 6.2. Una derivación de la Sierra Madre Occidental es la que se observa cerca de la Bahía de Guaymas, en las costas del Pacífico.

Fig. 6.3. El Monte Mckinley, el mayor pico de América del Norte (6194 m) sobre la cordillera de Alaska.

También forman parte de las cordilleras del oeste las Montañas Rocosas o Rocallosas, situadas al oriente de las anteriores con una disposición igualmente paralela a la costa, y la Sierra Madre del Sur en territorio de la República Mexicana.

Destacan por el este los Montes Apalaches, en Estados Unidos de América, y la Sierra Madre Oriental, en México.

El sistema de los Apalaches es menos complejo que las altas Cordilleras Occidentales, está constituido por una amplia cadena de montes bajos de contornos redondeados por la erosión que terminan en las llanuras costeras del Golfo de México (fig. 6.8).

Grandes planicies limitadas por las cadenas montañosas ya descritas, como las que forman la Gran Llanura y las Llanuras Centrales, continúan hacia el sur en territorio mexicano. Allí la Sierra Madre Oriental, la Sierra Madre Occidental y el Sistema Volcánico Mexicano limitan y encierran a la Altiplanicie Mexicana (fig. 6.4).

Estas planicies de América del Norte presentan un notable desarrollo agropecuario.

América Central. En la Sierra Madre de Chiapas, al sur de México, nace la Cordillera Centroamericana, que recorre América Central recibiendo diversos nombres locales como el de Cuchumatanes en Guatemala y de Isabela en Nicaragua.

A lo largo de esta cordillera se localiza una sucesión de conos volcánicos, algunos activos, como el Santa Ana (2385 m) y El Salvador (1950 m), en El Salvador.

Archipiélago de las Antillas. En el mapa de la figura 6.8 se observa el Archipiélago de las Antillas; es un arco que comienza en la Isla de Cuba (fig. 6.5), frente a la Península de Yucatán, en México, y termina frente a las costas de Venezuela en las islas de Curazao y Aruba.

Del grupo de montañas que conforman el relieve antillano, destacan la Sierra Maestra, en el extremo sur de la Isla de Cuba, y la Cordillera Central en la Española, todas de pequeñas dimensiones.

América del Sur. La variedad del relieve que se aprecia en esta porción del continente es semejante al de América del Norte por la disposición de sus elevadas montañas del Cenozoico en el oeste las amplias mesetas del este, como la Brasileña y la Patagonia (fig. 6.6) limitadas por montañas de poca elevación y las prolongadas llanuras interiores, como los Llanos del Orinoco, la llanura del Amazonas, del Chaco y la Pampa labradas por las tres grandes redes fluviales: el Orinoco, el Amazonas y el Paraná-Paraguay.

Fig. 6.4. La Altiplanicie Mexicana forma parte de las llanuras de América del Norte donde se practica intensamente la agricultura.

Fig. 6.5. La Isla de Cuba es la menos montañosa del arco antillano. La mayor parte de su relieve lo forma un basamento de rocas calizas y volcánicas.

Fig. 6.6. La Patagonia, Argentina, es un indicador de la disminución de la altura media de los Andes, donde la acción de los glaciares adquiere importancia en la formación de numerosos lagos.

En el mapa de la figura 6.8 se localiza la Cordillera de los Andes, la más larga del mundo, que se extiende casi sin interrupción a lo largo de la costa occidental de América del Sur, desde el Mar Caribe hasta la Tierra de Fuego.

Los Andes se caracterizan por sus grandes elevaciones, sus pendientes escarpadas y poco erosionadas, y por sus picos nevados, como el Mercedario (6770 m), y el Aconcagua (6959 m), el más alto de América.

En el mismo mapa de la figura 6.8 encontramos las cordilleras Oriental, Central y Occidental, las cuales constituyen largas secciones montañosas de los Andes.

La Occidental corre paralela a la costa y cuenta con una activa zona volcánica a la que pertenecen los volcanes Chimborazo y Cotopaxi en Ecuador.

Las cadenas Occidental y Oriental encierran notables mesetas como la de Bolivia, asiento de una de las cuencas lacustres más elevadas de la Tierra: la del Lago Titicaca.

Cuadro 6.1.

Ríos de América de mayor longitud

	Longitud (km)	Profundidad en metros
Mississippi-Missouri	6 840	E. U. A
Amazonas	6 450	Brasil
Paraná-Plata	4 240	Argentina
Mackenzie	4 240	Canadá
Madeira	3 200	Brasil
Yukón	3 185	Canadá
San Lorenzo	3 130	Canadá
Purús	3 020	Brasil
Grande del Norte-Bravo	2 900	E. U. A.-México
Orinoco	2 900	Venezuela
San Francisco	2 880	Brasil
Tocantins	2 720	Brasil
Nelson	2 580	Canadá
Colorado	2 334	E. U. A.

Fuente: *Atlas Geográfico Universal* y *de México Océano*, México, 1999.

Fig. 6.7. Las Cataratas del Niágara forman la caída más espectacular del Río Niágara que comunica a los lagos Erie y Ontario.

Los ríos y los lagos

La mayoría de los ríos americanos corren por extensas llanuras y generalmente se originan en las numerosas corrientes que descienden de las montañas que recorren toda América. Según la ubicación de las cordilleras, las corrientes americanas desembocan en el Atlántico o en el Pacífico.

Los ríos de América del Norte. En el mapa de la figura 6.8 pueden identificarse los ríos Yukón, Mackenzie y Nelson, observa que los tres nacen en las Rocosas y desembocan, respectivamente, en el Mar de Bering, el Océano Glacial Ártico y la Bahía de Hudson. Son navegables, en parte de su curso, sólo en determinados meses del año, cuando se funden los hielos que los cubren (cuadro 6.1).

El Río Yukón, antes de alcanzar el mar donde desemboca, recorre la amplia meseta del mismo nombre. El Mackenzie, de 4240 km de longitud, lleva hasta el mar las aguas que recoge de algunos lagos canadienses, como el Atabasca y el Gran Lago de los Esclavos.

El Río Nelson conduce a la Bahía de Hudson, las aguas que recibe son de algunos lagos de origen glaciar, como el Manitoba y el Winnipeg.

El Río San Lorenzo es el más importante de Canadá, constituye una útil vía de penetración hasta el interior de los Grandes Lagos; en el Lago Ontario (fig. 6.7), pues comunica a esta región industrial con el Atlántico.

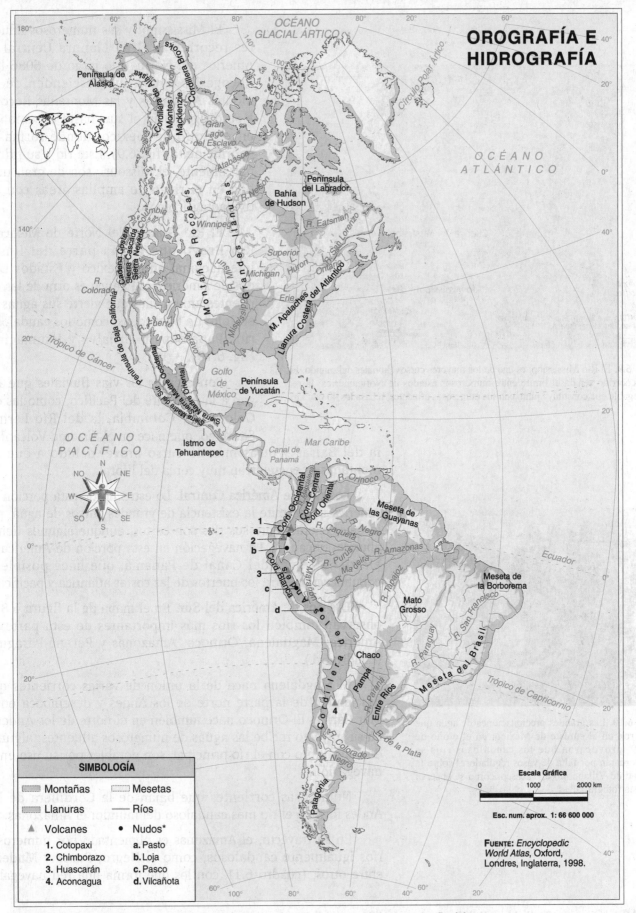

OROGRAFÍA E HIDROGRAFÍA

OCÉANO
GLACIAL ÁRTICO

Círculo Polar Ártico

Península de
Alaska

Península Brooks
Cordillera de
Montes Yukon
Mackenzie
Cordillera

Gran
Lago
del Esclavo

Atabasca

R. Nelson

OCÉANO
ATLÁNTICO

Península
del Labrador

Bahía
de Hudson

R. Eatsman

L.
Winnipeg

Montañas Rocosas
Grandes llanuras
R. Missuri

L.
Superior

R. San Lorenzo

L.
Michigan
Huron
Ontario

Cadena Costera
Sierra Cascada
Sierra Nevada

R.
Colorado

Erie

M. Apalaches
Llanura Costera del Atlántico

Trópico de Cáncer

Península de Baja California

R.
Fuerte

R.
Bravo

Golfo
de
México

Sierra Madre Oriental
Sierra Madre Occidental
Sierra Madre del Sur

Península
de Yucatán

OCÉANO
PACÍFICO

Istmo de
Tehuantepec

Mar Caribe

Canal de
Panamá

N
NO   NE
W   E
SO   SE
S

R. Orinoco

Cord. Occidental
Cord. Central
Cord. Oriental

R. Negro

Meseta de
las Guayanas

1
a
2
b

R. Caquetá

R. Amazonas

R. Purús

R. Madeira

R. Ma

Ecuador

Cord. Blanca

3
c

Andes

R. Madeira

R. Tapajoz

Meseta de
la Borborema

d

Mató
Grosso

R. San Francisco

Meseta del Brasil

Cordillera

Chaco

R. Paraguay

Pampa

Entre Ríos

Trópico de Capricornio

R. Paraná

4

R. de la Plata

R.
Colorado

R.
Negro

Escala Gráfica

0   1000   2000 km

Esc. num. aprox. 1: 66 600 000

Patagonia

FUENTE: *Encyclopedic
World Atlas*, Oxford,
Londres, Inglaterra, 1998.

SIMBOLOGÍA

▨ Montañas   ▨ Mesetas
▨ Llanuras   — Ríos
▲ Volcanes   • Nudos*
1. Cotopaxi   a. Pasto
2. Chimborazo   b. Loja
3. Huascarán   c. Pasco
4. Aconcagua   d. Vilcañota

Fig. 6.8. En el enorme bloque que constituye el Continente Americano, sus relieves y vías fluviales.

*Los nudos se forman donde se unen las distintas cadenas montañosas de los Andes, haciendo más complejas estas zonas.

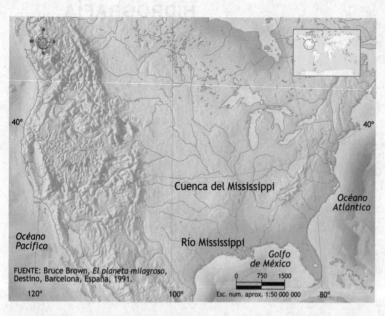

Fig. 6.9. El Río Mississippi es uno de los mayores cursos fluviales del mundo. En su recorrido señala el límite entre numerosos estados de Norteamérica; la red navegable que constituye junto con sus numerosos afluentes, rebasa los 40 000 km.

El Mississippi y sus numerosos afluentes recorren la Gran Llanura Central de América del Norte, a lo largo de 6086 km. Recoge las aguas que descienden de los Montes Apalaches y las Montañas Rocosas y se dirige hacia el sur, hasta desembocar en el Golfo de México, donde forma un enorme delta (fig. 6.9). Este río y su principal afluente, el Missouri, son de gran utilidad en el riego de amplias áreas con actividad agrícola.

El Río Grande del Norte de México o Río Bravo que forma parte del límite internacional entre México y Estados Unidos de América, el Pánuco es otra de las corrientes americanas que vierte sus aguas en el Golfo de México, así como los caudalosos ríos Papaloapan, Grijalva y Usumacinta (fig. 6.10).

Son escasas las vías fluviales que llegan a la vertiente del Pacífico, como las del Colorado y Columbia, la del Río Lerma-Santiago, que nace en el Sistema Volcánico, la del Balsas y otras más de curso breve, debido a que las montañas se encuentran muy cerca del litoral.

Los ríos de América Central. Lo estrecho de esta porción de América no permite la existencia de grandes cursos de agua, por lo que generalmente sus ríos son cortos, aunque algunos tienen abundante caudal. La navegación en esta porción de América se efectúa a través del Canal de Panamá, que hace posible la comunicación entre los puertos de las costas atlántica y pacífica.

Los ríos de América del Sur. En el mapa de la figura 6.8 se observan también los ríos más importantes de esta parte de América: Magdalena, Orinoco, Amazonas y Paraná-Paraguay (cuadro 6.1).

El Magdalena nace de la unión de varias corrientes que descienden de la parte norte de los Andes y desemboca en el Mar Caribe. El Orinoco nace también en el norte de los Andes y en su trayecto recibe las aguas de numerosos afluentes; algunos de ellos, junto con el río principal, son notables por su uso en la navegación.

Numerosas corrientes que bajan de la Cordillera de los Andes forman el río más caudaloso del mundo: el Amazonas.

En su trayecto, el Amazonas es alimentado por numerosos ríos igualmente caudalosos, como el Negro, Purús y Madeira entre otros, (cuadro 6.1), con los que forma una red navegable

Fig. 6.10. Las grandes precipitaciones de agua que cayeron en el sureste de México, en el otoño de 1999, provocaron que los caudalosos ríos se desbordaran por falta de vasos reguladores sobre la ciudad de Villahermosa, Tabasco, como se observa en esta fotografía.

de aproximadamente 17 000 km. Antes de desembocar espectacularmente en un amplio estuario sobre el Océano Atlántico, alcanza una amplitud de 6 a 7 km.

El Río Paraná (4240 m de longitud) es una arteria fluvial que forma parte de la importante red hidrográfica del sistema Paraná-Paraguay. Nace en la Meseta Brasileña y es navegable en casi todo su curso, sus afluentes, como el Corrientes y el Bermejo, forman saltos utilizables para la obtención de energía eléctrica. Incluye el Iguazú, afluente al que pertenecen las Cataratas de Iguazú (fig. 6.11). En su curso, el Paraná recibe su afluente principal: el Paraguay (2400 m), también navegable. Junto al curso fluvial de este río se han establecido importantes ciudades como Asunción, capital de Paraguay. Unidos los dos enormes ríos descritos forman el amplio estuario del Río de la Plata, en el que también vierte sus aguas el Río Uruguay.

Los lagos. En América, algunos lagos se formaron en depresiones excavadas por los antiguos glaciares, tal es el caso de los Grandes Lagos de América del Norte: el Superior, el Michigan, el Hurón, el Erie, el Ontario, y otros como el Atabasca, el Manitoba y el Winnipeg.

Otros lagos americanos ocupan algunas fosas tectónicas, por ejemplo, los de Chapala y Pátzcuaro situados cerca de la falla que sigue el paralelo 19° Norte. Es también tectónico el Lago Titicaca (fig. 6.12), ubicado entre Perú y Bolivia a 4000 m sobre el nivel del mar.

Las zonas climáticas

En el Continente Americano se observa una notable variedad climática, a causa de diversos factores tales como la extensión de su territorio en el sentido de la latitud, la presencia de los dos grandes océanos que bañan sus costas, la disposición de sus montañas y las corrientes marinas que pasan próximas a sus costas.

Las grandes zonas climáticas de América se identifican en la clasificación climática de Köppen, que se indica en el mapa de la figura 6.18 con distintos colores y los símbolos correspondientes (véanse cuadro 5.2 y fig. 5.24 de la unidad 5).

Climas tropicales (A). Estos climas abarcan las llanuras costeras de México, todo Centroamérica y gran parte de América del Sur.

Clima tropical húmedo (Af). Clima muy caliente, con lluvias todo el año. Se localiza en las regiones ecuatoriales y lugares cercanos a ellas, esto es, en la cuenca del Amazonas (fig. 6.13), el este de América Central, el sureste de México y parte de Colombia, Venezuela y Surinam. En algunas de estas regiones, como el

Fig. 6.11. El Río Iguazú, afluente del Paraná, forma entre Argentina y Brasil las impresionantes Cataratas de Iguazú, cuya altura media es de 65 m.

¿Sabías que...

Los Grandes Lagos y el Río San Lorenzo por el que desaguan al Atlántico, constituyen uno de los sistemas de comunicación y transporte más importantes de la Tierra.

Fig. 6.12. Lago Titicaca. Es el más grande de los lagos de la Meseta Interandina entre Perú y Bolivia. En sus orillas crece la útil totora, fibra empleada en la construcción de típicas canoas.

Fig. 6.13. El Amazonas, la corriente más caudalosa de la Tierra, forma junto con sus afluentes una red navegable de más de 17 000 km.

Fig. 6.14. Región de clima Aw correspondiente a las llanuras costeras de Veracruz, México, constituidas de altas gramíneas.

Fig. 6.15. El clima seco de las mesetas escalonadas de la Patagonia propicia la vegetación de matorral espinoso.

sureste de México y las costas orientales de Brasil, se localizan franjas angostas del clima tropical con lluvias de monzón en verano (Am).

Clima tropical con lluvias en verano (Aw). Comprende la parte sur de Brasil, parte de Venezuela, Colombia, las Antillas, costas del Pacífico en Centroamérica y las llanuras costeras de México (fig. 6.14). La temperatura en esta zona climática de América es aún elevada y la humedad disminuye paulatinamente a partir de la selva ecuatorial.

Climas secos (B). Pertenecen a latitudes subtropicales, hacia los 30 °C, en las dos grandes porciones de América. Se caracterizan por la escasez de lluvias debido a su situación en el interior del continente y a las montañas de las costas del Pacífico que impiden el paso de los vientos húmedos.

Clima seco desértico (BW). En América del Norte, se extiende en gran parte del suroeste de Estados Unidos de América (desiertos de Nevada, Colorado, Mohave y Arizona) y en porciones del norte de la República Mexicana, donde se distinguen el Bolsón de Mapimí en Chihuahua, el Desierto de Altar en Sonora y en la Península de Baja California.

En América del Sur se observa el predominio de estas condiciones en el centro y norte de Chile, sur de Perú (Desierto de Atacama) y sur de Argentina (Patagonia) (fig. 6.15).

Clima seco estepario con lluvias escasas (BS). Se localiza cerca de las áreas desérticas, en el centro y oeste de Estados Unidos de América, la altiplanicie del norte de México, la costa sur y occidente de los Andes, el Gran Chaco y la Pampa en Argentina, el norte de Venezuela y Bolivia.

Climas templados (C). Pertenecen a latitudes medias localizadas al suroeste de América del Norte, en las costas del Pacífico desde Alaska hasta el suroeste de Estados Unidos de América, al sur de la Altiplanicie Mexicana, sur de Chile, parte de Brasil, Uruguay y Argentina.

Clima templado con lluvias en verano (Cw). Se sitúa al sureste de Estados Unidos de América, centro de México, sur de Brasil y en las cuencas de los ríos Paraná, Paraguay y Uruguay hasta el estuario del Río de la Plata.

Clima templado con lluvias en invierno (Cs). Es de tipo mediterráneo. Se encuentra en la porción suroeste de Estados Unidos de América, noroeste de la Península de Baja California en México y en la costa central de Chile.

Templado con lluvias todo el año (Cf). Corresponde a porciones del noroeste de Estados Unidos de América, el sur de los Grandes Lagos, las costas occidentales de Canadá y el sur de Chile.

Fig. 6.16. Alaska tierra de bosques, nieves y grandes montañas. En su parte septentrional, las condiciones del clima polar permiten el desarrollo de coníferas.

Fig. 6.17. En la selva del Amazonas, los recursos forestales son considerables. Para conservar la biodiversidad y asegurar su aprovechamiento sustentable, es necesaria la aplicación de técnicas modernas.

Climas fríos (D). Son característicos del Hemisferio Norte, donde cubren una gran extensión de la parte continental localizada en las altas latitudes.

Clima frío con lluvias todo el año (Df). Se ubica en gran parte de Canadá, el extremo sur de Argentina y Chile, Alaska y pequeñas porciones del norte de Estados Unidos de América.

Climas polares (E). En el mapa de la figura 6.18, los climas polares se localizan en las altas latitudes de América del Norte y en las elevadas cordilleras del continente. Estos climas se dividen en tres tipos.

El clima polar de hielos perpetuos (EF). Que corresponde a la mayor parte de Groenlandia; el clima polar de alta montaña (EB) que se ubica en las cimas más altas de las Rocosas, en el territorio de Canadá y Estados Unidos de América.

El clima polar de tundra (ET). Es el clima propio de altas latitudes, donde las temperaturas son muy frías durante todo el año. Se localiza en el norte de Canadá, Alaska (fig. 6.16) y las costas de Groenlandia, así como en las cumbres de las montañas elevadas. Las condiciones del suelo, que se cubre de hielo durante la mayor parte del año, impiden el desarrollo de la vegetación en general (véanse cuadro 5.3 y fig. 5.25 de la unidad 5).

Las regiones naturales

Selva Ecuatorial (Af). A esta región natural con clima cálido y lluvias todo el año la caracteriza una vegetación abundante con especies de las que se obtienen maderas finas, como la caoba y el cedro rojo (fig. 6.17). La fauna la componen aves, reptiles, monos y gran número de insectos.

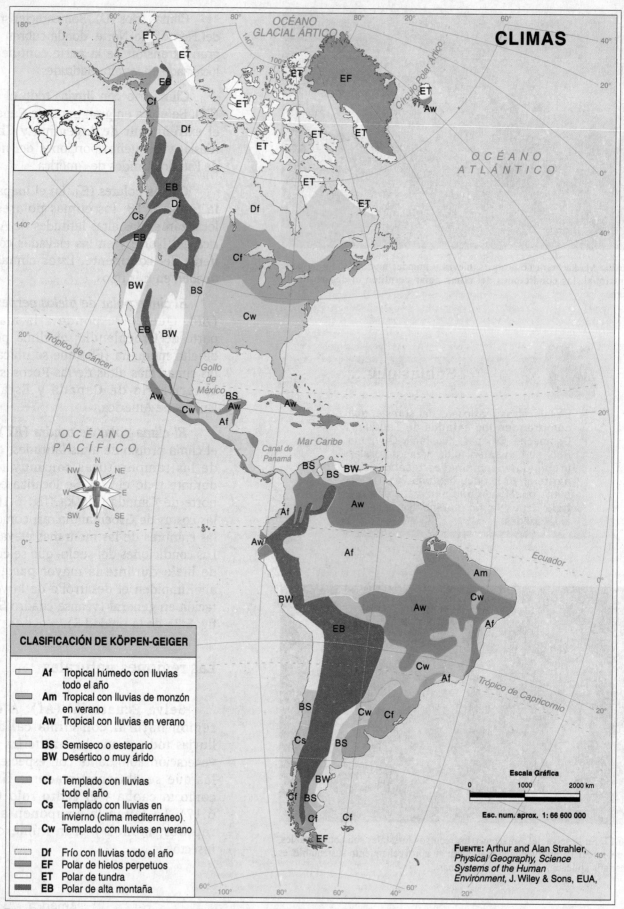

CLIMAS

OCÉANO GLACIAL ÁRTICO

OCÉANO ATLÁNTICO

OCÉANO PACÍFICO

Golfo de México

Mar Caribe

Canal de Panamá

Trópico de Cáncer

Ecuador

Trópico de Capricornio

CLASIFICACIÓN DE KÖPPEN-GEIGER

Af Tropical húmedo con lluvias todo el año
Am Tropical con lluvias de monzón en verano
Aw Tropical con lluvias en verano

BS Semiseco o estepario
BW Desértico o muy árido

Cf Templado con lluvias todo el año
Cs Templado con lluvias en invierno (clima mediterráneo).
Cw Templado con lluvias en verano

Df Frío con lluvias todo el año
EF Polar de hielos perpetuos
ET Polar de tundra
EB Polar de alta montaña

Escala Gráfica

0   1000   2000 km

Esc. num. aprox. 1: 66 600 000

Fuente: Arthur and Alan Strahler, *Physical Geography, Science Systems of the Human Environment*, J. Wiley & Sons, EUA,

Fig. 6.18. En el Continente Americano se advierte una notable variedad climática.

Sabana (Aw). La vegetación se compone de altas gramíneas que cubren extensos llanos. El clima de esta región propicia el cultivo de caña de azúcar y frutas como plátano, piña y papaya entre otros. Su fauna la constituyen jaguares, osos hormigueros, armadillos, aves, reptiles e insectos. Corresponde a las llanuras del Orinoco, las mesetas de Brasil y porciones de Paraguay, norte de Uruguay y las Antillas.

Desierto (BW). Las altas temperaturas y la escasez de lluvias de la región natural de desierto (fig. 6.19), dan lugar a una vegetación compuesta de plantas xerófitas, como los cactos, y a una fauna constituida generalmente por reptiles pequeños y roedores. La región se ubica hacia los 30° de latitud en ambos hemisferios, generalmente en el interior de las áreas continentales.

Fig. 6.19. La ausencia casi total de las precipitaciones origina la vegetación característica de las regiones desérticas, como las del oeste de la Península de Baja California.

Estepa (BS). La región natural de estepa se caracteriza por una vegetación de herbáceas y arbustos espinosos, como el mezquite (norte de México), y una fauna compuesta por numerosas especies de roedores y reptiles. Está situada en latitudes medias que rodean a los desiertos entre los 30° y 45° de latitud, en ambos hemisferios.

Pradera (Cw). Entre la vegetación que caracteriza a esta región natural se encuentran pastos, arbustos y árboles, como el fresno y el encino. Los cultivos y el pastoreo han modificado la vegetación natural de las praderas americanas, como las que existen entre las montañas Rocosas y el Río Mississippi, el centro de México, centro y sureste de Argentina y suroeste de Brasil.

Mediterránea (Cs). Su vegetación es la que caracteriza a las zonas mediterráneas del planeta, formada por matorrales y herbáceas. Prosperan en la región los cultivos de vid (fig. 6.20).

Fig. 6.20. Algunas de las provincias de Argentina tienen en la vid un producto de industrialización notable.

Bosque mixto (Cf). El clima templado lluvioso favorece la vegetación que caracteriza a esta región en la que se alternan árboles caducifolios, como álamos y robles, y las coníferas, como el pino y el oyamel (fig. 6.21). En América del Norte se extiende al noroeste de Estados Unidos de América, costas occidentales de Canadá, porciones de la Sierra Madre y el Cinturón Volcánico Mexicano.

Taiga (Df). En esta región de clima frío, se distinguen los bosques de coníferas compuestos por pinos, abetos y arces, de los que se obtienen maderas para la fabricación de muebles y la pulpa con que se produce el papel. Su fauna la constituyen lobos, ciervos, ardillas, alces y aves. En América se sitúa entre los 50° y 66° de latitud Norte.

Tundra (ET). Las condiciones físicas de la región permiten que solamente crezcan líquenes, musgos y coníferas muy pequeñas. Su fauna la componen zorros, renos, morsas y osos. Se extiende al norte de Alaska y Canadá.

Fig. 6.21. La existencia de grandes bosques caracterizan a las áreas templadas y húmedas de la costa occidental de América del Norte.

Cambios en el medio geográfico como resultado de la acción humana

Los primeros grupos humanos que poblaron el Continente Americano produjeron un mínino impacto en el medio geográfico en virtud de que constituían grupos poco numerosos, ya que disponían de abundantes recursos en los territorios que ocuparon.

Aún las grandes culturas que en épocas posteriores alcanzaron importantes niveles de desarrollo al utilizar los elementales procedimientos de trabajo para aprovechar los recursos, tampoco provocaron alteraciones notables en el medio. Los colonizadores europeos que llegaron a América trajeron nuevas formas de utilizar los recursos.

En la construcción de sus ciudades, por ejemplo, requirieron de grandes volúmenes de madera extraída de los bosques templados de América del Norte; fue necesaria, asimismo, la destrucción de grandes áreas boscosas para llevar a cabo la actividad agrícola, provocando con todo ello los cambios en el medio geográfico (fig. 6.22).

Fig. 6.22. La construcción de carreteras que cruzan la selva amazónica y otras actividades realizadas con la finalidad de explotar los recursos y aprovechar el territorio han ocasionado la pérdida de extensas áreas boscosas y, como consecuencia, el aumento de emisiones de bióxido de carbono que se arrojan a la atmósfera provocan, entre otros fenómenos, los cambios climáticos que han afectado las condiciones ambientales del planeta.

Fig. 6.23. El accidente del buque-tanque Exxon Valdez. El 24 de marzo de 1989, chocó en la sonda del Príncipe Guillermo, al sur de Alaska, derramando 11 millones de barriles de hidrocarburos a las aguas del Golfo de Alaska. La mancha aceitosa que se esparció rápidamente acabó con miles de organismos acuáticos, aves, nutrias marinas y peces de este litoral, aún sin recuperar.

Actualmente, las actividades agrícolas y ganaderas, la explotación de los recursos forestales, la extracción de recursos mineros, la construcción de caminos, presas, puentes y grandes ciudades, entre otras causas han contribuido a la transformación del paisaje natural.

Los bosques templados de América del Norte, por ejemplo, han sido talados para dar lugar a la expansión ganadera y agrícola. La acción humana, asimismo, ha implantado una agricultura y una ganadería intensivas en zonas de bosques tropicales en México, América Central y la región amazónica en Brasil, con el consecuente deterioro del medio.

La explotación excesiva de los recursos forestales en las selvas del sureste de México, América Central y la Amazonía sudamericana ha ocasionado el agotamiento de estas formaciones boscosas, con el daño irreparable de las formas de vida que en ellas habitan.

En áreas de América donde se obtienen minerales y se extraen energéticos como el petróleo, el medio geográfico se altera por la necesaria deforestación que acompaña a estas tareas. Las actividades mencionadas, generalmente, contaminan las corrientes de los ríos y las costas donde se explota y exporta el petróleo(fig. 6.23). Lo anterior acontece, por ejemplo, con la explotación de los minerales de plata de las montañas de México y Perú y el petróleo y gas natural del Golfo de México, entre otros.

Las grandes ciudades que se han establecido en América, como Nueva York, México, Los Ángeles, Chicago, Sao Paulo, Buenos Aires y Río de Janeiro, han provocado significativos cambios en el medio por estar sujetas a concentraciones mucho más altas de contaminantes que las poblaciones de las áreas rurales; en las grandes poblaciones se ha afectado, sobre todo, la calidad del aire por los vehículos de motor y otras fuentes de contaminación, como son las fábricas y la combustión de madera y carbones vegetal y animal.

¿Sabías que...

El aumento en el uso de combustibles fósiles puede modificar el clima de la Tierra, produciéndose un aumento general de temperatura que cambiaría varias de nuestras formas de vida.

Actividades

Comentar en equipo

Material: Cuaderno de notas, Atlas geográfico y mapas para consultar lo que se pide a continuación:

a) Mapa físico, climas y regiones naturales.

Observa el mapa de orografía y ríos de América (fig. 6.8). Comenta en equipo los siguientes puntos y anota las conclusiones obtenidas:

1. La disposición y relación que guardan las principales cordilleras con la mayoría de los ríos de América.
2. Comparación de los ríos: Mississippi, San Lorenzo, Orinoco, Paraguay-Paraná y Amazonas respecto a su origen, tipo de desembocadura y áreas de países que benefician.
3. Importancia de la vía fluvial que comunica a los Grandes Lagos hacia el Atlántico.

De la observación de los mapas de climas y regiones naturales (figs. 6.8, 6.18, 5.30 y cuadro 5.3) deduce las respuestas a las siguientes preguntas y anótalas en tu cuaderno.

1. ¿Qué elementos climáticos acentúan el caudal de agua de los ríos del sureste de México, América Central y del Amazonas?
2. ¿Qué tipos de climas predominan entre los Trópicos de Cáncer y de Capricornio y cuáles son sus condiciones de humedad y temperatura?
3. ¿Qué actividades del hombre han cambiado el paisaje de la región natural del bosque templado en América del Norte?
4. Por la ubicación y condiciones de vegetación de la región natural de estepa en América, ¿qué actividad económica propicia?
5. Identifica en el mapa correspondiente la región natural donde habitas y di qué características climáticas la distinguen.

Investigación en equipo

Intégrate en equipo y elijan una región natural de América.

- Investiguen el clima y el tipo de flora y fauna que la distinguen.
- Obtengan fotografías de revistas y periódicos de la región que seleccionaron.
- Entrevisten a maestros de Educación Ambiental sobre las características de la región.
- Elaboren un periódico mural con el material que reunieron. Es importante utilizar un mapa de América en que se distinga la región natural estudiada.
- Expongan al grupo los resultados de su investigación apoyándose en el contenido del periódico mural.

Fig. 6.24. Vancouver, moderna ciudad de Canadá; su industria y comercio son el principal atractivo de su población.

Fig. 6.25. Guatemala, capital del país. Su ciudad se extiende hacia sus barrios más modernos que contrastan con la ciudad antigua.

Fig. 6.26. Islas Vírgenes. Situadas al oeste de Puerto Rico. La fuente de ingreso de sus habitantes son el cultivo de caña de azúcar y el turismo.

Localización

En el mapa de la figura 6.27, con división política del Continente Americano, se localizan 39 países y algunas dependencias que se distribuyen en regiones que te será fácil identificar al haber estudiado ya algunos de sus rasgos.

América, como se advierte en el mapa de la página 109, se divide en tres regiones: América del Norte, América Central y América del Sur.

América del Norte. A esta enorme extensión que ocupa 55 % de la superficie total del continente, la forman Canadá (fig. 6.24), Estados Unidos de América y México, además de tres dependencias de países europeos ubicados en la parte insular del continente como son Groenlandia, la isla más grande del mundo dependencia de Dinamarca, San Pedro y Miguelón de Francia y Bermudas, pequeño archipiélago británico situado en el Océano Atlántico.

América Central Continental e Insular. Constituyen una de las tres porciones en que tradicionalmente se divide el Continente Americano.

América Central Continental. Comprende la franja de tierra que se extiende entre la frontera meridional mexicana y la colombiana, en su territorio se localizan siete países: Guatemala (fig. 6.25), Belize, Honduras, El Salvador, Nicaragua, Costa Rica y Panamá.

América Central Insular. Se divide en Grandes y Pequeñas Antillas; en las primeras se localizan los países de Cuba, Haití, República Dominicana, Jamaica y Puerto Rico, en las segundas, islas situadas entre Puerto Rico y Venezuela, se encuentran los países independientes: Antigua y Barbuda, Dominica, Santa Lucía, San Vicente y las Granadinas, Granada, Barbados, Trinidad y Tobago. Otras son dependencias de países: Antillas Neerlandesas y Aruba (Países Bajos); Anguila, Caimanes, Monserrat, Islas Vírgenes Británicas (fig. 6.26), Turks y Caicos (Reino Unido), Guadalupe y Martinica (Francia), Vírgenes (Estados Unidos de América).

América del Sur. Comprende 42.3 % del total del continente, se encuentra en su mayor parte en el Hemisferio Sur y la constituyen 12 países: Brasil, el más extenso, Argentina, Perú, Colombia, Bolivia, Venezuela, Chile, Paraguay, Guyana, Uruguay y Ecuador, además de dos dependencias: Guayana Francesa (departamento francés de ultramar) y las Islas Malvinas (Reino Unido).

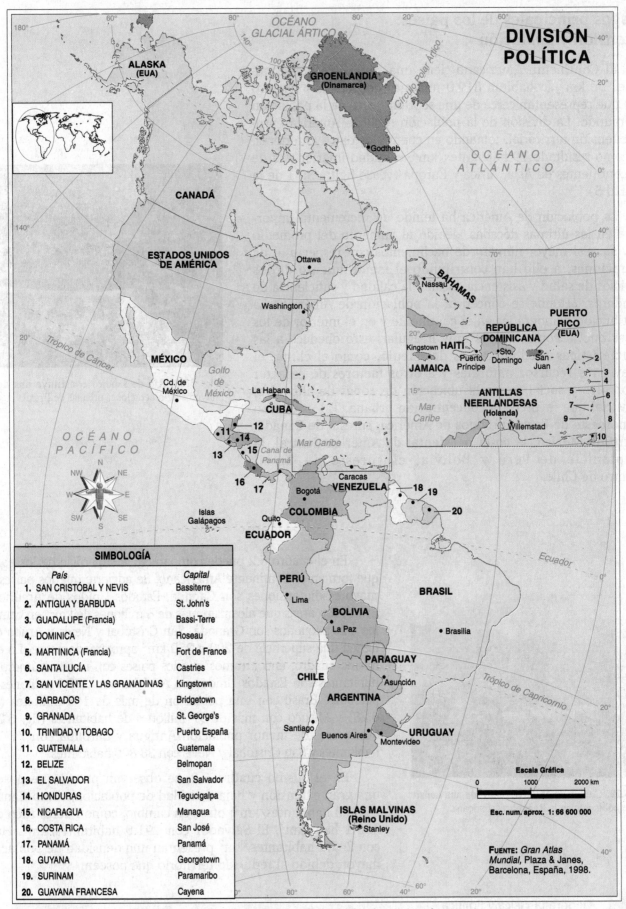

DIVISIÓN POLÍTICA

OCÉANO GLACIAL ÁRTICO

ALASKA (EUA)

GROENLANDIA (Dinamarca)

Godthab

OCÉANO ATLÁNTICO

Círculo Polar Ártico

CANADÁ

ESTADOS UNIDOS DE AMÉRICA

Ottawa

Washington

Trópico de Cáncer

MÉXICO

Cd. de México

Golfo de México

La Habana

CUBA

OCÉANO PACÍFICO

N
NW NE
W E
SW SE
S

Islas Galápagos

11 12
14
13 15 Canal de Panamá
16 17

Caracas
VENEZUELA 18 19
Bogotá 20
COLOMBIA

Quito

ECUADOR

PERÚ

Lima

BOLIVIA
La Paz

Mar Caribe

BRASIL

Brasilia

Ecuador

PARAGUAY

Asunción

CHILE

ARGENTINA

Santiago

Buenos Aires
Montevideo

URUGUAY

Trópico de Capricornio

BAHAMAS
Nassau

REPÚBLICA DOMINICANA

PUERTO RICO (EUA)

Kingstown HAITÍ
Puerto Príncipe

JAMAICA

Sto. Domingo

San Juan

2
1 3
4

5 6
7
9 8

ANTILLAS NEERLANDESAS (Holanda)

Willemstad 10

Mar Caribe

ISLAS MALVINAS (Reino Unido)
Stanley

SIMBOLOGÍA

País	Capital
1. SAN CRISTÓBAL Y NEVIS	Bassiterre
2. ANTIGUA Y BARBUDA	St. John's
3. GUADALUPE (Francia)	Bassi-Terre
4. DOMINICA	Roseau
5. MARTINICA (Francia)	Fort de France
6. SANTA LUCÍA	Castries
7. SAN VICENTE Y LAS GRANADINAS	Kingstown
8. BARBADOS	Bridgetown
9. GRANADA	St. George's
10. TRINIDAD Y TOBAGO	Puerto España
11. GUATEMALA	Guatemala
12. BELIZE	Belmopan
13. EL SALVADOR	San Salvador
14. HONDURAS	Tegucigalpa
15. NICARAGUA	Managua
16. COSTA RICA	San José
17. PANAMÁ	Panamá
18. GUYANA	Georgetown
19. SURINAM	Paramaribo
20. GUAYANA FRANCESA	Cayena

Escala Gráfica
0   1000   2000 km

Esc. num. aprox. 1: 66 600 000

FUENTE: *Gran Atlas Mundial*, Plaza & Janes, Barcelona, España, 1998.

Fig. 6.27. Extensos y pequeños países conforman la división política del Continente Americano.

Rasgos principales de los países: extensión y población

El Continente Americano tiene una superficie de 42 millones de km^2, lo habitan 819.0 millones de personas (cuadro 6.2) que representan cerca de una séptima parte de la población del mundo. La división de la población total de América entre su extensión territorial, tomando en cuenta los datos anteriores, da como resultado 19 habitantes/km^2, cantidad inferior a la de los continentes de Asia, África y Europa (véase figura 5.41 de la unidad 5).

La población de América ha tenido un incremento importante en las últimas décadas, debido al aumento del promedio de vida y al mayor número de nacimientos con respecto al de defunciones, a ello han contribuido el mejoramiento de los servicios de salud y asistencia social y la calidad y suficiencia de alimentos. ¿Dónde se concentra la población de América? La distribución demográfica en el continente y en el interior de los países que la conforman es muy irregular, esto obedece a las características predominantes del medio, como el clima, el relieve, los recursos naturales y a otros factores de cáracter económico y social, como la ubicación de zonas de alto nivel industrial que favorece la concentración urbana. Tal es el caso del noroeste de Estados Unidos de América, sureste de Canadá, centro de México, la costa occidental de América Central, la Altiplanicie de Perú y Bolivia, el sureste de Brasil y centro de Chile.

Fig. 6.28. Río de Janeiro constituye una de las mayores aglomeraciones urbanas de Brasil.

Fig. 6.29. Ciudad de México, centro de alta densidad de población en la República Mexicana.

En el cuadro 6.2 puede compararse la superficie de los países que forman el Continente Americano. Se advierte que los países de mayores dimensiones son Canadá, Estados Unidos de América y Brasil, con áreas que alcanzan más de 8 millones de km^2; en cambio los más pequeños son Granada, San Cristóbal y Nevis y Aruba que tienen una superficie de 200 a 350 km^2 aproximadamente. En este mismo cuadro, encontramos que los países con mayor número de habitantes son Estados Unidos de América con 275.3 millones de personas, Brasil con una población de más de 165 millones (fig. 6.28) y México con más de 97 millones de habitantes (fig. 6.29). Son países de menor población Antigua y Barbuda con 71 100 habitantes y San Cristóbal y Nevis con 38 800 habitantes.

En el mismo cuadro 6.2, se observan países que poseen una gran extensión y baja densidad de población, como Canadá con 3.3 habitantes/km^2; otros en cambio, como Puerto Rico con 430.1 hab./km^2, El Salvador con 291.0 habitantes/km^2, Haití con 247.9 habitantes/km^2 presentan una densidad de población mayor, debido al reducido territorio que poseen.

Población absoluta y densidad demográfica de los países de América (2000)

País	Población absoluta	Densidad de población (hab./km^2)	Capital	Superficie (km^2)
Total continental	819 044 000	19.5	—	42 080 380
América del Norte				
1. Canadá*	30 770 000	3.3	Otawa	9 970 610
2. Estados Unidos de América	275 372 000	28.7	Washington	9 518 323
3. Estados Unidos Mexicanos	97 483412	50.0	Cd. de México	1 958 201
América Central Continental				
4. Guatemala	11 385 000	104.6	Guatemala	10 889
5. Belize*	253 000	11.0	Belmopan	22 965
6. El Salvador	6 123 000	291.0	San Salvador	21 041
7. Honduras	6 490 000	57.7	Tegucigalpa	112 088
8. Nicaragua	5 070 000	41.8	Managua	131 812
9. Costa Rica	3 644 000	71.3	San José	51 100
10. Panamá	2 823 000	37.4	Panamá	75 517
América Central Insular (Antillas Mayores)				
11. Cuba	11 148 000	100.6	La Habana	110 861
12. Haití	6 868 000	247.9	Puerto Príncipe	27 700
13. R. Dominicana	8 433 000	173.5	Sto. Domingo	48 671
14. Puerto Rico**	3 916 000	430.1	San Juan	9 104
15. Jamaica*	2 619 000	238.3	Kingston	10 991
América Central Insular (Antillas Menores)				
16. Antigua y Barbuda*	71 100	160.8	Saint John's	442
17. Las Bahamas*	295 000	29.3	Nassau	13 939
18. Barbados*	267 000	622.0	Bridgetown	430
19. Guadalupe***	428 000	251.0	Basse-Terre	1780
20. Dominica	76 300	103.1	Roseau	739
21. Martinica***	385 000	341.3	Fort de France	1 128
22. Granada*	102 000	296.5	Saint George's	344
23. San Cristóbal y Nevis*	38 800	144.0	Basseterre	269
24. San Vicente y las Granadinas*	113 000	290.5	Kingstown	389
25. Santa Lucía*	157 000	254.5	Castries	617
26. Trinidad y Tobago	1 292 000	251.9	Puerto España	5 128
América del Sur				
27. Venezuela	2 417 000	26.4	Caracas	912 050
28. Colombia	42 299 000	37.1	Bogotá	1 141 568
29. Ecuador	12 646 000	46.5	Quito	270 045
30. Perú	25 662 000	20.0	Lima	1 285 216
31. Bolivia	8 329 000	7.6	La Paz	1 098 581
32. Chile	15 211 000	20.1	Santiago	756 626
33. Argentina	37 032 000	13.3	Buenos Aires	2 776 889
34. Paraguay	5 496 000	13.5	Asunción	406 756
35. Uruguay	3 278 000	18.6	Montevideo	176 215
36. Brasil	166 113 000	19.4	Brasilia	8 547 404
37. Guyana	792 000	4.0	Georgetown	215 083
38. Surinam	431 000	2.6	Paramaribo	163 820
39. Guayana francesa***	165 700	1.9	Cayena	90 000

* Monarquía.
** Estado libre y asociado.
*** Depto. francés de ultramar.
Las demás son repúblicas.

NOTA: En Estados Unidos de América se incluye en su población a Alaska, por ser uno de sus 50 estados. La isla de Groenlandia no se incluye entre los países de América, no obstante encontrarse en el extremo noreste del continente. Su territorio forma parte del Reino de Dinamarca.

FUENTE: *Enciclopedia Británica*, Libro del año 2000, EUA, 2001.

Fig. 6.30. Producción de trigo, cereal que cubre una gran extensión de las tierras cultivables en Canadá.

Actividades económicas y recursos naturales

América, por su gran extensión territorial, cuenta con una gran variedad de climas, relieves y recursos naturales.

Agricultura. Esta actividad es de carácter extensiva y altamente mecanizada en los países agrícolas de la zona templada; en éstos, gracias a la avanzada tecnología, los rendimientos son muy elevados, tal es el caso de la producción triguera del norte de Estados Unidos de América y sur de Canadá (fig. 6.30).

Estados Unidos de América cuenta con extensas regiones de trigo, maíz y algodón; éstos y muchos productos agrícolas más han permitido situar a este país de América del Norte entre los primeros productores a nivel mundial (fig. 6.37).

Actualmente, varios países americanos figuran también como productores agrícolas: Brasil y Argentina en producción de cereales, México en producción de maíz y frijol, de uva, Argentina y Chile de naranja, Brasil y México.

Entre los cultivos tropicales, Brasil destaca por su elevada producción de café, cacao, caña de azúcar y tabaco; las costas de Centro y Sudamérica y el Golfo de México son notables por su alta producción de plátano. El mayor número de países de América Central y de las Antillas poseen una economía de enclave que basa su agricultura de exportación en pocos cultivos, entre los que destacan caña de azúcar, café y tabaco.

Ganadería. La práctica ganadera de América se lleva a cabo en sus extensas llanuras del centro y suroeste de Estados Unidos de América, la pampa argentina, las sabanas de Brasil, los llanos de Colombia (fig. 6.31) y Venezuela y el norte y centro de México, principalmente.

El ganado bovino, por ejemplo, se cría en enormes pastizales de Estados Unidos de América y Brasil; estos países se han colocado entre los más importantes del mundo por el elevado volumen de su producción y la industrialización de gran parte de la misma (fig. 6.37).

La ganadería constituye una actividad tradicional en países como Argentina y Uruguay, que se han destacado por la cantidad y calidad de su producción y derivados de bovinos y ovinos, lo que les ha permitido el desarrollo de una importante industria de transformación que presenta sus productos en forma de carnes refrigeradas o de envasados que distribuyen a muchos países.

Recursos forestales. En grandes extensiones de América del Norte, correspondientes al norte de Estados Unidos de América y al centro de Canadá, abundan árboles de maderas blandas del tipo

Fig. 6.31. En los llanos orientales de Colombia se lleva a cabo la cría de bovinos, importante actividad del sector primario. Junto con la agricultura constituye las principales fuentes de ingresos del país.

coníferas, como el pino y el abeto, además de maderas duras, como el encino y el nogal, que proporcionan celulosa y pulpa para la fabricación de papel.

En la selva amazónica de Sudamérica y en bosque tropical de México y Centroamérica se obtienen maderas preciosas, como la caoba y el cedro rojo, (fig. 6.32) para la elaboración de muebles.

Pesca. Los altos volúmenes de captura que se obtienen en regiones pesqueras como la del norte del Océano Pacífico, la de Baja California, la del Atlántico del norte y la de las costas de Perú y Chile, mucho tienen que ver con las corrientes marinas frías y calientes que llegan a sus litorales, determinando las condiciones óptimas para el desarrollo de la vida marítima de cada región (fig. 6.37).

En América del Norte, las principales regiones pesqueras son las siguientes:

a) Costa oriental de América del Norte, se pesca róbalo, mero y bacalao, entre otras especies.

b) Costas americanas del Pacífico, con pesca de salmón y atún (fig. 6.33).

c) La del Golfo de México, se pesca jaiba, ostión y róbalo.

En América del Sur hay países que han explotado debidamente sus recursos pesqueros: Perú, Ecuador y Chile. En las costas peruanas, por ejemplo, se dan las condiciones óptimas para el desarrollo de una importante fauna marina, entre cuyas especies se destaca la anchoveta, utilizada para la elaboración de harina de pescado.

Los países de Latinoamérica poseen extensos litorales con abundantes especies; sin embargo, su actividad pesquera no ha alcanzado un pleno desarrollo debido a las deficiencias en tecnología y la falta de modernos medios de transporte y distribución de los productos pesqueros, entre otros.

Minería. Los países de América poseen abundantes recursos minerales; muchos como la plata, cobre, plomo y zinc se localizan principalmente en las Rocosas, la Sierra Madre Occidental, México y los Andes.

América del Norte. En Estados Unidos de América, los recursos minerales son de extraordinaria importancia por su diversidad y volumen. Sobresalen el carbón, lignito, petróleo, gas natural y hierro, además del cobre, plomo, zinc, bauxita, mercurio, plata y uranio, entre muchos otros. Canadá destaca como principal productor mundial de níquel, uranio, aluminio, zinc, cobre y gas natural.

México cuenta con abundantes recursos que se extraen del subsuelo, como plata, plomo, zinc, oro, cobre, antimonio, mercurio, uranio, fluorita y fosfatos naturales. El producto más importante, es

Fig. 6.32. En las ricas zonas de bosque tropical de Quintana Roo, México, se explotan especies de maderas muy preciadas como la del cedro rojo.

¿Sabías que...

La explotación desmedida de los bosques del continente para obtener las maderas, además de la tala indebida para proveerse de espacios para actividades agropecuarias, ha agotado sus reservas forestales con la consecuente alteración del equilibrio ecológico.

Fig. 6.33. Pesca de atún en Ensenada, Baja California. Se encuentra entre las especies de mayor captura en las costas del noroeste del Pacífico.

Fig. 6.34. En la sonda de Campeche, México, hay una intensa actividad para extraer el petróleo de la plataforma marina, empleando modernos métodos de perforación.

Fig. 6.35. El mineral de cobre constituye una de las principales riquezas de Chile. Es notable su volumen de explotación.

Fig. 6.36. Industria textil. Es la más tradicional de México, son notables las fábricas de Torreón, Monterrey, Nogales y Tlaxcala.

el petróleo, que se obtiene de los yacimientos del Golfo de México junto con el gas natural (figs. 6.34 y 6.37).

Las Antillas. Algunos países destacan en la extracción de minerales: en bauxita, Jamaica, República Dominicana y Haití; en níquel, Cuba; en petróleo y gas natural, Trinidad y Tobago.

América del Sur. Varios países de esta porción se sitúan entre los primeros lugares del mundo.

Perú en cobre, plomo, zinc, plata y oro; Chile en cobre (fig. 6.35), Bolivia en antimonio y estaño, Brasil en hierro, zinc y bauxita. Cuentan con yacimientos de petróleo: Venezuela, Ecuador, Argentina, Perú, Colombia y Bolivia.

Industria. De las múltiples industrias de América del Norte, la mayoría corresponden a Estados Unidos de América y Canadá. El desarrollo industrial de Estados Unidos de América, es muy grande; una de las consecuencias de su ventajosa posición es que posee en su propio territorio muchas de las materias primas que requiere la industria.

Asimismo, cuenta con la agricultura y la minería más avanzadas y productivas del mundo, sobre todo en el sector del hierro y el carbón, básicos en industria pesada, que produce maquinaria industrial y todo tipo de vehículos. Otros de los sectores básicos de su industria, son la mecánica, textil, química, electrónica, agrícola y alimentaria (fig. 6.37).

En Canadá, los sectores de la industria más desarrollados son el metalúrgico, siderúrgico, el textil, químico, alimentario y del papel. En países como México, Brasil, Argentina y Perú han prosperado las industrias de transformación, química, de construcción y maquiladora, entre otras.

Países como México y Brasil han destacado en la industria automotriz Perú cuenta con una industria de la construcción naval más desarrollada; ello ha influido, en gran medida, en el incremento de su actividad pesquera.

En México han tenido importante impulso las industrias petroquímica, alimentaria, textil (fig. 6.36), de equipo de transporte y automotriz, maquiladora y muchas más pertenecientes a la industria de la transformación.

Comercio. Es una de las actividades económicas que impulsan el desarrollo de los países; a su vez las vías de comunicación son los servicios que facilitan el intercambio comercial y cultural.

En América se han establecido entre los países tratados comerciales que faciliten sus relaciones económicas; como ejemplo el Tratado de Libre Comercio (TLC) entre México, Canadá y EUA, de igual forma entre los países sudamericanos como el caso de Argentina, Brasil, Paraguay y Uruguay que han constituido el MERCOSUR a fin de lograr mayor apertura económica y la aceleración de los procesos de integración regional.

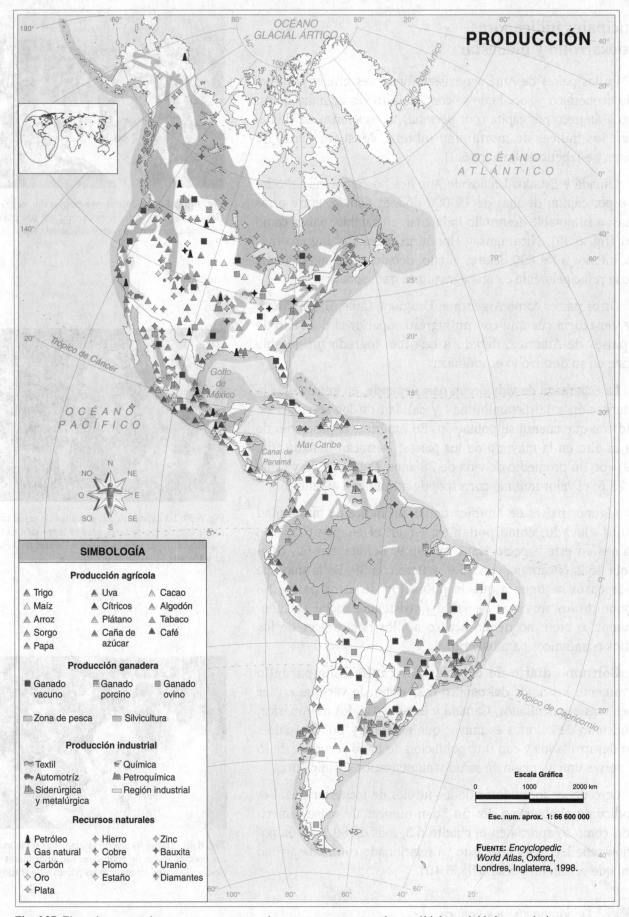

PRODUCCIÓN

OCÉANO
GLACIAL ÁRTICO

OCÉANO
ATLÁNTICO

Círculo Polar Ártico

Trópico de Cáncer

OCÉANO
PACÍFICO

Golfo
de
México

Mar Caribe

Canal de
Panamá

N
NO — NE
O — E
SO — SE
S

SIMBOLOGÍA

Producción agrícola

- Trigo
- Maíz
- Arroz
- Sorgo
- Papa
- Uva
- Cítricos
- Plátano
- Caña de azúcar
- Cacao
- Algodón
- Tabaco
- Café

Producción ganadera

- Ganado vacuno
- Ganado porcino
- Ganado ovino
- Zona de pesca
- Silvicultura

Producción industrial

- Textil
- Automotríz
- Siderúrgica y metalúrgica
- Química
- Petroquímica
- Región industrial

Recursos naturales

- Petróleo
- Gas natural
- Carbón
- Oro
- Plata
- Hierro
- Cobre
- Plomo
- Estaño
- Zinc
- Bauxita
- Uranio
- Diamantes

Trópico de Capricornio

Escala Gráfica
0   1000   2000 km

Esc. num. aprox. 1: 66 600 000

FUENTE: *Encyclopedic World Atlas*, Oxford, Londres, Inglaterra, 1998.

Fig. 6.37. El continente americano posee una enorme riqueza en recursos naturales y múltiples actividades económicas.

Principales indicadores de desarrollo y bienestar

En los países de América existen diferentes niveles de desarrollo económico y social que se conocen a través de indicadores; como el ingreso per cápita (por persona), la esperanza de vida al nacer, los índices de mortandad infantil, consumo diario de calorías y alfabetismo (cuadro 6.3).

Canadá y Estados Unidos de América poseen el más alto **ingreso per cápita:** de más de 19 000 dólares debido, entre otras causas, a su notable desarrollo industrial; en cambio, países como Haití (fig. 6.38), Nicaragua y Honduras, tienen el ingreso más bajo, inferior a los 800 dólares al año, debido a que su economía se basa principalmente en una agricultura tradicional.

Fig. 6.38. La predominante población negra de Haití realiza actividades pesqueras en sus puertos con embarcaciones para servicio de cabotaje.

Otros países como Argentina, Uruguay, Chile, Brasil, México y Venezuela cuentan con un ingreso superior al del resto de los países de América, debido a que han logrado un notable avance en su desarrollo económico.

La esperanza de vida de un país depende, en general, de la alimentación y la disponibilidad y calidad de los servicios de salud con que cuenta su población. En América, el promedio de vida es alto en la mayoría de los países; Destacan Canadá (fig. 6.39) con un promedio de vida de 78 años, Cuba con 76 y Chile con 75.6; el valor mínimo corresponde a Haití con 49 años.

Algunos países de América tienen un **índice de mortandad** infantil elevado, como podemos ver en el cuadro 6.3. Son notables en este aspecto Haití con 98.9, Bolivia con 62, Guatemala 46.2, Nicaragua con 35.9, y Perú con 39. En la mayoría de los casos se debe a que la población de estos países no dispone de los servicios de salud y asistencia social ya mencionados, o bien, no tienen acceso a ellos por carecer de los medios económicos para hacerlo.

Fig. 6.39. La calidad de los servicios de salud constituye uno de los factores para el logro de una mayor esperanza de vida en Estados Unidos de América y Canadá.

Consumo diario de calorías per cápita. Comparando nuevamente los datos del cuadro 6.3, se puede ver que en los países más desarrollados, Canadá y Estados Unidos de América, el consumo de calorías es mayor que en Haití y Bolivia, países poco desarrollados y con una población de bajos recursos, de lo que deriva una atención de salud y alimentación insuficientes.

Otro de los indicadores de los niveles de bienestar social es el **índice de alfabetismo.** En un buen número de países americanos, como se aprecia en el cuadro 6.3, más de 80 % de la población sabe leer y escribir, esto va relacionado con el desarrollo social que se han propuesto (fig. 6.40).

Fig. 6.40. El alto índice de alfabetismo y las mejores oportunidades de educación son indicadores del desarrollo social en numerosos países americanos.

Cuadro 6.3.

Indicadores de desarrollo y bienestar de América (2000)

País	Ingreso per cápita (Dólares EUA)	Esperanza de vida al nacer (años)	Índice de mortandad infantil (por cada 1000 nacidos vivos)	Índice de alfabetismo (% de la población mayor de 15 años)	Consumo diario de calorías (per cápita)
Total Continental	12 990	71.9	25.4	90.6	N.D.
América del Norte					
1. Canadá	19 170	78	5.5	96.6	3 167
2. Estados Unidos de América	29 240	76.9	6.9	95.5	3 757
3. Estados Unidos Mexicanos	6 064	71.7	25.8	91.0	3 144
América Central continental					
4. Guatemala	1 640	66.5	46.2	68.7	2 159
5. Belize	2 670	69.2	27.0	70.3	2 922
6. El Salvador	1 850	69.5	30.2	78.7	2 522
7. Honduras	740	64.7	40.8	72.2	2 343
8. Nicaragua	370	68.4	35.9	64.3	2 208
9. Costa Rica	2 770	75.6	12.6	95.6	2 781
10. Panamá	2 990	75.2	21.6	91.9	2 476
América Central insular (Antillas Mayores)					
11. Cuba	1 330	76	6.4	96.4	2 473
12. Haití	410	49.3	98.9	48.6	1 876
13. R. Dominicana	1 770	73	37.5	83.8	2 277
14. Puerto Rico	7 010	75.4	10.5	93.8	N. D.
15. Jamaica	1 740	75.1	14.5	86.7	2 711
América Central insular (Antillas Menores)					
16. Antigua y Barbuda	8 450	71.5	20.7	90.0	2 450
17. Las Bahamas	11 830	74.2	18.4	96.1	2 546
18. Barbados	8 700	68.4	16.2	97.4	2 978
19. Guadalupe	9 200	76.7	8.2	90.1	2 732
20. Dominica	3 150	73.2	17.7	90.0	2 996
21. Martinica	10 000	78	8.2	97.4	2 865
22. Granada	3 250	64.2	11.1	85.0	2 681
23. San Cristóbal y Nevis	6 190	72.2	18.7	96.0	2 766
24. San Vicente y las Granadinas	2 560	72	17.7	90.9	2 554
25. Santa Lucía	3 660	72.2	16.1	82.0	2 842
26. Trinidad y Tobago	4 520	67.6	17.1	98.2	2 711
América del sur					
27. Venezuela	3 530	73.1	26.5	93.0	2 358
28. Colombia	2 470	70	25.6	91.8	2 559
29. Ecuador	1 520	72.2	30.5	91.9	2 724
30. Perú	2 440	70.4	39.0	89.9	2 420
31. Bolivia	1 010	63.3	62.0	85.6	2 214
32. Chile	4 990	75.6	9.9	95.7	2 844
33. Argentina	8 030	74.9	19.1	96.2	3 144
34. Paraguay	1 760	73.5	32.3	93.3	2 577
35. Uruguay	6 070	75.9	13.5	97.8	2 866
36. Brasil	4 630	63.4	39.3	83.3	2 926
37. Guyana	780	64.4	39.8	98.5	2 476
38. Surinam	1 660	70.8	26.0	94.2	2 633
39. Guayana francesa	10 580	76	14.5	83.0	2 818

N. D. No hay datos.

Fuente: *Enciclopedia Británica*, Libro del año, 2000 EUA, 2001.

Localización e interpretación de material

Material: Mapa de América con división política sin nombres y cuaderno de notas.

Con ayuda del mapa de la figura 6.27 y el cuadro 6.2 del texto, realiza en el mapa que preparaste lo siguiente:

1. Ilumina de color rojo los cinco países más poblados y de color verde los menos poblados de la parte continental de América. De color café pinta las zonas más densas de población nombradas en el texto.

2. Una vez que hayas identificado los lugares en el mapa, reúnete con tus compañeros para comentar y resolver las preguntas siguientes:

   a) ¿En qué hemisferio se concentra el mayor número de los países de América?

   b) ¿Qué condiciones físicas o económicas han originado las grandes concentraciones de población en las zonas de alta densidad que señalaste?

   c) ¿A qué factor puede atribuirse la numerosa población de algunos países del cuadro 6.2?

   d) Al comparar la densidad de población de los países de América Central Continental y de las Antillas del cuadro 6.1, ¿en cuál de estas regiones es mayor?

Trabajo en equipo

1. Analicen en equipo el mapa de la figura 6.37 y seleccionen cinco países de América que destaquen por sus diversas actividades productivas y sus recursos naturales. Hagan un cuadro como el siguiente y complétenlo con los datos que se piden. Vean el ejemplo:

Países	Producto agrícola	Materias primas	Ganadería	Industrias
Brasil	Frutos tropicales	Hierro, zinc	Bovinos, cerdos	Textil, automotriz

2. Investiguen y resuelvan en equipo los siguientes enunciados.

   a) ¿Cuál es el destino de la produción agrícola y ganadera de los países que se mencionan por su notable producción?

   b) Por la utilidad que representan los recursos maderables de las zonas templadas y tropicales de América, ¿qué medidas son recomendables para conservarlos y continuarlas explotando?

   c) ¿Qué factores físicos y sociales han contribuido al desarrollo de las regiones industriales del continente americano?

   d) ¿Qué factores de desarrollo se deben impulsar en los países cuyos indicadores son bajos?

3. Elaboren dos gráficas: una de ingreso per cápita y otra de índice de mortalidad infantil en EUA, México, Haití, Puerto Rico, Uruguay, Honduras y Guyana, utilizando los datos del cuadro 6.3. con escala de 1cm por 10,000 dólares.

Analicen en las gráficas la relación entre el ingreso per cápita y el índice de mortandad infantil en los países y expongan al grupo sus conclusiones.

Aporten ideas sobre la situación de México con respecto a los demás países de América en relación a los dos indicadores vistos.

Síntesis de la unidad 6

Junto con tus compañeros realiza la síntesis de esta unidad. Para ello se te proporcionan los puntos que tomarás en cuenta para esta actividad.

1. Las grandes regiones montañosas de América del Norte y América del Sur, su origen y distribución.

2. Origen, aprovechamiento y desembocadura de las grandes corrientes fluviales de América.

3. Características principales y regiones naturales correspondientes a los climas de América.

4. Regiones más pobladas de los países de América y causas de su alta densidad de población.

5. Las actividades económicas, áreas de alta producción e influencia económica en los países a que corresponden.

Unidad

Europa

7

El mapa representa a Europa, un continente de costas recortadas con numerosas entrantes y salientes. Observa, además, la existencia de extensas llanuras y de numerosos ríos. Estas condiciones y otras que conocerás en esta unidad han determinado que en una superficie de 10 530 750 km^2, equivalente a 7.1 % de la superficie emergida, habiten más de 700 millones de personas, esto es, alrededor de 12 % de la población mundial.

El conocimiento de Europa es importante para nosotros, entre otras razones, porque en ese continente están ubicados varios de los países más desarrollados social y económicamente. En el estudio de esta unidad nos vincularemos con la Geología, la Geomorfología, la Hidrografía, la Climatología, la Demografía y la Economía.

Características físicas básicas

En años anteriores conociste algunas generalidades sobre Europa. El estudio de esta unidad te permitirá profundizar y ampliar esos conocimientos y, además, enterarte de nuevos aspectos de este continente.

Europa está situada en el Hemisferio Norte. Obsérvese en el mapa de la página 83 que es una península de Asia y en el mapa de la figura 7.5 que, debido a su latitud, con excepción de una pequeña parte de su extremo septentrional, su territorio se localiza en la zona templada.

Como se verá en esta unidad, sus costas recortadas con profundas entrantes, además de ser favorables para la navegación permiten que la benéfica influencia marítima llegue al interior. A esta característica favorable para el desarrollo humano se suman la abundancia de ríos navegables y la riqueza en recursos naturales (fig. 7.1).

Fig. 7.1. Venecia, ciudad italiana y una de las más visitadas de Europa, tiene la particularidad de haber sido construida en un grupo de islas del mar Adriático unidas por puentes. El transporte humano y comercial se realiza por agua mediante embarcaciones de diverso tipo.

¿Sabías que...

Los **fiordos** son golfos largos, angostos y profundos formados por la erosión de los hielos al desembocar en el mar. En Europa se localizan fiordos en las costas de Noruega, Dinamarca e Islandia, que han favorecido, desde la antigüedad, la pesca y la actividad marítima.

Fig. 7.2. Aspecto de un fiordo noruego.

La orografía

Europa ha sufrido, como el resto de la Tierra a través de las eras geológicas, numerosas modificaciones en sus características físicas. Su relieve actual es el resultado de la acción de diversos fenómenos tectónicos que han dado lugar a levantamientos y hundimientos de tierras y a la formación de fallas y plegamientos modificados posteriormente por fuerzas exógenas (externas), como la erosión fluvial, glacial, eólica y marina.

En su territorio se distinguen cuatro grandes regiones de características diferentes:

El **Escudo Báltico**, la más antigua porción de tierras europeas, es una extensa meseta granítica muy erosionada por los hielos. Comprende las penínsulas Escandinava, Jutlandia, Kola y Finlandia. Su formación se remonta a la era Precámbrica. A los gneiss y granitos que predominan en su composición se les atribuyen alrededor de 3500 millones de años de Antigüedad. Un plegamiento Paleozoico, los Montes Escandinavos, recorre la península del mismo nombre, de noroeste a sureste.

Los hielos de las glaciaciones del periodo Cuaternario cubrieron todo el Escudo y dejaron huella de su paso, tanto en las montañas erosionadas, como en los numerosos lagos y en los **fiordos** (fig. 7.2) que caracterizan las costas occidentales.

La Gran Llanura del Norte. Comprende alrededor de la mitad de Europa, desde el Mar Báltico hasta los Urales y desde el Mar Negro hasta el Blanco. Constituida por rocas paleozoicas y anteriores a esa era, ha estado cubierta por las aguas en diversas ocasiones. En su superficie se distinguen extensas comarcas llamadas *landas,* cubiertas por tierras arcillosas impermeables. En su extremo occidental se localizan los Países Bajos (fig. 7.3).

La región central. La forman macizos y mesetas, restos de plegamientos muy erosionados, de la era Paleozoica. Varios de ellos contienen importantes yacimientos de carbón y hierro. Pertenecen a esta región los Montes Grampianos (Reino Unido), las Mesetas Ibérica (España) y de Bohemia (Rep. Checa), el macizo Central Francés y los Vosgos (Francia) y el macizo de la Selva Negra (Alemania) (fig. 7.4).

La región meridional. Es la más joven de Europa. Está constituida por varias cadenas montañosas elevadas, de la era Cenozoica, que forman una línea casi continua desde España hasta el Mar Negro. Durante la era Cenozoica, la intensa actividad tectónica originó choques entre las nuevas cordilleras y los macizos de la región central dando origen a fracturas, hundimientos y fenómenos volcánicos que todavía ocurren en esta región e indican que la corteza no ha alcanzado estabilidad. Volcanes como el Vesubio, el Etna y el Estrómboli, en Italia, se encuentran aún en actividad.

En el cuadro 7.1 están anotados los nombres de las principales cadenas montañosas de esta región y en el mapa de la figura 7.5 se indica su situación geográfica y la de los tres volcanes mencionados antes.

Fig. 7.3. Vista general de una de las zonas de polders de los Países Bajos. Polders es el nombre que reciben las tierras rescatadas del mar.

¿Sabías que...

El Vesubio entró en actividad violentamente el año 79. Posiblemente en Historia estudiaste que una potente explosión arrancó de cuajo casi la mitad del cráter volcánico. Sus cenizas y lavas sepultaron a Pompeya y Herculano, los gases venenosos que arrojó asfixiaron a numerosas personas. Después de esta erupción, el volcán alterna periodos tranquilos con otros activos. Un observatorio situado cerca de su cima permite predecir con anticipación su actividad. Su última erupción fue en 1944.

Cuadro 7.1.

Sistemas montañosos importantes	Localización
Cordillera Bética y Cantábricos	España
Pirineos	Entre España y Francia
Alpes	Francia, Suiza, Austria
Alpes Dináricos	Eslovenia, Croacia
Apeninos	Italia
Balcanes	Grecia, Bulgaria
Cárpatos	Rumania, Polonia, Eslovaquia
Cáucaso	Entre los mares Negro y Caspio
Urales	Entre Europa y Asia

FUENTES: *Atlas Geográfico Universal y de México*, Océano, México, 1997.
Atlas del Mundo, Aguilar, Barcelona, 1992.
Muro, David, *Dictionary of the World*, Oxford University Press, 1995.

Fig. 7.4. Macizo de Zugspite de 2963 m de altitud, montaña de los Alpes situada cerca de la frontera con Austria. Es la cumbre más elevada de Alemania.

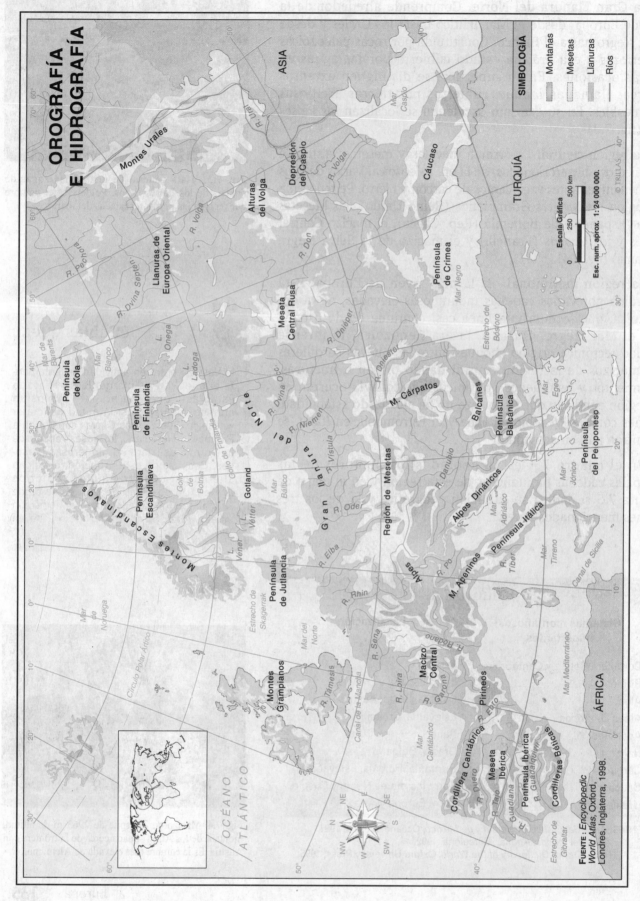

Fig. 7.5. Obsérvese la extensión de la Gran Llanura del Norte y la orientación, de oeste a este, de la principales cadenas montañosas, así como los ríos principales, representados con líneas de color azul.

Fig. 7.6. El Danubio ocupa por su longitud (2857 km) el segundo lugar en Europa, después del Volga (3531 km) pero a diferencia de este último, con cuenca sólo en Rusia, el Danubio recorre gran parte de Europa Central y atraviesa varias de sus ciudades importantes.

Cuadro 7.2.

Ríos con puertos importantes

Río	Puerto	Río	Puerto
Elba	Hamburgo	Támesis	Londres
Rhin	Rotterdam	Mersey	Liverpool
Sena	El Havre	Tajo	Lisboa
Loira	Nantes	Duero	Oporto
Ródano	Marsella	Don	Rostov

FUENTE: Elaborado por los autores.

Fig. 7.7. Otro de los ríos europeos más famosos, el Sena, atraviesa París. Numerosas embarcaciones circulan por sus aguas transportando pasajeros y mercancía.

Los ríos y los lagos

La hidrografía de Europa es consecuencia de su conformación, su relieve y sus climas. Las glaciaciones del periodo Cuaternario de la era Terciaria cavaron numerosos lagos que cubren gran parte de la superficie de Suecia y Finlandia. Los miles de lagos de esta última, están comunicados por una complicada red lacustre fluvial. En Rusia se localizan los dos lagos europeos de mayores dimensiones: el Ladoga y el Onega. Otros más pequeños se encuentran en Suiza y el norte de Italia.

En Europa no existen corrientes de gran longitud pero el predominio de llanuras favorece la navegación en largos tramos de sus ríos. Estos son numerosos y, en su mayoría, están alimentados por los deshielos de las montañas y las lluvias.

Dos de las corrientes más notables, el Rhin y el Danubio, cruzan regiones industriales muy pobladas y enlazan varios países. El Rhin forma parte de la frontera entre Alemania, Suiza y Francia. El elevado volumen de carga transportado a través de sus aguas y la importancia de las regiones industriales que recorre a lo largo de los 1320 km de su curso permiten considerarlo como la principal corriente europea en esos aspectos.

El Danubio, importante vía de comunicación fluvial, atraviesa Europa Central de oeste a este. Nace en Alemania y desemboca en el Mar Negro (fig. 7.6). En sus márgenes se han desarrollado, entre otras, las ciudades de Viena, Austria; Budapest, Hungría y Belgrado, Yugoslavia.

El hombre ha completado la obra de la naturaleza mediante canales que enlazan entre sí las corrientes y facilitan el tráfico fluvial; éste ha tenido gran importancia en Europa desde hace siglos. Otros ríos importantes están listados en los cuadros 7.2 y 7.3, localizados en el mapa de la figura 7.5.

Otros ríos importantes

Vertiente interior. Todos pertenecen a la Comunidad de Estados Independientes (CEI). Los ríos Dniéster, Dniéper y Don desembocan en el Mar Negro, el Volga (el más largo de Europa) y el Ural, vierten sus aguas en el Mar Caspio y el Pechora en el Ártico (cuadro 7.3).

Vertiente del Atlántico. La conforman los ríos Vístula (Polonia), Oder (Polonia, Alemania), Elba (Alemania), Rhin (Alemania y Países Bajos), Garona, Loira y Sena (Francia) (fig. 7.7), Guadalquivir (España), Guadiana, Tajo y Duero (España y Portugal). En la desembocadura de casi todos estos ríos o cerca de ésta hay puertos importantes.

Cuadro 7.3.

Ríos europeos de mayor longitud

Río	Longitud (km)	Localización
Volga	3531	Federación de Rusia
Danubio	2857	Alemania, Austria, Hungría, Yugoslavia, Rumania
Ural	2534	Federación de Rusia, Ucrania
Dniéper	2202	Rusia, Belarús, Ucrania
Don	1967	Federación de Rusia
Pechora	1790	Federación de Rusia
Dniéster	1410	Ucrania y Moldova
Rhin	1320	Suiza, Francia, Alemania, Países Bajos
Elba	1159	Alemania
Loira	1015	Francia

FUENTE: David Munro, *The Oxford Dictionary of the World*, Oxford University Press, 1995.

Fig. 7.8. Colonia, ciudad alemana situada en una de las orillas del Rhin, corriente que atraviesa una importante zona industrial.

Vertiente del Mediterráneo. Está formada por los ríos Ebro (España), Ródano (Francia), Po, Tíber y Arno (Italia). Los de mayor longitud son el Ebro y el Ródano (fig. 7.5). El primero se enriquece con los aportes de numerosos afluentes que descienden de los Pirineos. Sus aguas riegan las huertas características de la región mediterránea. El Ródano y el Po tienen su origen en los deshielos de los Alpes suizos y son aprovechados en alto grado en la agricultura, principalmente. La cuenca del Po es una importante región agrícola e industrial de Italia.

Las zonas climáticas

De acuerdo con la clasificación de Köppen (fig. 7.10), Europa está dividida en cinco grandes regiones climáticas:

Clima polar de tundra (ET y EB). El ET existe sólo en el extremo septentrional de Europa y el EB se localiza en las porciones elevadas de algunos plegamientos. Estos lugares representan sólo 6 % de la superficie de Europa.

Clima frío con inviernos largos y gélidos y veranos cortos, cálidos y lluviosos (Df). Se localiza en una extensa porción de Europa que incluye Rusia, Belarús, Polonia, Rumania, Finlandia, Suecia y áreas elevadas de la Península de los Balcanes.

Clima estepario. Presenta temperaturas extremosas y escasas lluvias (BS). Predomina en Ucrania y Moldova (fig. 7.9).

Clima templado con lluvias en todas las épocas del año (Cf). Se localiza en la porción occidental de Europa y se extiende a regiones interiores, gracias a los vientos húmedos del mar que penetran en el continente. Lo caracterizan veranos frescos e inviernos no muy fríos, por la influencia de la corriente caliente del Golfo de México. Este clima predomina en el Reino

Fig. 7.9. La vasta extensión de las regiones de clima estepario en Ucrania, han favorecido el desarrollo de la agricultura y la cría de ganado caballar, como el de la fotografía.

¿Sabías que...

Debido a la gran cantidad de aluviones que acarrea el Río Po, su lecho se encuentra en la actualidad a mayor altura que los campos que lo rodean. En Ferrara, el río corre a mayor elevación que los tejados de las casas. Para evitar inundaciones se han construido fuertes diques y las ciudades no se encuentran en sus márgenes sino a la mitad del camino entre la montaña y el río.

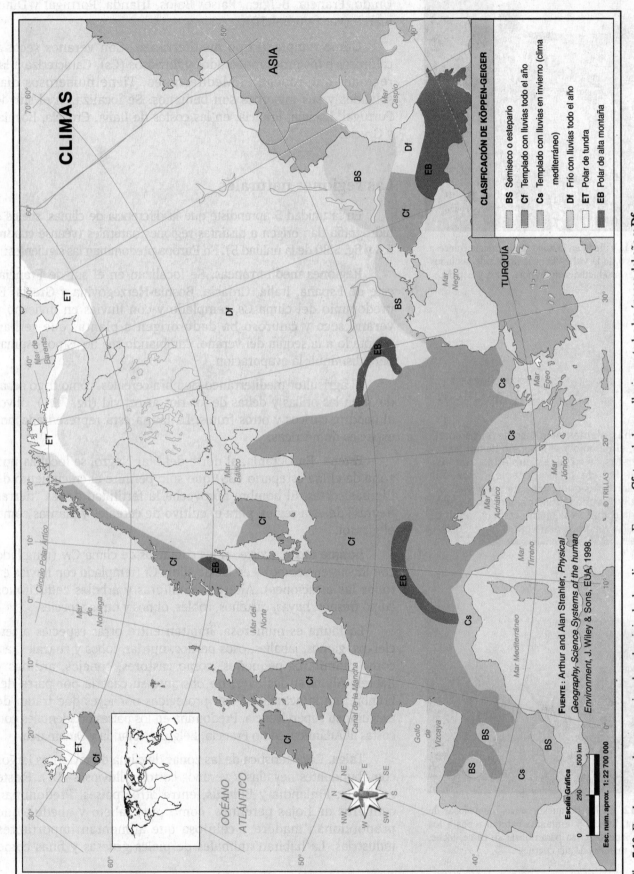

Fig. 7.10. En el mapa podemos apreciar el predominio de dos climas en Europa: **Cf**, templado con lluvias en todas las épocas del año y **Df**, frío con precipitaciones todo el año.

Fig. 7.11. Viñedo en la zona mediterránea francesa. El cultivo de la vid es la base de una de las industrias más productivas en Francia, Italia y España.

Fig. 7.12. En los bosques y zonas montañosas de Noruega, Suecia y Finlandia habitan renos a los que los lapones crían para utilizar su carne, leche, piel y el material de sus cuernos.

Unido, Francia, Bélgica, Países Bajos, Irlanda, Portugal y Dinamarca (ver figura 4.10).

Clima templado tipo mediterráneo. Con veranos secos y calurosos e inviernos moderados y lluviosos (Cs). Caracteriza a las regiones que rodean al Mediterráneo. Tiene numerosos días soleados y sus inviernos son benignos. Se localiza en el sur de Portugal, España, Francia, en las costas de Italia, Croacia, Bosnia, y Grecia.

Las regiones naturales

En la unidad 5 aprendiste que la diferencia de climas, suelos e hidrografía dan origen a distintas regiones naturales (véanse cuadro 5.3 y fig. 5.30 de la unidad 5). En Europa predominan las siguientes:

Regiones mediterráneas. Se localizan en el sur de Francia, este de España, Italia, Croacia, Bosnia-Herzegovina y Grecia. El predominio del clima Cs, templado y con lluvias en invierno y verano seco y caluroso ha dado origen a plantas que se han adaptado a la sequía del verano, cambiando sus hojas por espinas para disminuir la evaporación.

El agricultor mediterráneo siembra cereales, como trigo cebada, y en las orillas y deltas de los ríos arroz, vid (fig. 7.11), olivo, almendro, cítricos y otros frutos. La fauna está representada por especies domésticas.

Estepa. En Ucrania, al norte del Mar Negro, se localiza una zona de clima estepario (BS) que sólo permite el crecimiento de hierbas cortas. El hombre aprovecha la fertilidad de las "tierras negras" de esta región para el cultivo de cereales y plantas como el girasol.

Bosque mixto. Existe en las comarcas de clima Cw (templado con lluvias en verano) y en las de clima Cf (templado con lluvias en todas las estaciones). Alternan coníferas y árboles caducifolios como fresnos, hayas, castaños, robles, olmos y otras especies.

La fauna es numerosa, habitan entre otras especies alces, ciervos, gamos, jabalíes, osos pardos, nutrias, lobos y chacales, así como mamíferos pequeños, como castores, conejos, ardillas y liebres. Abundan las aves, no obstante su cacería por parte del hombre; en la actualidad son protegidas por leyes que tratan de asegurar su supervivencia. Predomina en los países occidentales con costas al Atlántico, como Francia, Bélgica, Holanda y Dinamarca.

Taiga. Característica de las zonas de clima de inviernos largos con abundantes nevadas y veranos cortos y lluviosos (Df). Existe en Rusia, Finlandia y Belarús, entre otros países. Predominan coníferas de hojas perennes, como pino, abeto y abedul, que proporcionan madera y celulosa que alimentan importantes industrias. La habitan animales de pieles gruesas y finas como armiños, zorros, martas y osos cafés, utilizadas para la fabricación de abrigos, sacos y gorros.

Tundra. Se localiza en los lugares de clima polar (ET), como el extremo norte de Europa. La vegetación, raquítica, está conformada por musgos, líquenes y algunos árboles poco elevados. El reno constituye la base de la alimentación de los pueblos lapones que habitan la región (fig. 7.12).

Cambios en el medio geográfico como resultado de la acción humana

Europa es uno de los continentes en el que se advierte la acción del hombre con mayor claridad, ésta se manifiesta en forma positiva y negativa. Son ejemplos de acción positiva:

- Obras de ingeniería que han modificado el relieve de las zonas montañosas, construyendo carreteras que ascienden a las montañas o las atraviesan por medio de túneles, como el Simplón y el San Gotardo que comunican, a través de los Alpes, a Suiza con Italia; otro túnel, el Albert, enlaza a Innsbruck, Austria, con Zurich, Suiza.

- En lo que respecta a la hidrografía, una intrincada red de canales enlaza las principales vías fluviales, pone en contacto a numerosas naciones y facilita viajar por agua desde las costas del Atlántico hasta el Mar Negro. A través de esta red se transporta gran volumen de carga de un país a otro.

- Las orillas opuestas de grandes ríos, como el Rhin, el Tajo y el Volga, han sido unidas por largos puentes por los que circulan vehículos automotores y ferrocarriles (fig. 7.13).

- La tecnificación de la agricultura permitió incorporar al cultivo tierras como las que forman parte de la Gran Llanura del Norte, cubiertas por sedimentos marinos, o arcillosas impermeables donde abundan los pantanos. Actualmente, esas tierras, llamadas landas, son desaguadas mediante canales, abonadas y convertidas en campos de cultivo o bosques.

- Son notables, también, los sistemas de riego empleados en Ucrania, país donde se recogen importantes cosechas de trigo, centeno, otros cereales y girasol.

- No puede hablarse de la acción del hombre en el medio ambiente sin mencionar las tierras arrebatadas al mar en los Países Bajos (Holanda) mediante la construcción de poderosos diques en los que actualmente se emplea cemento.

Fig. 7.13. Las dos orillas del Tajo en Lisboa han sido unidas por un puente de 6 km de largo, magnífica obra de ingeniería.

¿Sabías que...

Los habitantes de los Países Bajos para poder utilizar los **polders**, nombre que reciben las tierras rescatadas del mar, tuvieron que desecarlas con sistemas de bombeo y, posteriormente, lavarlas para desalinizarlas. Más tarde, para transformarlas en terrenos propicios para la agricultura, fue indispensable el empleo de abonos. En esas tierras, los holandeses cultivan actualmente, además de cereales y verduras, flores que exportan a numerosos países.

Fig. 7.14. El canal túnel, conocido comúnmente como el "chunnel", fue creado como una vía de enlace directo, por debajo de las aguas del Canal de la Mancha, entre la isla de Gran Bretaña y Francia. De sus 49.879 km de largo, 37 007 están bajo las aguas.

- Es también notable la tecnología empleada en la construcción del túnel submarino que, por debajo del Canal de la Mancha, enlaza a Francia con Reino Unido a través de 49.879 kilómetros de autopista y ferrocarril (fig. 7.14).

En lo que se refiere a la acción humana negativa, Europa comparte con el resto de la Tierra la contaminación de la atmósfera, el agua y los suelos, causada por el uso excesivo de combustibles fósiles, desechos sólidos y gaseosos de la industria, emanaciones de vehículos de motor y uso indiscriminado de sustancias plaguicidas que contienen clorofluorocarbonos (CFCs).

Gran daño en las condiciones ecológicas de una extensa región causó la explosión registrada en abril de 1986 en la Central Electro-Nuclear de Chernobyl, Ucrania: vientos y lluvias radiactivas afectaron Belarús y llegaron hasta Suecia y Europa Occidental (fig. 7.15).

Fig. 7.15. Científica de Ucrania recoge muestras del suelo en una de las regiones afectadas por la explosión de Chernobyl.

Actividades

Relaciona el mapa político de Europa (fig. 7.19) con el de orografía e hidrografía (fig. 7.5) y localiza:

1. Los tres países situados en la región del Cáucaso.

2. Tres de los países alpinos.

3. Plegamientos que sirven de límite entre Europa y Asia.

En relación con la hidrografía:

1. Compara las características de los tres siguientes ríos: Volga, Rhin y Tíber (origen, mar u océano donde desembocan, longitud, etc.) y anota dos de las diferencias que observes en ellos.

2. Localiza en la figura 7.5 los nombres de tres importantes ríos que nacen en el plegamiento de los Alpes.

3. Si nacen de montañas muy elevadas, ¿cuál es el origen principal de sus aguas?

4. Menciona tres de los países comunicados por el Danubio.

Compara el mapa político con el de climas (fig. 7.10) y contesta:

1. ¿Cuál o cuáles de los climas de Europa consideras más favorables para el desarrollo de los grupos humanos? Características de ese o esos climas.

2. Localiza tres de los países que tengan el clima que seleccionaste.

3. ¿En cuáles países de Europa llueve más durante el año? ¿En cuáles llueve menos?

4. ¿Qué región natural es más propicia para el cultivo de cereales? Localiza uno de los países situados en esa región.

5. ¿En qué región natural y en qué países revisten gran importancia las industrias derivadas de la obtención de madera?

En relación con los cambios en el medio geográfico debidos a la acción del hombre, menciona

1. Dos de los cambios positivos que consideres más importantes.

2. Busca en periódicos y revistas información sobre las consecuencias negativas de la explosión de Chernobyl. Haz una síntesis y coméntala con el resto del grupo.

Tema II — Los países de Europa

Localización

Europa está dividida en 45 países listados en el cuadro 7.4 (fig. 7.21). De acuerdo con su situación geográfica, generalmente se les divide en septentrionales, occidentales, centrales, orientales y meridionales o mediterráneos.

Países septentrionales. Se considera dentro de este grupo a Noruega, Suecia, Dinamarca, Finlandia, Islandia, Estonia, Letonia y Lituania. En el mapa de la figura 7.21 se puede localizar a estos países y a los de los grupos siguientes.

La denominación de países escandinavos aplicada a Noruega, Suecia (fig. 7.16) y Dinamarca deriva de Escandinavia, nombre que dieron los romanos a las islas danesas y a la porción sur de la península que hoy llamamos Escandinava.

A Estonia, Letonia y Lituania se les llama países del Báltico porque tienen costas en ese mar. Formaron parte de la antigua Unión de Repúblicas Socialistas Soviéticas (URSS) hasta 1991, año en que se separaron de ese estado y lograron su independencia.

Países occidentales. Forman parte de este grupo Irlanda, Reino Unido de Gran Bretaña e Irlanda del Norte, Francia, Bélgica y Países Bajos. En todos ellos existe una estrecha relación entre las aguas y las tierras: el mar penetra durante la marea alta en los estuarios de los ríos y se interna más de 100 km en el continente, característica que favorece la presencia de buenos puertos.

Con excepción de Irlanda, que logró su independencia total del Reino Unido hasta 1948, todos han alcanzado un elevado desarrollo industrial, comercial y de comunicaciones, gracias al trabajo humano y al aprovechamiento de los recursos minerales que contienen los plegamientos paleozoicos, ricos en carbón mineral y hierro, productos básicos de la industria siderúrgica. Su situación frente al Atlántico les ha permitido establecer relaciones con los países de América y del occidente de África.

Países meridionales. Generalmente se considera dentro de este grupo a Portugal (fig. 7.17), España, Italia, Grecia, Albania, Macedonia, Yugoslavia, Eslovenia, Croacia, Bosnia-Herzegovina, y Turquía Europea. Se incluye, además, a cinco países independientes de reducidas dimensiones: Andorra, Malta, Mónaco, San Marino y Santa Sede (Ciudad del Vaticano).

Yugoslavia, surgió como nación al terminar la Primera Guerra Mundial. Fue integrado por Serbia, Eslovenia, Croacia, Bosnia-Herzegovina, Montenegro y Macedonia. A partir de 1991, cuatro de los países se independizaron, la actual Yugoslavia está formada sólo por Serbia y Montenegro.

Fig. 7.16. Vista de un muelle de la ciudad de Estocolmo, capital y puerto más importante de Suecia en el Mar Báltico por el que son exportados productos de acero de magnífica calidad y madera obtenida en los extensos bosques de coníferas del país.

¿Sabías que...

Andorra, situada entre Francia y España, es independiente desde el siglo VIII, cuando Carlomagno garantizó su soberanía. **Malta**, debido a su resistencia durante la Segunda Guerra Mundial, logró su independencia en 1964. **Mónaco**, enclavado en territorio francés, tiene como principal fuente de ingresos el turismo. **San Marino**, independiente desde el siglo IV, tiene una economía sana basada en la producción de granos, vino, oliva, cerámica, textiles y artesanías. **La Santa Sede** o Ciudad del Vaticano es el estado soberano más pequeño del mundo y está gobernado por el papa Juan Pablo II, cabeza del mundo católico.

Fig. 7.17. Panorámica de Oporto, puerto de Portugal situado en una importante zona industrial del país. Se localiza en la desembocadura del Río Duero.

Países del centro. Se considera dentro de este grupo a Alemania, Suiza, Luxemburgo, Polonia, la República Checa, Eslovaquia, Liechtenstein, Austria y Hungría (fig. 7.21).

Luxemburgo, Alemania y Polonia tienen parte de su territorio en la Llanura Europea y parte en la zona de mesetas y macizos, la República Checa y Eslovaquia pertenecen casi totalmente a la última región. Suiza (fig. 7.18), Liechtenstein y Austria son países alpinos, Hungría comprende la fértil llanura húngara regada por el Danubio.

Países orientales. Se incluye en este grupo a Rumania, Bulgaria y los países europeos de la Comunidad de Estados Independientes (CEI): Federación de Rusia, Belarús, Ucrania y Moldova. Las repúblicas de Georgia, Armenia y Azerbaiyán se localizan en la región del Cáucaso, en los límites de Europa y Asia, situación por la que algunos autores las clasifican como europeas y otros como asiáticas.

La Comunidad de Estados Independientes (CEI) comprende la mayoría de los países que formaron la antigua Unión de Repúblicas Socialistas Soviéticas (URSS) y que comenzó a desintegrarse a partir de 1991 cuando Estonia (fig. 7.19), Letonia y Lituania (fig. 7.20) se independizaron. Las repúblicas restantes, después de varias negociaciones, acordaron integrar la CEI dentro de la cual gozan de independencia. La CEI es una asociación de países porque en él conviven gentes de más de 100 etnias, que hablan más de 120 lenguas o dialectos diferentes.

La CEI está constituida por doce repúblicas independientes. De éstas, siete son europeas: Federación de Rusia, Belarús, Ucrania, Moldova y las tres repúblicas del Cáucaso: Georgia, Armenia y Azerbaiyán; las otras cinco se localizan totalmente en Asia.

La porción europea de la Comunidad de Estados Independientes representa menos de la cuarta parte de su superficie total, pero está habitada por alrededor de 75 % de la población total. La Federación de Rusia, Ucrania y Belarús, las repúblicas de mayores dimensiones y las más pobladas, han alcanzado gran desarrollo industrial. La capital de la CEI, Moscú, se localiza en Rusia. Los datos de la extensión y población de esta repúblicas se encuentran en el cuadro 7.4.

Rasgos principales: extensión y población

Extensión. En el cuadro 7.4 están anotados los nombres de todos los países europeos, sus capitales, extensión, población y forma de gobierno. Adviértase el contraste en lo que se refiere a extensión entre los tres países más grandes: Rusia, Francia (fig. 7.22) y España y los más pequeños: Santa Sede y Mónaco.

Fig. 7.18. En Suiza, los pintorescos paisajes alpinos y la presencia de varios lagos han convertido al país en uno de los principales centros turísticos europeos.

Fig. 7.19. Una de las numerosas iglesias de Tallin, capital de Estonia y su principal puerto sobre el Golfo de Finlandia.

Fig. 7.20. Aspecto de una de las numerosas manifestaciones que tuvieron lugar en 1991 en Vilna, capital de Lituania, con motivo de la independencia lograda por el país, después de negarse a pertenecer a la Comunidad de Estados Independientes (CEI).

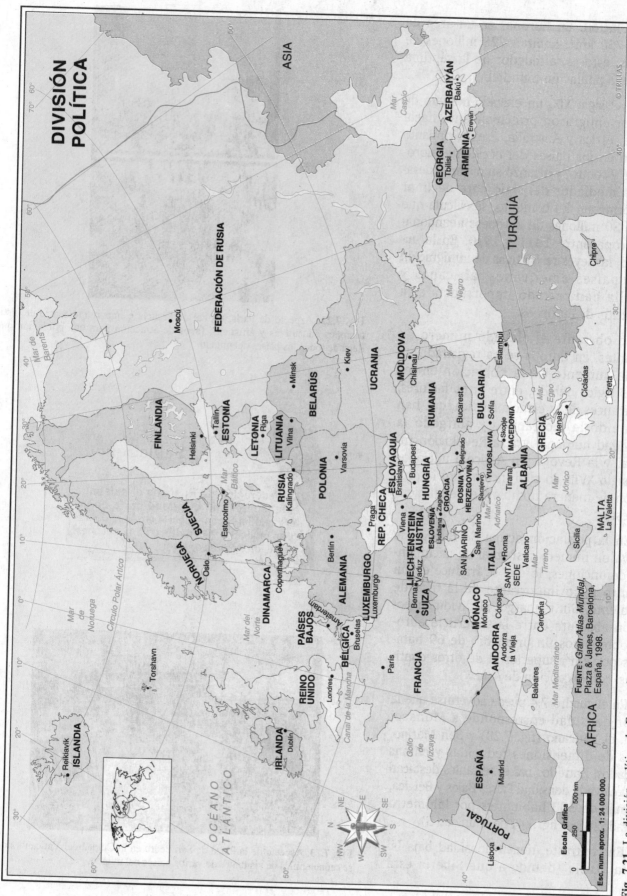

DIVISIÓN POLÍTICA

Fig. 7.21. La división política de Europa ha sufrido numerosos cambios a través del tiempo. Recientemente, la Unión Soviética se transformó en la Comunidad de Estados Independientes (CEI) y Yugoslavia se fragmentó en los países que aparecen en el mapa.

Población. En Europa, en un área de 10 530 750 km², habitan 728 millones de personas, esto es, alrededor de la séptima parte de la población mundial.

En el siglo XIX, un elevado número de europeos emigraron principalmente hacia América, África y Australia. Ese movimiento se inició en los países del occidente, noroccidente y centro, y alcanzó su máximo desarrollo a mediados del siglo para declinar posteriormente. En conjunto, se calcula que más de 30 millones de europeos abandonaron Europa entre 1811 y 1910. En la actualidad, las leyes restrictivas de inmigración en los países americanos, africanos y Australia han restado importancia a la inmigración de europeos.

No obstante el elevado número de emigrantes, en Europa se ha registrado un notable aumento de la población en los últimos siglos debido, entre otros factores, a los avances de la ciencia médica, que han disminuido la mortandad y alargado la longevidad humana, y a la Revolución Industrial y la Revolución Agrícola iniciadas en el siglo XVIII, lo cual incrementó la producción de manera notable y el rendimiento de ésta.

En la población actual de Europa se observa un número casi igual de nacimientos y defunciones, lo que se traduce en un aumento poco importante de la tasa de crecimiento. Sin embargo, al dividir la población absoluta entre la superficie europea, obtenemos un promedio de 69 habitantes por km², superior al de otros continentes, con excepción de Asia.

En el cuadro 7.4 puede advertirse que la mayor densidad corresponde a Mónaco, Malta, el Vaticano (fig. 7.23) y San Marino, países de dimensiones reducidas y climas templados. Entre los países restantes destacan por su elevada densidad Países Bajos y Bélgica, con más de 300 habitantes por kilómetro cuadrado (véase fig. 5.41 de la unidad 5).

En contraste, tienen densidad baja Islandia, Rusia (debido a que Siberia está

Fig. 7.22. Aspecto de París, capital de Francia e importante centro de instituciones educativas y artísticas, focos de atracción para una población que llega de todos los países del mundo.

¿Sabías que...

La Federación de Rusia es el país más extenso del mundo; tiene parte de su territorio en Europa y parte en Asia, donde comprende Siberia, territorio de 12 millones de km² de superficie.

Fig. 7.23. Aspecto de la Plaza de San Pedro en la Ciudad del Vaticano, donde se reúnen miles de visitantes de varios países del mundo.

Cuadro 7.4.
Población absoluta y densidad demográfica de los países europeos (2000)

País	Población absoluta	Densidad de población (hab./km²)	Capital	Superficie (en km²)
Total continental	728 110 000	69.2 %	—	10 530 750
Países septentrionales				
1. Noruega*	4 487 000	13.6	Oslo	323 758
2. Suecia*	8 864 000	21.6	Estocolmo	449 964
3. Dinamarca*	5 339 000	123.4	Copenhague	43 094
4. Islandia	280 000	11.8	Reikiavik	102 819
5. Finlandia	5 178 000	17.0	Helsinki	338 145
6. Estonia	1 435 000	33.0	Tallín	45 227
7. Letonia	2 369 000	36.7	Riga	64 610
8. Lituania	3 697 000	56.6	Vilna	65 301
Países occidentales				
9. Reino Unido de Gran Bretaña e Irlanda del Norte*	59 714 000	244.6	Londres	244 110
10. Irlanda	3 783 000	52.1	Dublín	70 285
11. Francia	58 835 000	108.2	París	543 965
12. Bélgica*	10 249 000	335.7	Bruselas	30 513
13. Países Bajos*	15 896 000	382.8	Amsterdam	41 526
Países meridionales				
14. Portugal	10 005 000	108.3	Lisboa	91 831
15. España*	40 128 000	79.3	Madrid	505 990
16. Italia	57 723 000	191.6	Roma	301 227
17. Yugoslavia	10 662 000	104.4	Belgrado	102 173
18. Eslovenia	1 963 000	96.8	Liubliana	20 258
19. Croacia	4 282 000	75.7	Zagreb	55 322
20. Bosnia-Herzegovina	3 836 000	75.0	Sarajevo	51 129
21. Macedonia	2 041 000	79.4	Skopje	25 713
22. Albania	3 490 000	121.4	Tirana	28 748
23. Grecia	10 562 000	80.0	Atenas	131 957
Países de dimensiones muy pequeñas				
24. Andorra**	66 700	142.5	Andorra la Vieja	468
25. Malta	382 000	1 209.0	La Valetta	316
26. Mónaco**	31 700	16 256.0	Mónaco	1.95
27. San Marino	26 800	438.0	San Marino	61.19
28. Santa Sede (Ciudad del Vaticano)****	800	1 818.1	Vaticano	0.44
29. Liechtenstein*	32 600	203.8	Vaduz	160.0
Países del centro y del oriente				
30. Alemania	82 225 000	230.3	Berlín	357 022
31. Polonia	38 655 000	123.5	Varsovia	312 685
32. Suiza	7 177 000	173.8	Berna	41 285
33. Austria	8 091 000	96.5	Viena	83 859
34. Luxemburgo***	439 000	169.8	Luxemburgo	2 586
35. Hungría	10 022 000	107.7	Budapest	93 030
36. Rumania	22 435 000	94.5	Bucarest	237 500
37. Bulgaria	8 172 000	73.6	Sofía	110 994
38. Rep. Checa	10 273 000	130.3	Praga	78 866
39. Eslovaquia	5 403 000	110.2	Bratislava	49 036
Repúblicas de la Comunidad de Estados Independientes (CEI)				
40. Armenia	3 810 000	128.1	Erevan	29 743
41. Azerbaiyán	8 051 000	93.0	Bakú	86 600
42. Belarús (Bielorrusia)	9 989 000	48.1	Minsk	207 600
43. Georgia	5 020 000	72.2	Tbilisi	69 493
44. Moldova	4 298 000	127.5	Chisinau	33 700
45. Federación de Rusia*****	146 001 000	8.6	Moscú	17 075 400
46. Ucrania*****	49 242 000	81.6	Kiev	603 700

* Monarquías   ** Principado   *** Ducado   **** Papado   ***** Incluye territorio y población correspondiente al Continente Asiático

FUENTE: *Enciclopedia Británica*, Libro del año, EUA, 2001.

Fig. 7.24. Campo de cultivo de olivos en Córdova, España. El fruto del olivo, la oliva o aceituna, constituye la base de la importante industria aceitera española.

¿Sabías que...

La llamada "Revolución Agrícola" tuvo su origen a partir del siglo XVIII en los países europeos. A partir de entonces, como seguramente aprendiste en Biología, se investigan las condiciones agrícolas de los suelos, se ha intensificado el uso de abonos, insecticidas y fumigantes y, gracias al invento de diversas máquinas, se liberó al hombre de las más rudas labores del campo. En síntesis, la agricultura se convirtió en una actividad económica que utiliza los recursos de la tecnología.

Fig. 7.25. Campo de tulipanes cultivados en uno de los polders arrebatados al mar por los habitantes de los Países Bajos.

muy poco poblada), Noruega, Finlandia y Suecia, todos de climas fríos, poco favorables para el establecimiento de grupos humanos.

Actividades económicas y recursos naturales

Europa cuenta con varios recursos naturales, entre otros, gran variedad de especies piscícolas debido a su vecindad con mares. El predominio de climas templados y la existencia de extensas llanuras con abundantes corrientes fluviales han favorecido el desarrollo de actividades agrícolas, ganaderas e industriales. A éstas se suman las mineras que explotan, principalmente, los importantes yacimientos de carbón y mineral de hierro de los plegamientos paleozoicos. De las diversas actividades han derivado numerosas industrias (fig. 7.31).

Agricultura. La agricultura y la ganadería son actividades tradicionales en Europa. Actualmente, varios países europeos figuran entre los diez primeros productores agrícolas del mundo. Ucrania (CEI) y Francia se encuentran entre los principales países europeos trigueros y Rusia, Ucrania, Polonia y Alemania destacan por su producción de avena, cebada y centeno (fig. 7.28).

En los países de la zona mediterránea, además de cereales, se cultivan frutos cítricos como la naranja, el limón y la toronja. Tienen también preponderancia el olivo (fig. 7.24) y la vid, que han dado origen a importantes industrias aceiteras y vinícolas. España, Grecia e Italia son famosas por la calidad de sus aceites y en lo que respecta al vino Francia, Italia, España y Portugal tienen prestigio mundial.

La papa, una de las bases alimenticias de todos los países europeos y la remolacha, de la que se obtiene azúcar de excelente calidad, se cultivan en amplias extensiones de la mayoría de estos países. Destacan por su elevada producción Rusia, Polonia, Ucrania, Alemania, Belarús, Países Bajos y Reino Unido.

Un caso especial son los Países Bajos, que obtienen cuantiosos ingresos gracias a la exportación de flores y semillas de tulipanes (fig. 7.25) y otros productos de floricultura.

Ganadería. La ganadería es otra de las principales actividades en Europa, donde desde la época de los romanos se practicaba la selección y el mejoramiento de las razas. A diferencia de los países americanos, donde la existencia de amplios pastizales permite la ganadería extensiva, en Europa se practica la ganadería intensiva o de estabulación, en la que el ganado es alimentado en establos con forrajes especiales que contribuyen al mejoramiento de las razas.

Francia, Alemania, Italia, Países Bajos, Reino Unido y Dinamarca han alcanzado prestigio mundial en la producción de leche y derivados, como queso y mantequilla, productos exportados a numerosos países del resto de la Tierra.

El cerdo, criado en numerosos países europeos, ocupa un lugar destacado en la alimentación de éstos. Sobresalen por su elevada producción Rusia, Alemania, España, Polonia, Ucrania y Países Bajos.

En toda Europa existen numerosas granjas donde se crían diversas variedades de gallinas, patos, gansos y palomas, de los que se obtienen carne, huevos y plumas.

Silvicultura. En páginas anteriores vimos que en la región natural de la taiga crecen coníferas, como pinos y abetos, cuya madera tiene múltiples usos, entre ellos la construcción de casas, muebles y la obtención de celulosa, a partir de la cual se procesa el papel. Rusia, Finlandia, Noruega y Suecia sobresalen en este aspecto (fig. 7.26).

El clima del occidente europeo, templado con precipitaciones frecuentes, origina la formación del bosque mixto en el que se mezclan coníferas y árboles de hojas caducas (que caen en invierno), como roble, castaño, nogal y encino, especies que proporcionan madera en elevada cantidad. Del encino se obtienen, además, bellotas utilizadas como alimento de los cerdos. Este tipo de bosque es explotado, entre otros países, en España, Francia y Bélgica (fig. 7.28).

Fig. 7.26. La silvicultura, practicada, entre otros países, en Noruega, Suecia, Finlandia y Rusia es la base de importantes industrias como la maderera.

Fig. 7.27. Barcos en la costa de Noruega. La pesca y la navegación constituyen dos de las actividades principales en este país, que cuenta con extensas costas.

En la zona mediterránea predominan los matorrales, pero existen especies arbóreas explotadas por el hombre. Entre éstas se encuentran el olivo, el naranjo y el toronjo. Del fruto del olivo, la aceituna, se obtiene la materia prima para la industria aceitera, de gran importancia en los países de esta zona, en especial en España, Italia y Grecia. Las naranjas y toronjas son la base de importantes industrias alimenticias.

Otra especie arbórea explotada por el hombre en España y Portugal es el alcornoque, árbol siempre verde que posee una corteza utilizada para la fabricación de tapones de corcho para botellas.

Pesca. La cercanía al mar y la presencia de numerosos ríos ha favorecido la pesca, actividad practicada desde la antigüedad por casi todos los pueblos europeos. En la actualidad se lleva a cabo en embarcaciones dotadas con los más modernos equipos.

En los fríos mares que rodean a Noruega (fig. 7.27), Islandia y el Reino Unido se obtiene principalmente bacalao y arenque el Mar Cantábrico proporciona, entre otras especies, merluza, atún y salmón. Aunque en el Mediterráneo hay más de 400 clases de peces, sólo unos pocos de éstos tienen valor alimenticio entre estos últimos destacan la sardina y la anchoa, utilizados en importantes industrias empacadoras (fig. 7.28).

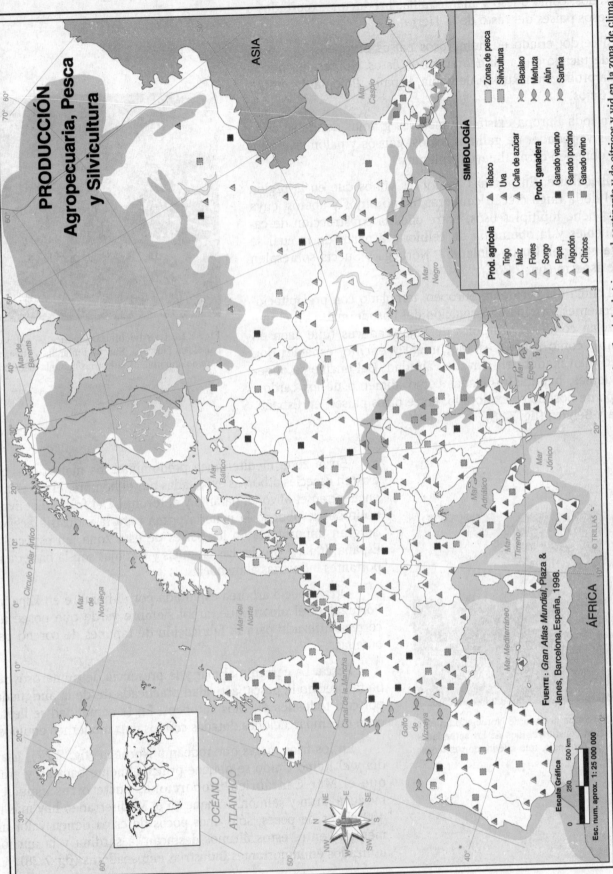

**PRODUCCIÓN
Agropecuaria, Pesca
y Silvicultura**

ASIA

ÁFRICA

SIMBOLOGÍA

Prod. agrícola
△ Trigo
△ Maíz
△ Flores
△ Sorgo
△ Papa
△ Algodón
△ Cítricos

△ Tabaco
△ Uva
△ Caña de azúcar

Prod. ganadera
■ Ganado vacuno
■ Ganado porcino
■ Ganado ovino

□ Zonas de pesca
□ Silvicultura

⌁ Bacalao
⌁ Merluza
⌁ Atún
⌁ Sardina

Fuente : *Gran Atlas Mundial,* Plaza &
Janes, Barcelona, España, 1998.

Escala Gráfica
0   250   500 km

Esc. num. aprox. 1: 25 000 000

© TRILLAS

Mar de Barents

Mar de Noruega

Círculo Polar Ártico

Mar Báltico

Mar del Norte

OCÉANO ATLÁNTICO

Canal de la Mancha

Golfo de Vizcaya

Mar Mediterráneo

Mar Negro

Mar Caspio

Mar Egeo

Mar Jónico

Mar Adriático

Mar Tirreno

Fig. 7.28. En Europa existe gran diversidad de productos agrícolas, pesqueros y silvícolas. Obsérvese el predominio de trigo en el continente y de cítricos y vid en la zona de clima mediterráneo.

Minería. El carbón y el lignito, base de la industria siderúrgica, son extraídos en gran escala en Alemania, Rusia, Polonia, Rumania y Hungría, países que superan actualmente a Francia y al Reino Unido, principal productor en el pasado. Rusia posee, además, importantes yacimientos de oro y plata, Suecia obtiene cobre, zinc, plomo y, en menor cantidad, hierro. En Francia, Alemania y Hungría están siendo explotados yacimientos de uranio. En el Mar del Norte son explotados los importantes yacimientos petrolíferos descubiertos hace pocos años (figs. 7.29 y 7.31).

Industria y comercio. Los países europeos fueron los primeros en industrializarse, gracias a que en sus territorios se encuentran yacimientos de carbón mineral y hierro. La Revolución Industrial se inició en el Reino Unido en el siglo XVIII. Actualmente, a excepción de Estados Unidos de América, Canadá y Japón, los principales países industrializados se encuentran en Europa.

Estos países, para poder competir con Estados Unidos de América y Japón, integraron un organismo comercial llamado actualmente Unión Europea (UE).

La zona industrial europea más destacada se localiza en el occidente y el centro-occidente, donde países como Alemania, Ucrania, Francia, Bélgica, el Reino Unido y Luxemburgo poseen poderosas industrias pesadas, productoras de acero y maquinaria de todo tipo. Aviones, locomotoras, automóviles y motocicletas son algunos de los artículos producidos en esos países. La explotación de petróleo del Mar del Norte ha dado origen a la creación de plantas petroquímicas en el Reino Unido y Noruega.

Francia, Alemania, Italia, los Países Bajos, Reino Unido, Dinamarca, Polonia y Suiza destacan por sus industrias derivadas de la ganadería, en especial en lo que se refiere a la transformación de carne y leche en numerosos productos. Los jamones y tocinos alemanes, así como los quesos y mantequillas franceses, daneses, suizos y holandeses se venden en gran cantidad en varios países del mundo (fig. 7.30).

Fig. 7.29. Plataforma petrolera en el Mar del Norte, donde han sido descubiertos importantes yacimientos petrolíferos.

¿Sabías que...

El 25 de marzo de 1957 fue firmado en Roma el tratado que dio origen a la Comunidad Económica Europea (CEE). Los países fundadores fueron seis: Alemania, Bélgica, Francia, Luxemburgo, Italia y Países Bajos. En 1973, ingresaron Irlanda, Dinamarca y el Reino Unido; en 1985, España, Portugal y Grecia, y en 1995, Austria y Finlandia. Actualmente, el nombre de esta asociación es Unión Europea. A partir de enero de 1999, once de los países miembros adoptaron el **euro** como moneda común. Una de las bases de este tratado es la supresión de las tarifas aduaneras a los países miembros, lo que ayuda a eliminar las restricciones en el intercambio comercial entre ellos y a desarrollar una política comercial y agrícola común.

Fig. 7.30. Embutidos producidos en Francia, país que destaca, entre sus numerosas industrias, en aquellas relacionadas con la alimentación.

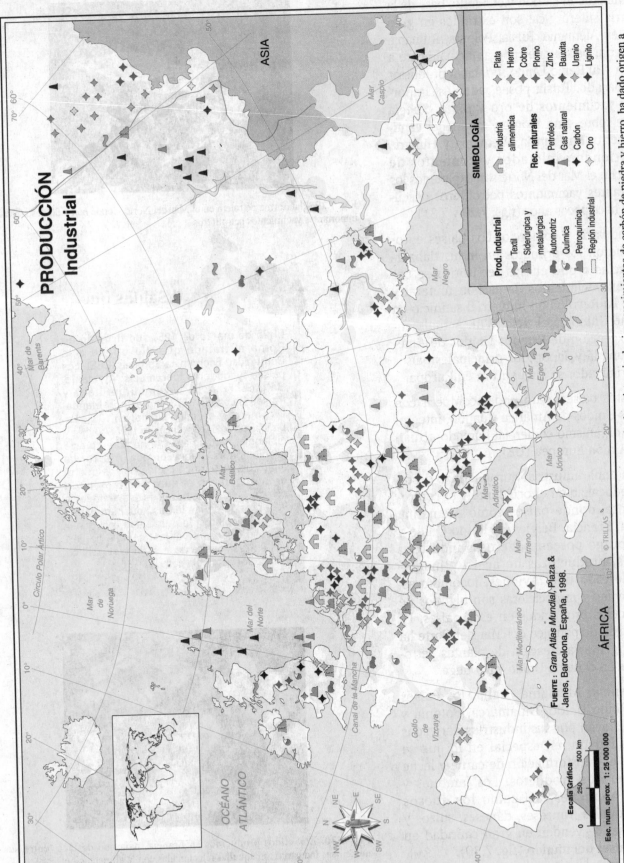

PRODUCCIÓN Industrial

SIMBOLOGÍA

Prod. industrial
- Textil
- Siderúrgica y metalúrgica
- Automotriz
- Química
- Petroquímica
- Región industrial
- Industria alimenticia

Rec. naturales
- Petróleo
- Gas natural
- Carbón
- Oro

- Plata
- Hierro
- Cobre
- Plomo
- Zinc
- Bauxita
- Uranio
- Lignito

FUENTE: *Gran Atlas Mundial*, Plaza & Janes, Barcelona, España, 1998.

Esc. num. aprox. 1: 25 000 000

Escala Gráfica
0   250   500 km

Fig. 7.31. La principal zona industrial de Europa se localiza en los países occidentales donde, la existencia de ricos yacimientos de carbón de piedra y hierro, ha dado origen a importantes industrias siderúrgicas.

Fig. 7.32. Mina de carbón en Paso de Calais, Francia, uno de los principales centros carboníferos del país. La extracción de carbón y hierro ha dado origen a una floreciente industria siderúrgica.

Fig. 7.33. Aspecto de Riga, capital de Letonia e importante centro industrial.

Otros productos forman una larga lista. Mencionaremos sólo los vinos franceses, italianos, españoles y húngaros, los perfumes franceses, la maquinaria electrónica y los productos químicos alemanes y los relojes suizos.

Si se relacionan las actividades industriales y agrícolas estudiadas antes con el mapa de densidad de población puede observarse que las regiones de máxima densidad demográfica corresponden a Europa centro-occidental, donde se localizan cuencas carboníferas, yacimientos de mineral de hierro, ríos y numerosas industrias (figs. 7.31 y 7.32).

Principales indicadores de desarrollo y bienestar

Los datos que aparecen en el cuadro 7.5 son de gran utilidad para conocer el grado de desarrollo y bienestar de los países europeos.

De acuerdo con la columna de ingreso per cápita, esto es, la cantidad de dólares que percibe al año, en promedio, cada habitante de los distintos países, existen 22 naciones con un ingreso superior a 10 000 dólares; entre éstas destacan Luxemburgo y Suiza, con más de 39 000 dólares per cápita, les siguen, en orden decreciente, San Marino, Noruega, Dinamarca, Islandia y Austria.

En contraste con los anteriores, seis países cuentan con un ingreso per cápita inferior a 1000 dólares: Ucrania, Georgia, Albania, Azerbaiyán, Armenia, Moldova; adviértase que las tres repúblicas del Cáucaso forman parte de este grupo.

Otro índice de desarrollo, el alfabetismo, es de 100 % en 18 de los países y superior a 90 % en otros 24, lo cual significa que Europa supera a los otros continentes en este aspecto.

En lo que respecta a la esperanza de vida al nacer obsérvese, en el cuadro 7.5, que en la gran mayoría de los países europeos este dato es superior a los 70 años y que Rumania, Bosnia Herzegovina y Letonia (fig. 7.33), están a punto de alcanzar esa cifra.

El consumo diario de calorías es elevado en todos los países, lo que indica un buen nivel alimenticio.

Los índices más bajos de mortandad infantil corresponden a Suecia, Suiza, Islandia, Noruega, Finlandia, Francia y Bélgica; los índices más elevados de muertes infantiles por cada mil habitantes se encuentran en Azerbaiyán, Albania, Bosnia-Herzegovina, Moldova, Georgia, Ucrania y Rumania, países con una mortandad infantil al año, superior a 20 fallecimientos infantiles por cada mil habitantes. Sin embargo, si se comparan estas cifras con las de los países de América, se encontrará que son menores a las de varios de ellos.

Cuadro 7.5.

Indicadores de desarrollo y bienestar de Europa (2000)

País	Ingreso per cápita (dólares EUA)	Esperanza de vida al nacer (años)	Índice de mortandad infantil (por cada mil nacidos vivos)	Índice de alfabetismo (% de la población mayor de 15 años)	Consumo diario de calorías (per cápita)
Total Continental	13 150	73.9	10.8	98.2	
Países septentrionales					
1. Noruega	34 310	78.4	4.0	100.0	3 425
2. Suecia	25 580	79.5	3.4	100.0	3 117
3. Dinamarca	33 040	76.5	5.1	100.0	3 443
4. Islandia	27 830	78.9	3.6	100.0	3 222
5. Finlandia	24 280	77.1	4.2	100.0	3 180
6. Estonia	3 360	70.0	9.3	99.7	3 058
7. Letonia	2 420	69.8	15.0	99.7	2 994
8. Lituania	2 540	71.7	9.3	99.5	3 104
Países occidentales					
9. Reino Unido Gran Bretaña e Irlanda del norte	21 410	77.0	5.8	100.0	3 257
10. Irlanda	18 710	76.7	5.7	100.0	3 622
11. Francia	24 210	78.4	4.8	98.8	3 541
12. Bélgica	25 380	77.7	4.8	100.0	3 606
13. Países Bajos	24 780	77.9	5.0	100.0	3 282
Países meridionales					
14. Portugal	10 670	75.6	6.2	92.2	3 691
15. España	14 100	78.4	5.2	97.7	3 348
16. Italia	20 090	79.0	5.5	98.5	3 608
17. Yugoslavia	1 742	72.3	14.3	93.3	2 963
18. Eslovenia	9 780	74.7	5.2	100.0	2 950
19. Croacia	4 620	73.3	8.2	98.3	2 479
20. Bosnia-Herzegovina	1 020	69.9	26.4	85.5	2 801
21. Macedonia	1 290	72.5	16.3	89.1	2 938
22. Albania	810	71.3	43.1	91.8	2 976
23. Grecia	11 740	78.4	6.7	97.2	3 630
Países de dimensiones muy pequeñas (1997)					
24. Andorra	13 100	83.5	6.4	100.0	3 348
25. Malta	10 100	77.2	5.3	92.1	3 382
26. Mónaco	25 000	78.8	6.0	N. D.	3 541
27. San Marino	34 330	81.2	6.5	99.1	3 608
28. Santa Sede (Ciudad del Vaticano)	N. D.	N. D.	N. D.	N. D.	N. D.
39. Liechtenstein	23 000	78.4	5.3	100.0	3 222
Países del centro y del oriente					
29. Alemania	26 570	77.1	5.0	100.0	3 402
30. Polonia	3 910	73.1	8.9	99.8	3 351
31. Suiza	39 980	79.5	3.4	100.0	3 222
32. Austria	26 830	77.9	4.4	100.0	3 531
33. Luxemburgo	45 100	76.9	4.7	100.0	3 606
34. Hungría	4 510	71.2	9.7	99.4	3 408
35. Rumania	1 360	69.8	20.3	98.2	3 263
36. Bulgaria	1 220	72.3	12.8	98.5	2 740
37. Rep. Checa	5 150	74.4	5.9	100.0	3 292
38. Eslovaquia	3 700	73.5	8.3	100.0	2 953
Repúblicas de la Comunidad de Estados Independientes (CEI)					
39. Armenia	460	69.6	15.0	98.8	2 356
40. Azerbaiyán	480	63.2	81.6	97.3	2 191
41. Belarús (Bielorrusia)	2 180	68.4	14.3	99.4	3 136
42. Georgia	970	64.7	23.0	99.5	2 252
43. Moldova	380	64.5	26.5	98.9	2 763
44. Federación de Rusia	2 260	67.2	18.0	99.4	2 835
45. Ucrania	980	66.0	21.7	98.4	2 878

N. D. No hay datos.

FUENTE: *Enciclopedia Británica*, Libro del año, EUA, 2001.

Ejercicio de identificación

1. Consulta el mapa de la figura 5.41, de la página 105, y observa que una de las zonas de mayor densidad de población del mundo se localiza en Europa. Con ayuda del mapa de la figura 7.21 localiza los nombres de cinco de los países situados en esa zona.

2. Búscalos en el cuadro 7.4 y haz lo siguiente:

   a) En un mapa con división política traza líneas verticales rojas en los seis países de mayor población absoluta.

   b) Aplica tus conocimientos de matemáticas y obtén el porcentaje que cada uno de esos países representa respecto de la población total del continente.

   c) Suma los datos anteriores y obtén el porcentaje que alcanza ese grupo de países respecto al total de Europa.

   En lo que respecta a la densidad de población:

   a) En el mismo mapa traza líneas horizontales rojas en los seis países más densamente poblados.

   b) ¿Cuáles de los países forman parte de los dos grupos anteriores?

   c) Explica por qué los Países Bajos alcanzan una densidad mayor que el Reino Unido y Alemania, no obstante que estos últimos tienen mayor población absoluta.

   d) Marca con líneas verticales amarillas los seis países de menor población absoluta. ¿Qué porcentaje de la población total representa cada uno?

Relaciona el mapa de climas con las Actividades Económicas, y contesta lo siguiente:

1. ¿Por qué en Noruega y Suecia no existen importantes industrias vinícolas?

2. ¿En cuál industria destacan Noruega y Suecia? Di el nombre de otros dos países importantes en la misma industria.

Utiliza los datos de Alfabetismo del cuadro 7.5 y elabora un mapa con ellos. Usa color rojo para los países que han alcanzado 100 %; color verde para los que tienen de 99 % a 95 % y color amarillo para los de 94 % a 85 %.

Usa los datos de Mortandad Infantil del mismo cuadro y elabora una gráfica con los diez países que tienen menor Índice. Compara esta gráfica con la de otros continentes.

Junto con tus compañeros de equipo, elabora una síntesis que comprenda los temas siguientes. Se sugiere que cada miembro del equipo desarrolle uno de ellos:

1. Las cuatro grandes regiones en que se divide Europa, de acuerdo con sus características geológicas. Principales rasgos orográficos de cada región.

2. Características generales de los ríos europeos su utilización en el regadío y como vías de comunicación y corrientes principales.

3. Las zonas climáticas características y distribución.

4. Las regiones naturales.

5. Principales cambios realizados por el hombre en el medio geográfico.

6. Localización de los países europeos rasgos principales países más extensos. Causas que influyen en la distribución de la población países de mayor población absoluta y de mayor densidad de población.

7. Actividades predominantes y recursos naturales.

8. Finalmente elaboren un mapa conceptual que les sirva como guía para el estudio de los principales aspectos de cada tema de la unidad. Observen el ejemplo:

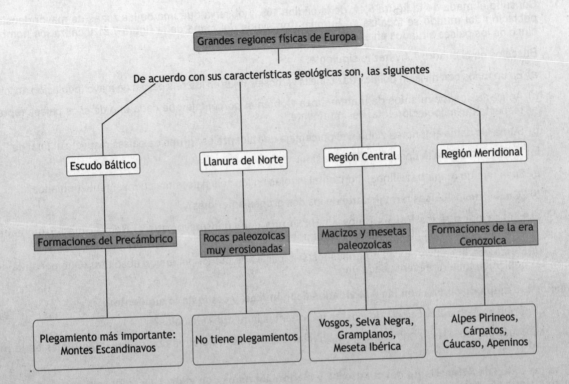

Completa los datos que contiene el mapa conceptual con una síntesis de otros aspectos de las regiones anteriores.

Unidad

Asia

Asia tiene un territorio aproximadamente cuatro veces más extenso que el de Europa, con vastas llanuras y algunas de las mesetas y cordilleras más elevadas del mundo. Numerosos ríos descienden por sus montañas recorriendo sus llanuras varios cientos de kilómetros. En los márgenes y desembocaduras de algunos de esos ríos, entre otros el Ganges, el Hoang Ho, el Yang tse Kiang y el Mekong, se encuentran importantes núcleos de población.

Su amplia variedad de climas comprende desde el tropical cálido húmedo y los secos estepario y desértico, hasta los fríos de taiga y tundra. Esta diversidad explica su variada producción agrícola y su riqueza forestal. La abundancia de sus recursos minerales ha contribuido al desarrollo industrial de países como Japón, China y Corea del Sur.

La diversidad de características físicas, económicas y sociales de Asia, exige la relación con diversas disciplinas, entre otras: la Geología, la Geomorfología, la Hidrografía, la Climatología, la Demografía y la Economía.

Fig. 8.1. Fotografía del Monte Everest, la montaña más elevada de la Tierra. Se localiza en la Cordillera de los Himalaya.

Fig. 8.2. El macizo de Pamir, región de donde parten las cordilleras de Hindo Kuch, Karakorum y Tian Shan.

Tema I — Características físicas básicas

Ya conoces las principales características de dos continentes: América y Europa. En esta unidad vas a conocer el Continente Asiático, lo cual te permitirá compararlo con los dos anteriores y encontrar sus similitudes y diferencias.

La orografía

El relieve de Asia, como el de los continentes que ya estudiaste, ha sufrido numerosos cambios a través de las eras geológicas y es el resultado de la acción de fuerzas endógenas (del interior de la Tierra) y exógenas (externas). Generalmente se consideran cinco grandes regiones: septentrional, central, del suroeste, meridional y oriental.

Región septentrional. Comprende la vasta llanura siberiana, situada entre los Montes Urales y el curso del Río Yenisei. En esta llanura se encuentran algunos de los más extensos pantanos de la Tierra. Entre los ríos Yenisei y Lena está situado el Escudo Siberiano, comarca constituida por terrenos muy erosionados de la era Paleozoica.

Hacia el noreste existe una serie de cadenas montañosas, entre las que destacan los montes Yablonoy, Stanovoy, Verjoyansk y Kolyma. En el extremo oriental se localiza la montañosa Península de Kamchatka, que forma parte del Cinturón de Fuego del Pacífico, en la que existen numerosos conos volcánicos.

Región central. Tiene un relieve complicado en el que predominan cordilleras que alternan con mesetas de gran elevación. Entre las cordilleras más notables se encuentran los montes Hindo Kuch, Karakorum, Himalaya (fig. 8.1), Kuenlún y Tian Shan. En los Himalaya se localiza el Monte Everest, el de mayor altura del planeta (8848 m). En el mapa de la figura 8.5 están indicadas esas cadenas montañosas y las mesetas de Pamir, Tíbet y Mongolia. La de Tíbet es la más elevada de la Tierra.

Una extensa y seca llanura, la de Turquestán, se localiza al este del Mar Caspio. La Meseta de Pamir (fig. 8.2) separa a está región del Desierto de Takla Makan.

Región del suroeste. Comprende las mesetas de Anatolia (Turquía), Siria, Arábiga y de Irán y, además, la fértil llanura de la Mesopotamia, formada por los aluviones depositados durante siglos por los ríos Tigris y Éufrates. En esta última región florecieron en el pasado las culturas babilónica y asiria.

Región meridional. Destacan dos grandes penínsulas: Indostán e Indochina y los archipiélagos de la Sonda y de las Molucas. Indochina se prolonga en la subpenínsula de Malaca.

En la Península del Indostán se distinguen dos regiones: al sur de los Himalaya una fértil llanura, la Indogangética, formada por los aluviones de los ríos Indo, Ganges y Brahmaputra. En su porción meridional se encuentra la Meseta del Decán, flanqueada por dos cordilleras: Ghates orientales y Ghates occidentales.

Al sur del Indostán se localiza la Isla de Sri Lanka (antes Ceylán), cubierta en su interior por montañas poco elevadas.

En las islas de la Sonda destacan las tres de mayores dimensiones: Sumatra, Java y Borneo.

Región oriental. Abarca la extensa llanura China, recorrida por las largas corrientes que conocerás en el tema de ríos y lagos. Comprende, además, la Península de Corea, la Isla de Formosa y dos archipiélagos situados en los límites de la Placa Tectónica del Pacífico y que forman parte del Cinturón de Fuego del Pacífico: el Archipiélago Japonés, integrado por más de 500 islas volcánicas y el Archipiélago de las Filipinas, formado por más de 7000 islas, también de origen volcánico (fig. 8.3).

Fig. 8.3. El Fujiyama, volcán activo de Japón y cumbre más elevada del país, se localiza en la Isla de Honshu, al oeste de Tokio. Una gran parte de la población lo considera una montaña sagrada.

Los ríos y lagos

Ríos. Asia es la porción continental con mayor número de ríos largos y caudalosos (cuadro 8.1). Pueden dividirse en cuatro grandes vertientes: del Ártico, del Pacífico, del Índico y del interior.

Vertiente del Ártico. Destacan cuatro largas corrientes: Obi, Yenisei, Lena y el Kolyma. Los tres primeros nacen en la zona central de montañas y mesetas; el Kolyma en el plegamiento del mismo nombre.

Vertiente del Pacífico. Los ríos de esta vertiente son largos y caudalosos. Entre los más importantes se encuentran: el Amur que forma parte de la frontera entre Rusia y China; el Hoang Ho, o Río Amarillo, segundo en extensión en China y cuyo nombre se debe a las tierras fértiles, de ese color, que deposita en sus márgenes y en su desembocadura; el Yang tse Kiang (fig. 8.4), el más largo de China; el Sikiang, y el Mekong, que nace en el Tíbet y atraviesa el sur de China, Laos, Camboya y Vietnam y desemboca en el Pacífico.

Vertiente del Índico. Sus corrientes son las más caudalosas. Durante la primavera se alimentan de los deshielos de las montañas, y en verano, de las abundantes lluvias monzónicas. En esta última estación, los ríos se desbordan con frecuencia y producen serias inundaciones. Entre las más importantes se encuentran: Indo,

Fig. 8.4. El Río Yang tse Kiang, la corriente principal de China, es utilizada en múltiples formas: en la irrigación, navegación, pesca y producción de energía hidroeléctrica.

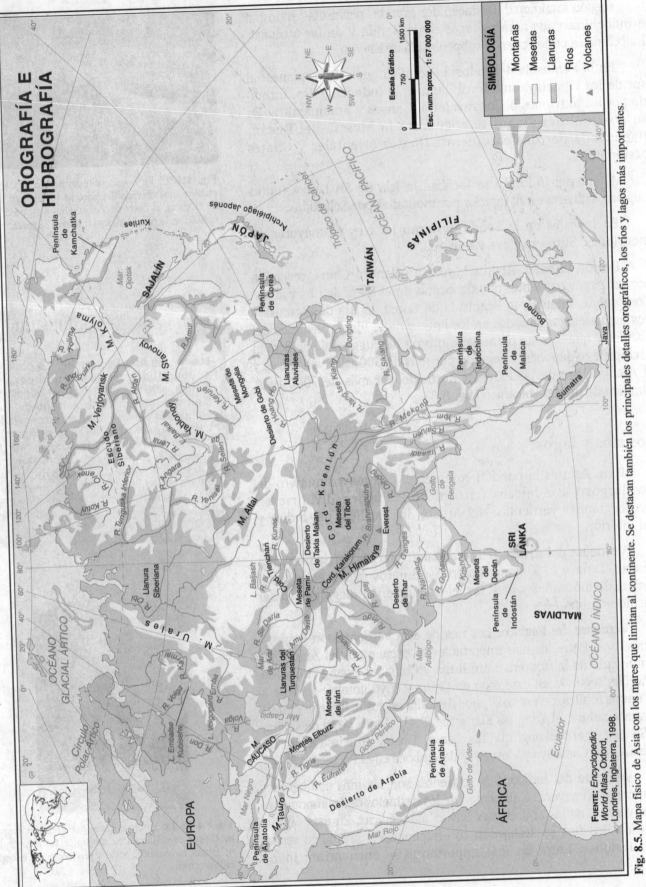

OROGRAFÍA E HIDROGRAFÍA

SIMBOLOGÍA

Montañas
Mesetas
Llanuras
Ríos
▲ Volcanes

Escala Gráfica
0   750   1500 km

Esc. num. aprox. 1: 57 000 000

FUENTE: *Encyclopedic World Atlas*, Oxford, Londres, Inglaterra, 1998.

Fig. 8.5. Mapa físico de Asia con los mares que limitan al continente. Se destacan también los principales detalles orográficos, los ríos y lagos más importantes.

Ganges y Brahmaputra en la Península de Indostán y el Irawadi, en Myanmar.

El Tigris y el Éufrates, como aprendiste en Historia, riegan y fertilizan la llanura de la Mesopotamia y vierten sus aguas en el Golfo Pérsico, que forma parte del Océano Índico.

Vertiente interior. Los ríos de esta vertiente desembocan en el mar Aral. El caudal de algunos es abundante cerca de su nacimiento pero recorren regiones áridas y pierden agua por evaporación, o porque es absorbida por los suelos arenosos. Otra parte de esas aguas es desviada por el hombre para irrigar regiones desérticas. El Amu Daria y el Sir Daria, son ejemplos de estas corrientes.

Lagos. El lago más notable de Asia es el Baikal, es el más grande del continente tiene una superficie de 31 494 km² está congelada varios meses del año. Sus aguas son dulces y debido a su profundidad, alcanza 1743 m, está considerado como el más profundo de la Tierra.

Las zonas climáticas

Debido a su gran extensión, tanto en el sentido de la latitud como el de la longitud, en Asia existe gran diversidad de climas, como puede observarse en el mapa de la figura 8.10, en el que se encuentran indicadas las grandes zonas climáticas de este continente, de acuerdo con la clasificación de Köppen. (Véase cuadro 5.2 de la unidad 5).

Tropical húmedo (Af). Se localiza en las regiones ecuatoriales y en las vecinas a éste, como las Islas de la Sonda, porción occidental de la Península de Indochina, en la Península de Malaca, prolongación de la anterior, y en las Islas Filipinas (fig. 8.6).

Tropical con lluvias en verano (Aw) y con lluvias de monzón (Am). Con abundantes lluvias, en especial las producidas por los vientos monzones que llevan la humedad del mar a las penínsulas de Indostán e Indochina.

Seco estepario (BS). Lluvias escasas. Obsérvese en el mapa de la figura 8.10, que este clima se localiza en extensas porciones del interior de Asia, en las comarcas vecinas a las zonas desérticas.

Seco desértico (BW). Lluvias muy escasas. Hay dos grupos: en los que predominan temperaturas frías (Desierto de Gobi) (fig. 8.7)

Cuadro 8.1.

Ríos asiáticos de mayor longitud

Río	Longitud (km)	Origen
Yang tse Kiang	6276	Meseta del Tíbet
Obi con su afluente Irtysk	3650 / 5411	Montes Altai
Yenisei y su afluente Angara	3487 / 4989	Montañas Sayan
Hoang Ho	4630	Montañas Kuenlun
Lena	4400	Oeste del Lago Baikal
Mekong	4180	Meseta del Tíbet
Amur con su afluente Shika	2824 / 4416	Unión del Shika y el Argun
Kolyma	2513	Montes Kolyma
Ganges	2494	Himalaya

Fuente: *The Oxford Dictionary of the World*, David Munro, Oxford University Press, 1995.

Fig. 8.6. En la Isla de Bali, situada al este de Java, se observa el típico paisaje con predominio de palmeras, característico de los lugares de clima caluroso y húmedo.

Fig. 8.7. Aspecto del extenso Desierto de Gobi. Se localiza en una meseta situada al sur de Mongolia y al norte de China y abarca un área de 1 295 000 km², esto es, 2/3 del territorio de nuestro país.

Fig. 8.8. Aspecto de la taiga siberiana, durante el frío invierno, cuando las nevadas son frecuentes.

¿Sabías que...

Aunque generalmente se piensa en Siberia como una región permanentemente helada donde la vida es muy difícil, estas características corresponden sólo a su porción norte, donde crecen abedules, abetos y alerces, y más al sur se extiende la región de taiga, constituida por los bosques de pinos, robles y abetos más extensos de la Tierra, habitados por numerosos animales de pieles finas y gruesas.

Fig. 8.9. En la extensa zona esteparia de Mongolia y Asia Central, el camello es utilizado en el transporte humano y de mercancías. El camello posee dos jorobas a diferencia del dromedario africano que tiene solo una.

en los que prevalecen las calientes como en la Península Arábiga y en la llanura del Turquestán.

Templado con lluvias predominantes en verano (Cw). Sin verdadero invierno. Predomina en las costas orientales de China, en la Península de Corea y en el sur del Archipiélago Japonés.

Templado con lluvias en invierno (Cs). Semejante al de las costas mediterráneas de Europa. Se localiza en las costas de Israel y Líbano, y en las de la Península de Anatolia sobre el mismo Mar Mediterráneo.

Frío con lluvias en verano (Dw). Noreste de China, centro y norte de Japón, y sur de Siberia.

Frío húmedo de taiga (Df). Predomina en gran parte de Siberia (fig. 8.8).

Polar de tundra (ET) y polar de alta montaña (EB). El primero existe en las costas del Ártico; el de alta montaña en las porciones más elevadas de las Cordilleras del Himalaya, Kuenlún, Altai, Karakorum y otros plegamientos.

Las regiones naturales

La extensión de Asia, tanto en el sentido de latitud, como en el de longitud, da origen a diversidad de climas, suelos e hidrografía y, en consecuencia, a gran variedad de regiones naturales (véanse cuadro 5.3 y fig. 5.29 de la unidad 5).

Selva y bosque tropical. En las regiones de clima tropical Af, las lluvias abundantes determinan la existencia de selva y bosque tropical. En el occidente del Indostán, en la Península de Malaca y en las Islas de la Sonda, crecen numerosas especies de maderas preciosas. Abundan el bambú y las maderas tintóreas. Bejucos, yute y otras plantas que requieren de mucha humedad, crecen en las zonas pantanosas. En la Península de Malaca y en las Islas de la Sonda se obtiene caucho de los árboles de hevea. Monos y diversas aves habitan los árboles. Abundan cocodrilos y otros reptiles, como la cobra y el pitón. Este último alcanza en estas regiones hasta 10 m de longitud.

Sabana. En los lugares de clima Am, el bosque tropical es sustituido por sabanas de altas hierbas y grupos de árboles en los lugares más húmedos. La fauna es abundante: elefantes, tigres de Bengala, leopardos, hienas y zorros, así como numerosos roedores.

Estepa. En los lugares donde predomina el clima BS, como porciones de la Península Arábiga y las mesetas de Irán y Mongolia, crecen hierbas de pequeñas dimensiones que sirven de alimento a camellos (fig. 8.9), (véase fig. 5.30 de la unidad 5).

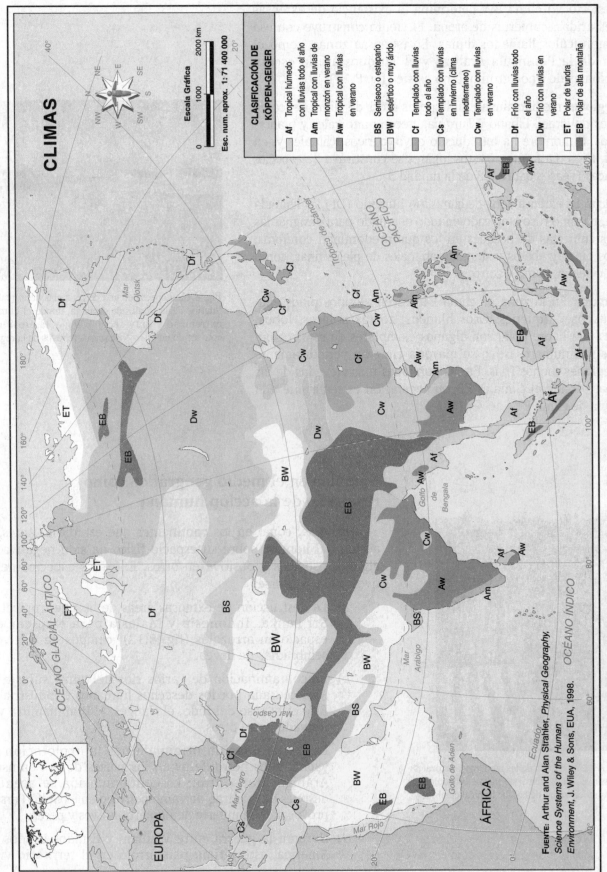

CLIMAS

CLASIFICACIÓN DE KÖPPEN-GEIGER

Af Tropical húmedo con lluvias todo el año

Am Tropical con lluvias de monzón en verano

Aw Tropical con lluvias en verano

BS Semiseco o estepario

BW Desértico o muy árido

Cf Templado con lluvias todo el año

Cs Templado con lluvias en invierno (clima mediterráneo)

Cw Templado con lluvias en verano

Df Frío con lluvias todo el año

Dw Frío con lluvias en verano

ET Polar de tundra

EB Polar de alta montaña

Escala Gráfica

Esc. num. aprox. 1: 71 400 000

FUENTE: Arthur and Alan Strahler, *Physical Geography, Science Systems of the Human Environment,* J. Wiley & Sons, EUA, 1998.

Fig. 8.10. Obsérvese la gran diversidad de climas que se encuentran en este continente, desde el muy caluroso y húmedo de las comarcas del sur y sureste hasta el polar de tundra, en el extremo norte.

Desierto. El clima BW determina la existencia de extensas regiones áridas, cubiertas de arena. El viento construye con esa arena montículos llamados dunas. En extensas zonas, como el interior de la Península Arábiga y el Turquestán, la escasa vegetación es de tipo xerófito, o no existe (fig. 8.11).

Regiones mediterráneas. En la pocas áreas de clima Cs, como las costas de Israel, Líbano y Turquía, crecen matorrales y plantas espinosas. El hombre ha introducido olivo, cítricos, cereales y, en especial, trigo. La fauna de estos lugares se constituye de especies domésticas (véase cuadro 5.3 de la unidad 5).

Taiga. La extensa zona de clima frío húmedo (Df), es llamada de taiga, término ruso empleado en todo el mundo para designar las regiones cubiertas de bosques en los que predominan coníferas, como los pinos y abetos y abundan animales de pieles finas, como armiño, cibelina, marta y zorro.

Tundra. En la zona de clima ET crecen algunos pinos enanos, musgos y líquenes. Osos blancos, zorras polares, lobos, roedores y la liebre polar son algunos ejemplares de esta región. Las aves son numerosas; en su mayoría emigran periódicamente hacia regiones menos frías. En las porciones más elevadas de las montañas, donde el clima es EB, su vegetación es semejante a la de la zona de clima ET.

Fig. 8.11. Aspecto de una de las zonas desérticas del interior de la Península Arábiga, donde el clima es extremoso y muy seco (BW), y la erosión ha convertido en arena los escasos relieves de la región.

Cambios en el medio geográfico como resultado de la acción humana

En Asia, como en los continentes que estudiaste antes, la acción del hombre sobre su espacio físico ha sido negativa en algunos aspectos y positiva en otros. Entre los aspectos negativos pueden citarse:

a) La destrucción de extensas áreas de bosque tropical en Sri Lanka, Indonesia y Malasia para emplear ese espacio en arrozales (fig. 8.12), campos de cultivo y sembradíos de hevea.

b) La contaminación de varios ríos del sur y sureste de Asia causada por los desechos humanos e industriales. Este es el caso del Indo, el Ganges, el Brahmaputra y el Irawadi, entre otros.

c) La contaminación originada por la explotación de yacimientos petrolíferos en los países de la Península Arábiga, Iraq e Irán. La contaminación se acentuó después de que Iraq derramó petróleo en el Golfo Pérsico provocando la muerte de numerosas aves y peces.

d) Durante la guerra entre Vietnam y Estados Unidos de América, este último país arrojó en el territorio viet-

Fig. 8.12. Aspecto de uno de los numerosos arrozales de Indonesia. El arroz, cereal de mayor consumo en Asia, ha sustituido zonas de bosque tropical en el sur y sureste de Asia.

namita bombas con sustancias químicas que destruyeron extensas áreas de vegetación, impidiendo su regeneración por décadas.

e) Una destrucción todavía mayor ocurrió en las ciudades japonesas de Hiroshima y Nagasaki, donde Estados Unidos de América lanzó bombas atómicas que, además de extinguir la flora y la fauna de esos lugares, produjeron graves enfermedades y la muerte de miles de personas. La radioactividad producida por las bombas perduró varios años y afectó la salud de numerosas personas de todas las edades.

Entre los aspectos positivos pueden mencionarse:

a) El cuidado esmerado que el pueblo japonés tiene en sus bosques, sus ríos, lagos y jardines (fig. 8.13).

b) La transformación de extensas áreas de las zonas desérticas de la llanura de Turquestán, vecina a los mares Caspio y Aral, en zonas de cultivo, utilizando las aguas de los ríos Syr Daria y Amu Daria para irrigar esas tierras.

c) El desarrollo de técnicas de irrigación en Israel, donde se desaliniza agua del mar para regar campos de cultivo.

d) El sistema de riego que utiliza las aguas del Río Don para regar tierras agrícolas de Ucrania.

Fig. 8.13. Japón tiene prestigio internacional por la belleza de sus bosques y jardines atravesados, en numerosos sitios, por puentes, como el de la fotografía, que enlazan las orillas de ríos y arroyos.

Actividades

Observa los mapas de orografía e hidrografía de América, Europa y Asia, y contesta.

1. Si comparas Europa y Asia, ¿cuál de los dos continentes posee, en proporción con su superficie, mayor extensión de llanuras? ¿Cómo influye esta característica en el desarrollo de los grupos humanos?

2. La meseta más elevada de la Tierra es la de Tíbet. Localiza en el mapa las cordilleras que la limitan.

3. Localiza en el mapa el Desierto de Takla Makan. ¿Cuál es el obstáculo para que los vientos monzones que soplan del Índico, no descarguen parte de su humedad en ese desierto?

Obtén deducciones del siguiente ejercicio y contesta.

Consulta el cuadro 8.1 y con los datos de la longitud de los cinco ríos más largos de Asia elabora una gráfica. Observa en el mapa de hidrografía, las regiones que atraviesan. ¿Qué factor físico determina en gran parte la longitud de sus cursos?

Relaciona tus conocimientos de Historia con los geográficos y contesta.

En varios ríos asiáticos se desarrollaron en la Antigüedad importantes civilizaciones. Consulta tus textos de Historia y menciona tres de ellas, y en qué forma influyeron esos ríos en ese desarrollo.

Compara el mapa político con los de climas (fig. 8.10) y regiones naturales (fig. 5.30) y contesta.

1. ¿Qué factor o factores geográficos ha(n) influido en el desarrollo de la industria maderera y la de pieles finas en Siberia?

2. Menciona tres productos vegetales que sean obtenidos en Asia, sólo en la Península de Malaca y en las Islas de la Sonda. ¿Qué factor geográfico es determinante de esa producción?

3. Busca en el mapa de América (fig. 6.18) cuál paralelo que atraviesa la República Mexicana pasa aproximadamente por la mitad de la India. Compara los climas de los dos países y menciona los climas que existen en ambos.

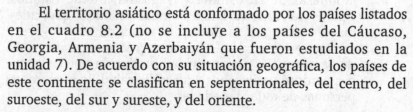

Localización

El territorio asiático está conformado por los países listados en el cuadro 8.2 (no se incluye a los países del Cáucaso, Georgia, Armenia y Azerbaiyán que fueron estudiados en la unidad 7). De acuerdo con su situación geográfica, los países de este continente se clasifican en septentrionales, del centro, del suroeste, del sur y sureste, y del oriente.

Países septentrionales. Asia septentrional es la porción más extensa. Abarca alrededor de 40 % del territorio asiático. Comprende sólo la República de Mongolia y el vasto territorio de Siberia, parte asiática de la República de Rusia, uno de los miembros de la Comunidad de Estados Independientes (CEI). Esta asociación de países ejerce gran influencia en Mongolia, país que comercia casi exclusivamente con las repúblicas de esa comunidad.

En el cuadro 8.2, están anotados los nombres de los países de Asia, de sus capitales, sus superficies, su población absoluta y su densidad.

¿Sabías que...

El ferrocarril más largo del mundo, el Transiberiano, comunica Moscú, capital de Rusia, con Vladivostok, importante puerto del Pacífico. El ferrocarril recorre 9200 km en 9 días y medio con una serie de paradas en las principales ciudades de su recorrido.

Países del centro. Comprende cinco repúblicas de la Comunidad de Estados Independientes; Kazajstán, Kirguistán, Tadjikistán, Turkmenistán y Uzbekistán (fig. 8.14), situados en su mayor parte en la desértica región del Turquestán.

Países del suroeste. La privilegiada situación de esta región le ha permitido servir de contacto y zona de intercambio cultural entre europeos, africanos y asiáticos. En la antigüedad compartieron estas comarcas pueblos y civilizaciones importantes como las que florecieron en la llanura de Mesopotamia y en los actuales Líbano, Siria e Irán. Obsérvese en el mapa de la figura 8.15 y en el cuadro 8.2. que en esta zona se localizan 16 países asiáticos.

Del estudio de los climas se desprende que en la mayoría de los países de esta zona predominan climas desérticos o esteparios, sólo en las regiones costeras y en las vecinas a las zonas montañosas se producen algunas precipitaciones. La escasez de lluvias da lugar a una vegetación pobre, de tipo estepario. En Israel y Líbano, el rocío nocturno proporciona al suelo bastante humedad.

Países del sur y del sureste. Forman parte de este grupo los países de las penínsulas del Indostán, Indochina y Malasia y los de la región insular del sur. Véase en la figura 8.15 y en el

Fig. 8.14. Aspecto de Tashkent, capital de la República de Uzbekistán. La abundancia de edificios importantes indica el desarrollo alcanzado por este país, rico en petróleo, carbón mineral, hierro y otros minerales, base del desarrollo de una importante industria de maquinaria pesada.

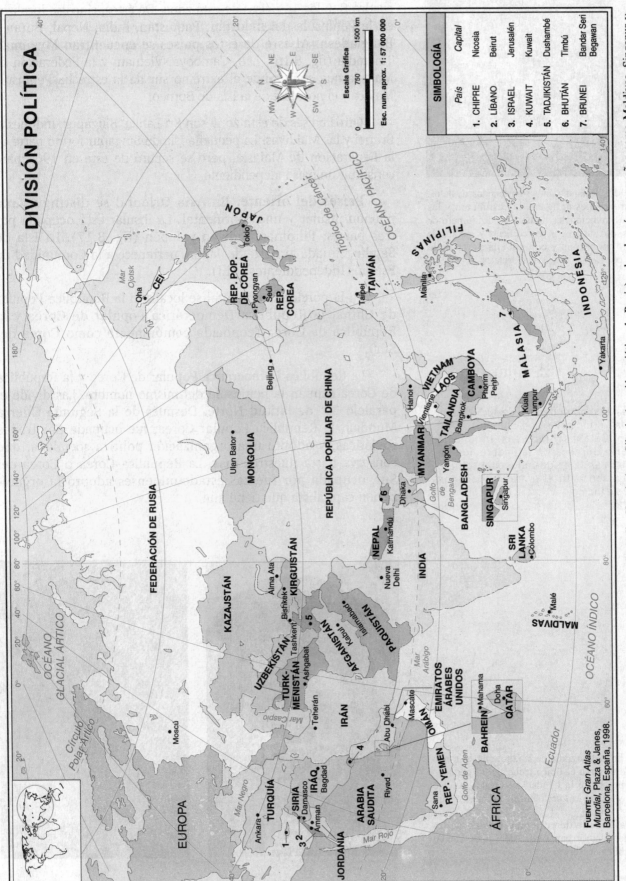

DIVISIÓN POLÍTICA

FUENTE: *Gran Atlas Mundial*, Plaza & Janes, Barcelona, España, 1998.

SIMBOLOGÍA

	País	Capital
1.	CHIPRE	Nicosia
2.	LÍBANO	Beirut
3.	ISRAEL	Jerusalén
4.	KUWAIT	Kuwait
5.	TADJIKISTÁN	Dushambé
6.	BHUTÁN	Timbú
7.	BRUNEI	Bandar Seri Begawan

Escala Gráfica

0   750   1500 km

Esc. num. aprox. 1: 57 000 000

Fig. 8.15. Obsérvese el contraste entre las dimensiones de China, la India, Kazajstán y Siberia (porción asiática de Rusia) y las de países pequeños como Maldivas, Singapur y Bahrein, con superficies inferiores a los 1000 km².

Fig. 8.16. En Tailandia coexisten mundos distintos: las construcciones antiguas, la vestimenta y las costumbres tradicionales de un elevado número de habitantes, contrastan con los edificios y medios de transporte modernos y con aquella parte de la población con formas de vida occidentales.

¿Sabías que...

Indonesia comprende más de 13 500 islas y que las principales son Sumatra, Java, Borneo, Célebes y Molucas. Indonesia comparte Borneo con la Federación de Malasia. Las Islas de Indonesia forman una división natural entre los océanos Pacífico e Índico.

cuadro 8.2, los 16 países de esta zona. De éstos, cinco se localizan en la Península del Indostán: Paquistán, India, Nepal, Bután y Bangladesh. Al este de estos países se encuentran Myanmar, Tailandia (fig. 8.16), Lao, Camboya, Vietnam y la Federación de Malasia que comprende el extremo sur de la estrecha Península Malaca y el noroeste de la Isla de Borneo.

Otros países de esta zona son Sri Lanka, Singapur, Indonesia, Brunei y las Maldivas. La pequeña Isla de Singapur formó parte de la Federación de Malasia, pero se separó de ésta en 1965 para constituir un país independiente.

Países del oriente. En Asia Oriental se distingue una porción insular y una continental. La insular está ocupada por tres países: Filipinas, Taiwán y Japón (fig. 8.17). La Isla de Sajalín, situada al norte de Japón, pertenece a la Comunidad de Estados Independientes (CEI).

En la porción continental se localizan la República Popular de China, la República Democrática Popular de Corea y la República de Corea (conocida comúnmente como Corea del Sur).

La República Democrática Popular de Corea y la República de Corea ocupan la península del mismo nombre. Las divide el paralelo 38° de latitud Norte. Después de la Segunda Guerra Mundial, la República Popular Corea, fue ocupada por tropas soviéticas, y adoptó una organización política socialista, que conserva hasta nuestros días. La República Corea o Corea del Sur, ocupada por fuerzas estadounidenses adoptó la organización capitalista que tiene aún.

Fig. 8.17. En la fotografía de la izquierda, al fondo del arco se observa el típico techo de un pequeño templo japonés de la Ciudad de Osaka, puerto comercial y centro cultural situado hacia el centro de Japón.
La fotografía de la derecha muestra una de las pagodas (templos) más elevadas de Taipei, capital de la República de Taiwán.

Rasgos principales de los países: extensión y población

En los 44 millones de km^2 de la superficie de Asia habitan alrededor de 3670 millones de personas, esto es, más de la mitad de la población total de la Tierra, que es actualmente más 6000 millones de habitantes.

En todas las épocas, la población asiática ha sido elevada, pero en los últimos 50 años ha aumentado en forma notable. El incremento mayor se ha registrado en Asia del Sur y del Sureste, entre otros países en Pakistán, India (fig. 8.18), Bangladesh, Sri Lanka e Indonesia.

La población de Asia está distribuida irregularmente: es escasa en los países con extensas zonas de climas secos como las dos repúblicas de la Comunidad de Estados Independientes, Mongolia, Arabia Saudita y Omán, todos tienen menos de 10 habitantes por km^2 y se acumula en algunos de los países del sur del continente, como Singapur, India, Bangladesh y Maldivas (véase fig. 5.40, pág. 105 de la unidad 5).

En el cuadro 8.2 se encuentran los datos de la extensión, la población absoluta y la densidad de población de los países asiáticos. Sin considerar a Siberia, porción asiática de Rusia, el país más extenso de Asia es la República Popular de China, con una superficie cuatro y media veces mayor que la de nuestro país. En ese territorio habitan alrededor de mil doscientos millones de personas, lo que significa que, de cada 5 habitantes de la Tierra, uno es chino (fig. 8.19).

La India ocupa el segundo lugar en extensión y población. En una superficie mayor de tres millones de km^2 viven más de mil millones de habitantes que se acumulan y forman importantes núcleos de población en los márgenes y deltas de los ríos, en especial del Ganges. Esa elevada densidad demográfica y el predominio de una tecnología agrícola rudimentaria originan que los recursos del país sean insuficientes para alimentar a una población que se incrementa constantemente.

En el cuadro 8.2, encontramos que Kazajstán ocupa el tercer lugar en extensión y le siguen, Indonesia, Irán y Turquía. En lo que se refiere a población absoluta, después de la República Popular de China y la India, se encuentran Indonesia, Paquistán y Japón (fig. 8.20). Si observamos la densidad de población, los resultados son diferentes ya que las densidades mayores se advierten en los países más pequeños, como Singapur, las Maldivas y Bahrein. En el resto del continente, destacan por su elevada densidad Bangladesh, Taiwán, la República de Corea, Japón e India.

Fig. 8.18. Estación en Bombay, segunda ciudad de la India en número de habitantes y puerto de intenso movimiento comercial. Es, además, un importante centro financiero, cultural e industrial.

Fig. 8.19. Plaza de Tiananmen, en Beijing, nombre actual de Pekín, capital de la República Popular de China y el más destacado centro político, cultural, financiero y de comunicación. Sus industrias siderúrgica, textil y química han alcanzado gran desarrollo.

Fig. 8.20. Tokio, capital de Japón, situado en una planicie de la Isla de Honshu es la metrópoli más poblada del mundo. Destaca internacionalmente como centro cultural, gracias a sus más de 100 universidades, numerosos museos, librerías y galerías de arte.

Cuadro 8.2.

Población absoluta y densidad demográfica de los países de Asia (2000)

País	Población absoluta	Densidad de población (hab./km^2)	Capital	Superficie (km^2)
Total continental	3 669 732 000	83.3	—	44 020 000

Países septentrionales

1. Mongolia	2 399 000	1.5	Ulan Bator	1 566 500

Países del suroeste

2. Chipre	673 000	114.1	Nicosia	5 896
3. Turquía	65 667 000	84.2	Ankara	779 452
4. Siria	16 306 000	88.1	Damasco	185 180
5. Líbano	3 563 000	344.0	Beirut	10 400
6. Israel	6 107 000	300.5	Jerusalén	20 320
7. Jordania*	4 982 000	55.8	Amman	88 946
8. Arabia Saudita*	22 024 000	9.8	Riyad	248 000
9. República de Yemen	17 479 000	31.5	Sana	472 099
10. Omán*	2 416 000	7.8	Mascate	309 500
11. Qatar*	599 000	52.4	Doha	11 437
12. Emiratos Árabes Unidos*	3 022 000	36.1	Abu Dhabi	83 600
13. Bahrein*	691 000	995.3	Manama	694
14. Kuwait*	1 984 000	111.3	Kuwait	17 818
15. Iraq	22 676 000	52.1	Bagdad	435 052
16. Irán	62 704 000	38.4	Teherán	1 645 258
17. Afganistán	25 889 000	39.7	Kabul	652 225
18. Brunei*	336 000	58.3	Bandar Seri Begawan	5 765

Países del sur y del sureste

19. Paquistán	141 553 775	177.8	Islamabad	796 095
20. India	1 014 004 000	320.3	Nueva Delhi	3 165 596
21. Nepal*	24 702 000	167.8	Katmandú	147 181
22. Bután*	667 000	14.2	Timbú	47 000
23. Bangladesh	129 194 000	875.5	Dhaka	147 570
24. Myanmar	41 735 000	61.7	Yangón	676 577
25. Tailandia*	62 423 000	121.7	Bangkok	514 000
26. Malasia*	23 260 000	70.5	Kuala Lumpur	330 417
27. Rep. Popular de Lao	5 497 000	23.2	Vientiane	236 800
28. Camboya*	12 371 000	69.5	Pnom Penh	181 196
29. Vietnam	78 774 000	238.0	Hanoi	332 559
30. Indonesia	209 342 000	108.9	Yakarta	1 919 317
31. Singapur	3 278 000	4 967.0	Singapur	5 765
32. Sri Lanka	19 246 000	293.3	Colombo	646
33. Maldivas	285 000	956.4	Malé	65 610
				298

Países del oriente

34. Rep. Popular de China	1 265 207 000	132.2	Beijing	9 572 900
35. Taiwán	22 186 000	613.2	Taipei	36 179
36. Rep. Popular de Corea	21 688 000	176.7	Pyongyang	122 762
37. Rep. de Corea	47 275 000	475.7	Seúl	99 268
38. Japón*	126 920 000	335.9	Tokio	377 835
39. Filipinas	76 320 000	254.3	Manila	300 076

Repúblicas de la Comunidad de Estados Independientes (CEI)

40. Kazajstán	14 914 000	5.5	Alma Ata	2 724 900
41. Kirguistán	4 895 000	24.5	Bishkek	198 500
42. Tadjikistán	6 312 000	44.1	Dushambé	143 100
43. Turkmenistán	4 885 000	10.0	Ashgabat	488 100
44. Uzbekistán	24 756 000	55.3	Tashkent	447 400

* Monarquías.

Fuente: *Enciclopedia Británica*, Libro del año, EUA, 2001.

Actividades económicas y recursos naturales

Agricultura. Debido a la extensión territorial de Asia, a los contrastes de su relieve, hidrografía, clima y población, existe gran diversidad de actividades. Las más generalizadas, como en el resto del mundo, son la agricultura, la ganadería y la pesca (fig. 8.28).

En la mayoría de los países, la agricultura es la actividad principal. En los países del sur y sureste, donde las lluvias monzónicas son abundantes, se cultivan arroz (fig. 8.21), té, yute, sésamo, mijo, cacahuate, "nuez de la India" y gran diversidad de especias. Existen grandes plantaciones de caña de azúcar, café, tabaco, palmera aceitera, té, plátano, otros frutos tropicales y cáñamo. En la India se cultiva un algodón de elevada calidad.

En los países del suroeste, de climas desértico o estepario se practica la agricultura de cereales en las tierras vecinas al mar. En Turquía y Líbano se cultivan algunos cítricos. En Israel, mediante el riego, cereales y verduras para el consumo local. Arabia Saudita, Yemen y otros países de esta zona producen café de primera calidad.

Las repúblicas centrales de la Comunidad de Estados Independientes cultivan con sistemas de riego; trigo, mijo, centeno y cebada.

Ganadería. El país con mayor número de bovinos en el mundo es la India. Se calcula que cuenta con alrededor de 200 millones de bovinos, casi sin valor económico ya que por motivos religiosos se les respeta y no pueden ser sacrificados para consumir su carne, pero se aprovecha su leche.

En la mayoría de los otros países se crían, además, bovinos, cerdos, caballos (fig. 8.22) y animales de granja. La cría de cerdos tiene especial importancia en China y Japón, grandes consumidores de carne de porcino preparada en múltiples formas.

En las regiones de Asia Central, la principal actividad es el pastoreo nómada de ovejas, cabras, camellos y dromedarios. La cría de caballos persiste en Mongolia y las repúblicas de la CEI, aunque en menor grado que en el pasado. El caballo árabe de primera calidad, es objeto de una crianza especial en los países de la Península Arábiga.

Silvicultura. Destacan como países madereros aquellos con extensas zonas de taiga, como Siberia, las dos Coreas, China y Japón. Una séptima parte del territorio de este último está cubierta por hermosos y tupidos bosques. Rusia posee en Siberia la zona de taiga más extensa del mundo, lo que la ha convertido en la primera productora mundial de madera.

En los países de selvas y bosque tropical, como los del sur y sureste, se explotan árboles de maderas preciosas: ébano, en la India y Sri Lanka y la teca en Myanmar, Tailandia e Indonesia. En

Fig. 8.21. El cultivo de arroz es una de las actividades más comunes en los países del sur, sureste y este de Asia.

¿Sabías que...

En la mayoría de los países asiáticos la falta de una eficiente red de comunicación, de sistemas de riego adecuados, de selección de semillas y sistemas modernos de cultivo, dan origen a que su producción agrícola sea insuficiente para satisfacer el consumo interno. Ejemplos de lo anterior son China, Indonesia y la India, donde las cosechas abundantes son insuficientes para alimentar el elevado número de personas que habitan en esos países.

Fig. 8.22. En gran parte de Indonesia sigue utilizándose el caballo como medio de transporte para el hombre y la mercancía.

Fig. 8.23. El importante puerto de Hong Kong, aunque la industria y el comercio son las principales actividades, cientos de barcos y lanchas practican la pesca costera.

Fig. 8.24. Vista de Dubai, uno de los siete miembros de los Emiratos Árabes Unidos, importante productor de petróleo.

este último y en la República de Malasia existen áreas extensas dedicadas a la explotación de la hevea brasiliense.

Pesca. Es una actividad generalizada en Asia, la principal zona pesquera se localiza en los mares próximos a Corea y al Archipiélago Japonés. En el norte, donde el agua es más fría, se obtiene salmón y arenque, y el sur, de agua caliente, bonito y sardina, principalmente. China por el volumen de su pesca (fig. 8.23), que se obtiene en gran parte de las aguas de sus numerosos ríos y de la pesca costera, ocupa el primer lugar en el mundo. Japón y las dos Coreas practican la pesca costera y el primero de alta mar.

Minería. Cuenta con importantes recursos minerales, muchos de los cuales no han sido explotados todavía. En los países del suroeste se encuentran alrededor de la mitad de las reservas petroleras del mundo. El mayor porcentaje del petróleo consumido en la Tierra proviene de Irán, Arabia Saudita, Kuwait, Iraq, Emiratos Árabes Unidos (fig. 8.24) y otros países de la Península Arábiga. También en el norte de Siberia, el Turquestán y en Sinkiang, al noroeste de China, existen yacimientos petrolíferos.

Los yacimientos carboníferos se localizan principalmente en regiones septentrionales, entre otras, el Valle del Lena, cuenca del lago Baikal, y en la región china de Manchuria.

El extenso territorio de China es rico en yacimientos metalúrgicos. Además de sus reservas de hierro, antimonio y manganeso, ocupa el primer lugar mundial en la producción de tungsteno. Los países del sur y sureste, pobres en energéticos, producen, alrededor de 70 % del estaño, metal en cuya explotación destacan Malasia e Indonesia, Tailandia y Myanmar. En lo que respecta al mineral de hierro, además de China, poseen importantes yacimientos la India, la República de Corea y Siberia.

En la producción de cobre destaca Japón; en la de plomo y zinc, Corea; en bauxita, la India y en azufre Japón y Turquía (fig. 8.29).

Industria y comercio. Japón, la República Popular de China y, en menor volumen, Corea del Sur e Israel poseen industrias importantes y variadas. Sin duda, Japón destaca entre esos países; no obstante que carece en su territorio de muchas de las materias primas y energéticos y tiene que importarlos. La base de su desarrollo industrial es su elevada tecnología y una eficiente mano de obra.

Actualmente, Japón cuenta con una industria pesada básica en la producción de barcos, locomotoras y vehículos de motor. Los automóviles, autobuses y motocicletas japoneses, además de la multitud de aparatos electrónicos y herramientas de diverso tipo, son exportados a la mayor parte del mundo (fig. 8.25).

Otra industria asiática, de importancia mundial, es la textil. En la que se utiliza el algodón, destaca la India, y en la de la seda China y Japón ocupan los primeros sitios.

La República Popular de China posee una industria pesada en la región de Manchuria, rica en carbón mineral.

Corea del Sur también ha alcanzado un gran desarrollo industrial, como en la producción de aparatos electrónicos. Todos estos países comercian con el resto del mundo y han firmado un acuerdo de Cooperación Económica con otros países de la Cuenca del Pacífico.

Veintidós de los países con litorales al Pacífico firmaron un acuerdo llamado de Cooperación Económica del Pacífico (APEC con sus siglas en inglés) que tiene, entre otros objetivos, simplificar y, a largo plazo, eliminar las restricciones que obstaculizan el comercio entre sus miembros. México, Estados Unidos, Canadá, Corea del Sur, Japón, China, Taiwán, Filipinas, Australia y Nueva Zelandia son algunos de los miembros. Éstos sostienen anualmente una reunión y se busca, para 2010 poder firmar un Acuerdo de Libre Comercio.

Fig. 8.25. Japón exporta anualmente un elevado número de teléfonos celulares, uno de los productos de su industria electrónica.

Principales indicadores de desarrollo y bienestar

Los indicadores de desarrollo contrastan entre los países industrializados, como Japón, Israel, la República de Corea y otras naciones poco desarrolladas, como Afganistán, Nepal y Camboya. Adviértase en el cuadro 8.3, que Japón ocupa el primer lugar en lo que respecta al ingreso per cápita, esperanza de vida al nacer, y alfabetización. Destaca también por el desarrollo de sus sistemas de transporte (fig. 8.26).

En lo que respecta al ingreso per cápita, a Japón le siguen tres países productores de petróleo: Singapur, Brunei y Kuwait, en los que el elevado ingreso per cápita corresponde sólo a un reducido número de personas y no a la mayoría de la población.

Fig. 8.26. Las comunicaciones terrestres, marítimas y aéreas han alcanzado un elevado nivel en Japón. En la fotografía puede observarse la calidad de sus ferrocarriles, entre los que destaca el famoso tren bala.

En la columna de esperanza de vida al nacer, después de Japón, se encuentran Israel, Chipre, Singapur, Jordania, Kuwait (fig. 8.27), todos países de pequeñas dimensiones donde no es difícil controlar la población.

Japón, Singapur, Chipre, Taiwán, Brunei e Israel, tienen muy baja mortalidad infantil; en alfabetización destacan, después de Japón, la República de Corea, todos los países de la Comunidad de Estados Independientes, Líbano e Israel. En algunos países, como Nepal, Afganistán, Paquistán y Bangladesh existe todavía un elevado analfabetismo.

En el consumo de calorías, véase en el cuadro 8.3 sólo nueve de los 44 países consumen más de 3000 calorías diarias per cápita, y ocho de ellos se ubican en el suroeste asiático.

Fig. 8.27. Planta desaladora instalada en Kuwait, país de pequeñas dimensiones y elevado ingreso per cápita. Esta planta permite al país aumentar sus recursos hidrológicos.

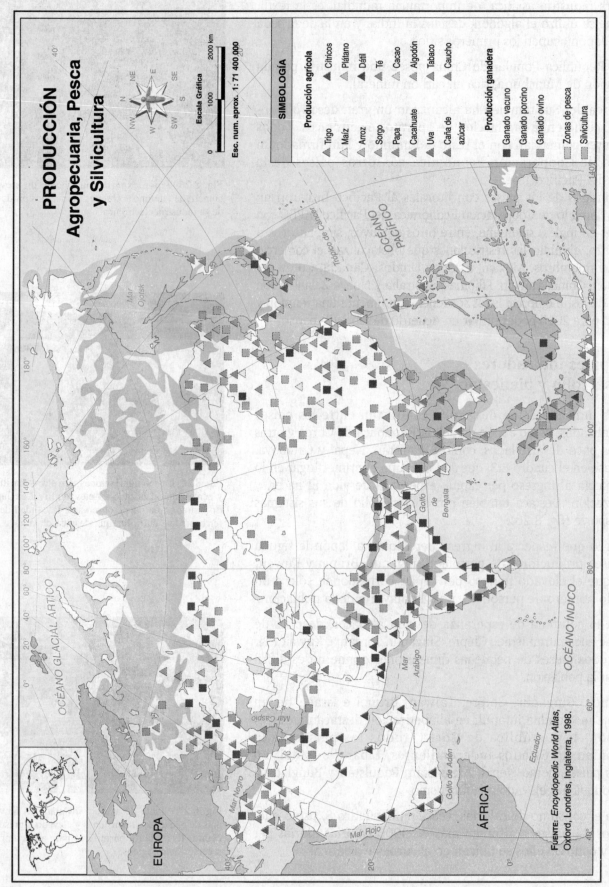

Fig. 8.28. En el extenso territorio asiático son cultivados productos de todos los climas, desde los característicos de los fríos polares hasta los de climas tropicales, cálidos y húmedos.

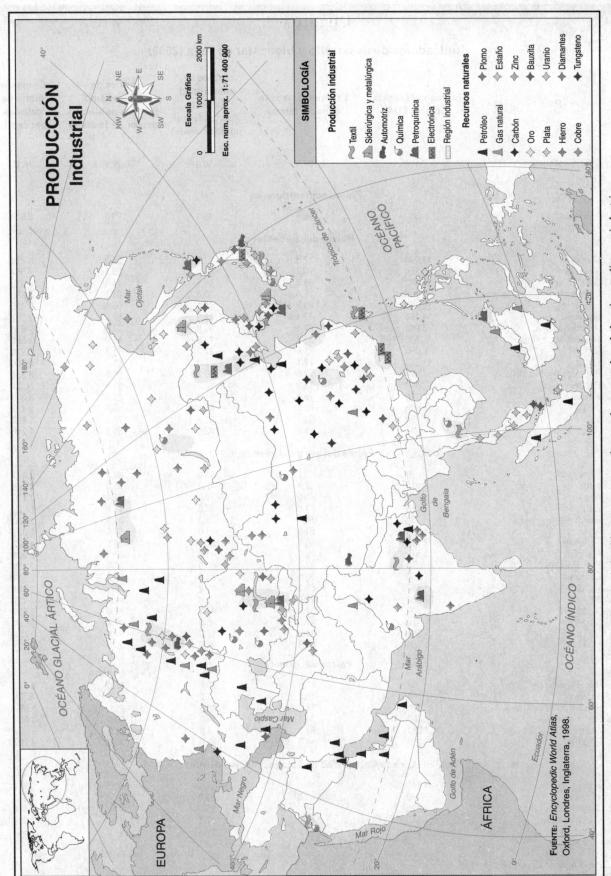

PRODUCCIÓN
Industrial

SIMBOLOGÍA

Producción industrial

- Textil
- Siderúrgica y metalúrgica
- Automotriz
- Química
- Petroquímica
- Electrónica
- Región industrial

Recursos naturales

- Petróleo
- Gas natural
- Carbón
- Oro
- Plata
- Hierro
- Cobre
- Plomo
- Estaño
- Zinc
- Bauxita
- Uranio
- Diamantes
- Tungsteno

Escala Gráfica

0   1000   2000 km

Esc. num. aprox. 1:71 400 000

OCÉANO GLACIAL ÁRTICO

Mar Ojotsk

OCÉANO PACÍFICO

Trópico de Cáncer

Golfo de Bengala

Mar Arábigo

OCÉANO ÍNDICO

Ecuador

Golfo de Adén

Mar Rojo

Mar Negro

Mar Caspio

EUROPA

ÁFRICA

Fuente: *Encyclopedic World Atlas,*
Oxford, Londres, Inglaterra, 1998.

Fig. 8.29. Obsérvese la riqueza de Asia en petróleo, carbón de piedra, hierro y otros metales, productos que han dado origen a diversas industrias.

Cuadro 8.3.

Indicadores de desarrollo y bienestar de Asia (2000)

País	Ingreso pér capita (Dólares EUA)	Esperanza de vida al nacer (años)	Índice de mortalidad infantil (por cada mil nacidos vivos)	Índice de alfabetismo (% de la población mayor de 15 años)	Consumo diario de calorías (pér capita)
Total Continental	2 160	67.4	50.9	72.4	N. D.
Países septentrionales					
1. Mongolia	380	66.5	49.0	99.3	2 010
Países del suroeste					
2. Chipre	11 920	77.5	7.0	96.9	3 474
3. Turquía	3 160	70.7	50.7	85.2	3 554
4. Siria	1 020	68.2	36.1	74.4	3 378
5. Líbano	3 560	71.0	30.4	86.1	3 285
6. Israel	16 180	80.7	8.1	96.1	3 466
7. Jordania	1 150	77.4	33.2	89.8	2 791
8. Arabia Saudita	6 910	67.8	52.9	77.6	2 888
9. República de Yemen	280	59.4	72.2	46.4	2 087
10. Omán	6 050	71.5	24.2	71.3	3 274
11. Qatar	11 570	72.1	23.0	83.1	N. D.
12. Emiratos Árabes Unidos	17 870	73.8	95.2	76.5	3 372
13. Bahrein	7 640	73.2	21.3	87.6	N. D.
14. Kuwait	22 110	75.9	11.9	82.3	3 069
15. Iraq	600	66.5	62.5	58.0	2 419
16. Irán	1 650	69.1	31.3	76.9	2 822
17. Afganistán	250	46.8	143.6	36.3	1 716
Países del sur y del sureste					
18. Paquistán	470	60.7	84.6	43.3	2 447
19. India	440	62.1	72.0	55.8	2 466
20. Nepal	210	58.0	79.0	41.4	2 170
21. Bhután	470	61.5	60.0	47.3	N. D.
22. Bangladesh	350	59.8	73.3	40.8	2 050
23. Myanmar	1 190	61.0	71.0	84.7	2 832
24. Tailandia	2 160	55.1	22.0	95.6	2 472
25. Malasia	3 670	73.0	11.0	87.5	2 901
26. Rep. Popular de Lao	320	54.0	90.0	61.8	2 175
27. Camboya	260	56.5	81.0	65.3	2 078
28. Vietnam	350	69.0	32.2	93.7	2 463
29. Brunei	22 280	76.0	9.0	91.6	2 851
30. Indonesia	640	67.7	43.7	87.0	2 850
31. Singapur	30 170	77.5	5.0	92.4	N. D.
32. Sri Lanka	810	71.6	17.0	91.6	2 314
33. Maldivas	1 130	68.3	47.0	96.3	2 451
Países del oriente					
34. Rep. Popular de China	750	71.0	39.0	85.0	2 972
35. Taiwán	12 280	76.2	7.2	94.0	N. D.
36. Rep. Popular de Corea	570	54.1	82.6	95.0	1 899
37. Rep. de Corea	8 600	74.4	10.0	98.0	3 069
38. Japón	32 350	80.5	3.6	100.0	2 874
39. Filipinas	1 050	69.0	33.0	95.5	2 280
Repúblicas de la Comunidad de Estados Independientes (CEI)					
40. Kazajstán	1 340	68.0	33.0	97.5	2 517
41. Kirguistán	380	68.0	39.0	97.0	2 535
42. Tadjikistán	370	68.0	55.0	99.2	2 176
43. Turkmenistán	640	61.2	73.1	97.7	2 684
44. Uzbekistán	950	64.0	71.6	97.2	2 564

N. D. No hay datos disponibles.

FUENTE: *Enciclopedia Británica*, Libro del año, EUA, 2001.

Ejercicio de selección, identificación y aplicación

Material: Cuadro estadístico de población (8.2) y cuaderno de notas.

1. Elabora en tu cuaderno un cuadro estadístico de dos columnas: una con los nombres de los países y otra con los datos de población de los cinco países más poblados de Asia.

2. Aplica tus conocimientos de Matemáticas y obtén el porcentaje de la población total del continente que representa la población de cada país. Anota esos datos en la segunda columna.

3. Suma los porcentajes de los cinco países y anótalo. ¿Qué porcentaje representa, respecto al total del continente? Anota ese dato al pie de la columna.

4. Compara la densidad media de Asia con la densidad media de Europa. Cambia puntos de vista con tus compañeros de equipo acerca de las causas principales de esa diferencia de datos.

Elaboración de cuadro y registro en cuaderno

Consulta los mapas de producción (págs. 174 y 175), climas (pág. 163) y el de regiones naturales, y elabora un cuadro en el que se incluya a cinco de los países productores de arroz, trigo, algodón, ganado vacuno, ganado porcino, ganado ovino, pesca, petróleo, carbón mineral y aquéllos en los que existen industrias siderúrgica, electrónica y petroquímica.

Interpretación de datos

Compara los cuadros de desarrollo y bienestar de Europa (pág. 154) y de Asia (pág. 176), y contesta:

1. ¿Cuántos países de Europa y cuántos de Asia tienen un ingreso per cápita mayor a 20 mil dólares?

2. ¿Cuántos tienen un índice de alfabetismo superior a 90 %?

3. Elabora una gráfica con los diez países asiáticos con mayor índice de esperanza de vida. Compárala con la de Europa. Haz un mapa con los mismos porcentajes y colores que empleaste en el de Europa y compáralos.

4. Trata de deducir, con el resto del equipo, las causas de esas diferencias.

Consulta los cuadros 7.5 de Europa, 8.3 de Asia y el 6.2 de América para que establezcas comparaciones en los cuadros siguientes:

Ingreso per cápita:

1. ¿Qué países europeos y cuáles asiáticos tienen un ingreso mayor de treinta mil dólares al año? Esos países son los de mayor ingreso per cápita en el mundo. Escribe sus nombres en tu cuaderno.

2. Busca en el cuadro 6.2 de América qué país americano es el de mayor ingreso. Compara ese ingreso con el de los países europeos y asiáticos. ¿Cuántos países europeos lo superan?

3. ¿Cuál es el ingreso menor en cada continente? Cambia puntos de vista con tus compañeros y traten de deducir la razón principal de ese bajo ingreso, en cada caso.

Índice de alfabetismo:

1. En los mismos tres cuadros anteriores observa en cuál continente hay mayor número de países con 100 % de alfabetos.

2. ¿Qué país de Asia y cuál de América tienen los mayores porcentajes de alfabetismo?

3. ¿Cuántos países de América y cuántos de Asia han alcanzado más de 90 % de alfabetización?

4. Busca México en el cuadro de América. ¿Cuál es su porcentaje de alfabetos?

1. Para que comprendas mejor los conocimientos que adquiriste acerca de la orografía e hidrografía de Asia, y para que los organices en forma lógica, elabora, en tu cuaderno, un mapa conceptual que comprenda las principales características de esos dos aspectos del continente.

   Compara tu mapa con los que elaboren tus compañeros de equipo. Añade los datos que consideres necesarios y suprime los poco importantes. Intercambien puntos de vista y elaboren un mapa definitivo para todo el equipo. Como una ayuda para la elaboración del mapa, a continuación encontrarás una sugerencia de la forma como podrías iniciarlo.

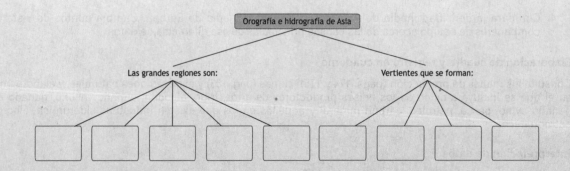

2. En la misma forma anterior, elabora, junto con tus compañeros de equipo, un mapa conceptual de los principales recursos naturales de Asia. Incluye en el mapa las regiones, o países, que destacan en la produción de esos recursos.

Unidad

África

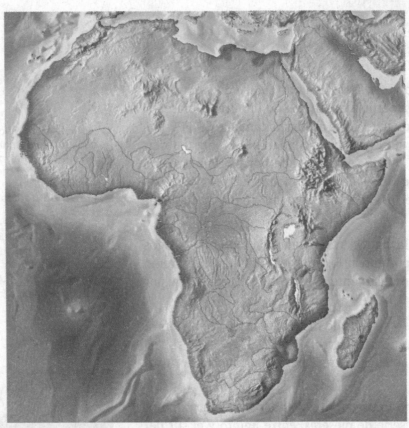

Al hablar de África, es posible que no recordemos la configuración del continente que se aprecia en esta ilustración, pero quizá venga a nuestra memoria con mayor facilidad, la existencia de paisajes caracterizados por una vegetación exuberante en los que destacan animales silvestres y una población social, económica y culturalmente marginada. En realidad, África es un continente de grandes contrastes geográficos y culturales que desde el siglo XIX fue colonizada por los europeos; afortunadamente, esta situación ha ido cambiando en la medida que se han dado luchas de independencia en la mayoría de los países que la conforman. En esta unidad estudiarás sus características físicas y climáticas básicas, sus actividades productivas y sus principales indicadores de desarrollo y bienestar, con el apoyo de ciencias como la Geología, la Geomorfología, la Hidrología, la Climatología, la Biología, la Edofología, la Demografía, la Etnografía, la Lingüística y la Economía, entre otras.

Tema I
Características físicas básicas

¿Cómo es África? Hace millones de años esta parte del mundo estuvo unida a América del Sur, India, Australia y la Antártida en un continente llamado Gondwana que, por el movimiento de las placas tectónicas, se fue desmembrando y modificando hasta alcanzar en los últimos 30 millones de años, su actual forma y posición.

En la actualidad, África se encuentra asentada sobre la Placa Africana y estuvo unida a Europa y Asia, a través de la Península de Sinaí, hasta la apertura del Canal de Suez. De hecho, continúa compartiendo la plataforma continental asiática.

Fig. 9.1. El sistema montañoso del Atlas se extiende, en el noroeste africano de Marruecos a Túnez. En la foto se aprecia una sección que se localiza en el territorio de Argelia.

La orografía

Al analizar el mapa físico de la figura 9.3 se encuentra que la mayor parte de la superficie de África son llanuras y mesetas. Hacia el litoral, cuya longitud es de aproximadamente 30 500 km, es en su mayor parte inhóspita, pues cuando no es baja y desértica, es alta y rocosa, o bien, está ocupada por pantanos, como sucede en el Golfo de Guinea; sólo en pequeñas porciones del noroeste, el este y el oeste se encuentran angostas llanuras costeras.

En el mapa de la figura 9.3, están señalados los rasgos morfológicos más importantes: los montes Atlas en el extremo noroeste, situados paralelamente a la costa, se extienden por más de 2000 km (fig. 9.1).

Hacia el sur, este y sureste de dichos montes, se encuentra el desierto más extenso de la Tierra: el Sahara, en cuya superficie sobresalen los montes Haggar, Tibesti y el Macizo de Air o Azbine (fig. 9.2).

Al sur del desierto destacan dos grandes áreas: la primera representada por una serie de mesetas, entre Egipto y el sur del continente, con altitudes que se encuentran entre 1000 y 1500 m y, la segunda, que comprende la zona centro occidental y norte del continente, en la que predominan relieves, con altitudes comprendidas entre 700 y 1000 metros.

Por último, en la porción sur de África, se encuentra una serie de elevadas mesetas que terminan, en su porción sureste, en los Montes Drakensberg o Montes Dragones, con los que se forma una barrera de más de 3000 m de altura respecto de las tierras bajas de la costa.

¿Sabías que...

Durante la segunda mitad del siglo XIX se construyó el Canal de Suez; su longitud es de 148 km aproximadamente, y comunica al Mar Mediterráneo con el Mar Rojo. Fue construido por el ingeniero francés Fernando de Lesseps e inaugurado en 1869, después de 11 años de iniciadas las obras. En 1956, siendo presidente de Egipto el general Gamal Abdel Nasser, se decretó su nacionalización. Actualmente constituye una importante vía internacional de navegación marítima.

Fig. 9.2. Este macizo se localiza hacia la parte central del Desierto del Sahara. Su altura máxima corresponde al Monte Atakor, que alcanza 3028 m sobre el nivel medio del mar.

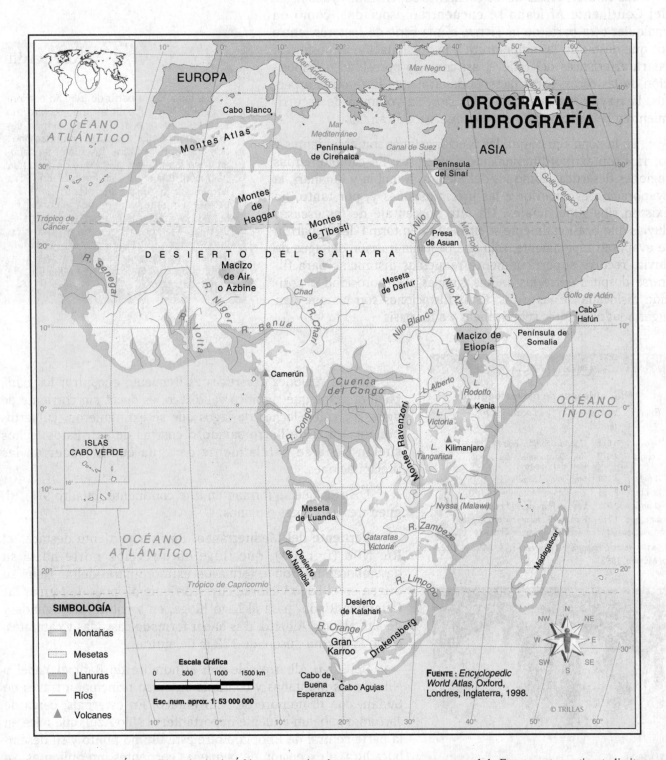

Fig. 9.3. Mapa físico de África. El territorio de África es aproximadamente tres veces mayor que el de Europa; este continente limita con el Estrecho de Gibraltar, a sólo 14 km de la Península Ibérica. No obstante esta cercanía, África era desconocida para los europeos y para los habitantes de otros continentes. Su conocimiento, desde el punto de vista científico, se inició hacia la segunda mitad del siglo XVIII, con fines de colonización.

Los ríos y los lagos

Las características de las corrientes superficiales y los lagos del Continente Africano se encuentran asociadas, como en cualquier otra parte de la Tierra, a una serie de factores, entre los que destacan, la temperatura y la precipitación atmosférica, las características del relieve, así como la porosidad y disposición de las rocas. Estos factores determinan, entre otros aspectos, la trayectoria que siguen los ríos, su volumen de escurrimiento y la capacidad de erosión que éstos alcanzan.

En la zona ecuatorial, las precipitaciones son abundantes y los ríos son extraordinariamente caudalosos. En cambio, en las regiones desérticas como las del Sahara, Namibia y Kalahari, la evaporación es superior a las precipitaciones y, por tanto, no existen ríos superficiales. Un alto porcentaje de las escasas lluvias que ocasionalmente se presentan en forma de chaparrón se evaporan rápidamente; sólo una pequeña fracción del agua de lluvia, recorre superficialmente reducidas distancias para filtrarse después entre las arenas, gracias a la porosidad o posición dislocada de las rocas. Estas filtraciones son las que dan lugar a las corrientes subterráneas y a los oasis.

Cuadro 9.1.

Ríos africanos de mayor longitud

Río	Longitud (km)	Localización
Nilo	6 671	Uganda, Sudán, Egipto
Congo	4 672	Rep. Democrática del Congo, Rep. del Congo
Níger	4 169	Malí, Níger, Nigeria
Zambezi	2 736	Zimbabwe, Mozambique
Orange	2 092	Lesoto, Rep. de Sudáfrica, Namibia
Limpopo	1 770	Rep. de Sudáfrica, Mozambique

FUENTE: *Atlas Geográfico Universal y de México*, Océano, México, 1998.

Fig. 9.4. El Río Nilo, además de ser el de mayor longitud en el mundo, sus aguas se utilizan para la agricultura.

En las regiones desérticas es frecuente encontrar los *uadi*, palabra árabe que significa valle seco, es decir, sin corriente de agua, así como lechos de lagos que se extinguieron, cubiertos por una capa de barro salado o costras de sal. Estos lechos suelen llenarse parcialmente de agua cuando ocurren las precipitaciones.

Los ríos que se forman en este continente (cuadro 9.1), siguen tres vertientes o planos:

Vertiente del Mediterráneo. En esta vertiente destaca el Río Nilo (fig. 9.4), que fluye en dirección norte hasta su desembocadura donde forma un extraordinario delta. Tiene su origen en el Lago Victoria, cuya corriente después de formar las Cataratas Ripón, pasa al Lago Kioga, en territorio de Uganda y de ahí, al Lago Alberto, tras haber formado cascadas y cataratas, como la de Murchison, de 122 m de altura.

Del Lago Alberto sale con el nombre de Bahr el Yebel o Nilo de las Montañas y continúa su curso principal a través de Sudán, con el nombre de Nilo Blanco. En este país, cerca de Jartum, recibe un afluente importante: el Nilo Azul, que nace en la parte central de Etiopía. Entre este último punto y su desembocadura, a excepción de pequeñas corrientes intermitentes, ya no recibe ningún afluente, por lo que al cruzar el extremo noreste del Sahara el caudal disminuye principalmente por evaporación.

Vertiente del Atlántico. En esta vertiente destacan el Río Congo y el Río Níger. El primero nace entre los lagos Tangañica y Malawi y desemboca en las cercanías del puerto fluvial de Matadi, en forma de estuario.

Su cuenca abarca casi el doble de la superficie de nuestro país y se encuentra localizada dentro de la zona ecuatorial de la Tierra; esta situación geográfica le permite captar las torrenciales lluvias de la región y desarrollar un caudaloso sistema fluvial.

El Río Níger tiene su origen en las cumbres de las montañas Fouta Djallón, en los límites con el país llamado Sierra Leona, y desemboca en el Golfo de Guinea formando un delta (fig. 9.5).

La primera parte de su recorrido se realiza en territorio Malí y, aproximadamente hacia los 17° de latitud norte, cambia su dirección hacia el sureste; antes de desembocar se le unen varios afluentes entre los que destaca el Río Benué, a través del cual se puede navegar hasta la zona central africana.

Vertiente del Océano Índico. En esta vertiente destaca el Río Zambeze que nace en territorio de Angola y cruza Zambia y Mozambique antes de llegar al océano. A lo largo de su curso se han formado barrancas y cañones, relieves que de acuerdo con el valor de su pendiente, dan lugar a que el flujo de agua forme rápidos, cascadas y cataratas como las de Victoria (fig. 9.6), las cuales llevan el mismo nombre del lago que da origen al Río Nilo y con el que no guardan relación alguna.

Cuencas interiores. En el mapa físico de África (fig. 9.3) se pueden indentificar algunos ríos que fluyen hacia el interior del continente, donde forman lagos. Entre ellos destacan el Lago Chad en el país del mismo nombre, el Lago Rodolfo, situado al norte de Kenia; Stefania en Etiopía, y Rukwa, en Tanzania. Estos lagos, en general, son poco profundos y de aguas saladas.

Existen otros lagos como el Malawi (Nyassa), el Tangañica y el Victoria, así como otros menores que han pasado a formar parte de los sistemas fluviales a consecuencia de capturas ocasionadas por el efecto erosivo de las propias corrientes, o bien, debido a fenómenos tectónicos que han facilitado su integración, por lo que ahora, estos depósitos lacustres llevan sus aguas hacia alguna de las tres vertientes estudiadas.

Las zonas climáticas

El Ecuador cruza el Continente Africano hacia su parte media y su mayor extensión se ubica, en la zona intertropical de la Tierra. Estas características determinan que las zonas climáticas se distribuyan casi simétricamente al norte y al sur

Fig. 9.5. El Río Níger tiene una longitud de 4187 km y desemboca en forma de delta en el Golfo de Guinea, donde vierte un promedio de 15 000 m^3 de agua por segundo.

Fig. 9.6. Las Cataratas Victoria se forman con aguas del Río Zambeze. Se sitúan cerca de la Ciudad de Livingstone, en territorio de Zambia, limítrofe con Zimbabwe.

Fig. 9.7. En el área montañosa de los Drakensberg, el clima es resultado de la interacción de diversos factores, entre los que se encuentra el relieve.

Fig. 9.8. La vegetación de la selva es exuberante y se desarrolla en diversos niveles. Los árboles alcanzan sesenta metros o más de altura y entre ellos se desarrollan plantas trepadoras que forman una maraña impenetrable.

del Ecuador (véanse cuadro 5.2 y fig. 5.24 de la unidad 5). Exceptuando las zonas montañosas del Atlas, los macizos etíopes y la región de los Drakensberg (fig. 9.7), donde la altitud es un factor determinante, en el resto del territorio, las temperaturas son altas todo el año. De conformidad con la clasificación de Köppen, en África identificamos las siguientes zonas climáticas (véanse cuadro 5.2 y fig. 9.9).

Tropical. Corresponde a la zona intertropical; presenta tres tipos fundamentales de climas: con lluvias abundantes todo el año (Af), tropical con lluvias en verano (Aw) y tropical con lluvias de monzón (Am).

Seca. Presenta dos tipos: seco estepario (BS) al norte y al sur del Ecuador (fig. 9.9) y seco desértico (BW), en el Sahara y Kalahari, entre otras áreas.

Templada. Distinguimos tres tipos: templado con lluvias en invierno (Cs) en los extremos del continente, templado con lluvias de verano (Cw), hacia el norte del Trópico de Capricornio y, templado con lluvias todo el año (Cf), en el extremo del continente (fig. 9.9)

Polar (E). Cumbres de los Montes Atlas, región montañosa de Etiopía y este de África, donde se encuentran las mayores altitudes (fig. 9.9).

Las regiones naturales

Los ecosistemas con características semejantes forman las regiones naturales y es precisamente el nombre de la vegetación predominante el que se utiliza para identificar a cada una de ellas. Las principales regiones naturales son:

Selva siempre verde (bosque tropical perennifolio), de vegetación exuberante localizada en Guinea Ecuatorial, Gabón y la República del Congo, entre otros territorios. Su espesa vegetación que impide prácticamente la penetración de los rayos solares (fig. 9.8); los pequeños grupos humanos que la habitan, lo hacen a la orilla de los ríos, como ocurre en el Río Congo. Esta región se asocia al clima tropical con lluvias todo el año (Af) (véanse cuadro 5.3 y fig. 5.30 de la unidad 5).

Sabana (bosque tropical caducifolio). Se localiza en territorios de Ghana, Zambia, Tanzania y Kenia, entre otros (fig. 9.10). La sabana se desarrolla en un clima tropical con lluvias en verano (Aw) (véase cuadro 5.3 y fig. 5.30 de la unidad 5).

Estepa (bosque espinoso). Se ubica básicamente al norte y al sur de la sabana africana; esta región, asociada al clima seco estepario (BS), se ha desarrollado en parte de los territorios de

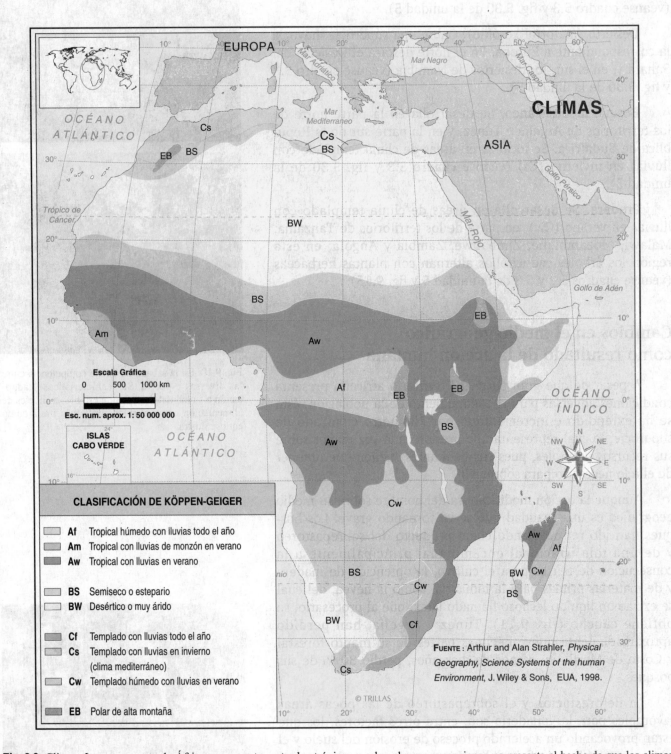

Fig. 9.9. Climas. La mayor parte de África se encuentra entre los trópicos y salvo algunas excepciones, se presenta el hecho de que los climas tanto al norte como al sur del Ecuador son semejantes.

Mauritania, Malí, Níger, Chad, Sudán, Angola y Namibia (véanse cuadro 5.3 y fig. 5.30 de la unidad 5).

Desierto (matorral xerófilo). Cubre una superficie mayor a la correspondiente a Europa. En el norte destaca el Desierto del Sahara y, en el sur, los desiertos de Namibia (véanse cuadro 5.3 y fig. 5.30 de la unidad 5).

Bosque mediterráneo. Se desarrolla en la parte norte de los territorios de Argelia y Túnez, y en la parte sur de la República de Sudáfrica. Se localiza en áreas de clima templado con lluvias en invierno (Cs) (véanse cuadro 5.3 y fig. 5.30 de la unidad 5).

Pradera. Se desarrolla en áreas de clima templado con lluvias en verano (Cw), en parte de los territorios de Tanzania, Malawi, Mozambique, Zimbabwe, Zambia y Angola; en esta región los árboles caducifolios alternan con plantas herbáceas (véanse cuadros 5.2 y 5.3 de la unidad 5 y fig. 9.15).

Cambios en el medio geográfico como resultado de la acción humana

A pesar de que gran parte del territorio africano presenta condiciones adversas para el asentamiento de la población, ésta se ha extendido e incrementado por kilómetro cuadrado de superficie, lo cual representa una presión cada vez mayor sobre sus recursos naturales, pues sus habitantes tienen que obtener de ella lo necesario para sobrevivir.

Aunque la acción modificadora del hombre sobre su medio geográfico es una realidad que se va tornando grave. Los bosques han ido retrocediendo como producto del sobrepastoreo y de una tala irracional encaminada, principalmente a la consecución de tierras para el cultivo, la obtención de madera y de materias primas para la industria, como la hevea, del cual se extrae un líquido lechoso llamado látex, que al procesarlo, se obtiene caucho (fig. 9.11). Túnez y Argelia, han perdido aproximadamente nueve décimas partes de su manto forestal y Costa de Marfil, en menos de diez años, perdió 30 % de sus bosques.

La deforestación y el sobrepastoreo de las pocas áreas favorables para la ganadería son, entre otros factores, los que están provocando un acelerado proceso de erosión del suelo y el incremento de la superficie del desierto.

El impacto sobre la disponibilidad del agua dulce, es también un serio problema. El aumento de la población demanda el suministro de ese líquido vital, en una proporción cada vez más elevada.

Fig. 9.10. En la sabana no existe competencia entre las diversas especies. Sus características y adaptación a su hábitat, les permite establecer niveles de alimentación como el rinoceronte y la jirafa como aquí se ilustra.

Fig. 9.11. El sobrepastoreo en la estepa contribuye a que el Desierto del Sahara en territorio senegalés, avance hacia el sur unos cien metros cada año.

Por otra parte, al crecimiento de los núcleos de población se suma el impacto que el hombre ejerce sobre su ambiente. La mancha urbana se ha ido extendiendo con gran rapidez y la contaminación del agua, el suelo y el aire se va haciendo cada vez más notoria. Tal es el caso de Dakar, población de pescadores a orillas del océano Atlántico, que convertida en capital de Senegal, registró en su área metropolitana 1 869 323 habitantes en 1994, y algo semejante ocurrió en Abidjan, Kampala, Nairobi y Kinshasa, entre otras ciudades, que han cuadruplicado su población en menos de diez años.

Si a esta situación agregamos la pobreza que guarda la mayor parte de los países africanos en desarrollo, se entenderá más fácilmente la difícil situación que enfrentan. La falta de recursos en las zonas rurales es generalizada y los niveles de educación y atención de los servicios públicos, son bajos y deficientes. No obstante, los diversos países de esta parte del mundo, luchan intensamente por mejorar su infraestructura económica, por elevar la calidad de la educación que recibe el pueblo y por explotar los recursos naturales de que disponen de una manera racional.

¿Sabías que...

El Desierto del Sáhara avanza hacia el sur con las consecuencias que implica para el hombre, la influencia de los climas seco estepario y seco desértico. El Sahara y la zona de transición sahariano-saheliana se ampliaron de 8 633 000 km^2 en 1980, a 9 269 000 km^2 en 1990.

Actividades

Para consultar y comentar en equipo

Material: texto y cuaderno de notas.

Intégrate a un equipo de trabajo y nombren un moderador. Bajo su conducción, analicen y comparen las principales características físicas de América, Europa y Asia, con las que presenta África. Para el efecto, revisen su texto y precisen las principales sierras, cordilleras o montañas, los ríos más importantes y los climas predominantes. Comenten las diferencias y registren sus comentarios en función de las ventajas o desventajas que en términos generales presenta África para el desarrollo de sus habitantes. Para el efecto, utilicen como sugerencia el siguiente cuadro; cópienlo en su cuaderno y registren los datos que se piden después de haber realizado una actividad por consenso.

Continente	Relieve	Río	Clima	Comentarios
América				
Europa				
Asia				
África				

Para reflexionar y opinar

Material: Texto.

Analicen todos los cambios originados en el medio geográfico de África, como producto de la acción humana. Precisen si dichos cambios han sido positivos o negativos; fundamenten sus puntos de vista. Comenten sus conclusiones en clase.

Localización. Rasgos principales de los países: extensión y población

¿Cuáles son los principales rasgos de la organización política de África? para facilitar su estudio, se le divide en cinco regiones: Septentrional, Occidental, Central, Oriental y Meridional (fig. 9.15).

África Septentrional. Los países que la integran son: Marruecos, Argelia (fig. 9.12), Túnez, Libia y Egipto (figs. 9.13 y 9.15). En el cuadro 9.2 encontramos los nombres de estos países y de los demás que integran este continente, su superficie, capital, población absoluta y relativa.

África Occidental. Se integra por: Mauritania, Senegal, Gambia, Malí, Níger, Nigeria, Benín, Togo, Ghana, Burkina Faso, Costa de Marfil, Liberia, Sierra Leona, Guinea, Guinea Bissau (fig. 9.15 y cuadro 9.2).

África Central. A esta región corresponden: Chad, Camerún, Rep. Centroafricana, Guinea Ecuatorial, Gabón, República del Congo, (Zaire) y Angola (fig. 9.15 y cuadro 9.2).

África Oriental. Los países que la integran son Sudán, Etiopía, Djibouti, Somalia, Uganda, Kenia (fig. 9.14), Ruanda, Burundi, Tanzania y Eritrea (fig. 9.15 y cuadro 9.2).

África Meridional. A esta zona corresponden Zambia, Malawi, Mozambique, Namibia, Botswana, Zimbabwe, Swazilandia, Lesotho y Sudáfrica (fig. 9.15 y cuadro 9.2).

A los países del área continental se agregan los de la zona insular: Cabo Verde, Santo Tomé y Príncipe, en el Atlántico; Seychelles, Comoras, Mauricio y Madagascar, en el Índico (fig. 9.15 y cuadro 9.2).

La densidad de población, según se advierte en el cuadro 9.2, es baja comparada con Europa (véase fig. 5.41). Esto se debe, entre otros aspectos, a la influencia de factores físicos, como el clima, la naturaleza del suelo y la hidrología.

Su organización política, resultado de la emancipación de las antiguas colonias, está representada por gobiernos republicanos; sólo Marruecos, Swazilandia y Lesotho, son monarquías. Frente a esta realidad, el desarrollo de sus habitantes es heterogéneo; aun cuando existen matices de un país a otro o de una etnia a otra, el norte de África, según informe de la Cumbre Euro-Mediterránea de 1995, está mejor estructurado, en tanto que al sur del Sáhara, las luchas tribales son frecuentes y la pobreza y la marginación es mayor.

Fig. 9.12. Vista panorámica de Argel, nombre de la capital de Argelia y del principal puerto del Mediterráneo, situado en la costa noroeste de África.

Fig. 9.13. El Cairo, capital de Egipto, cuenta en la actualidad con una población superior a 10 millones de habitantes. A orillas del Río Nilo, esta ciudad presenta grandes contrastes entre lo moderno y lo antiguo, entre el lujo de un pequeño sector y la extraordinaria pobreza de la mayoría.

Fig. 9.14. Nairobi, capital de Kenia, es el centro económico y cultural más importante del país y una de las ciudades de África que presenta un acelerado desarrollo; cuenta con una gran zona industrial.

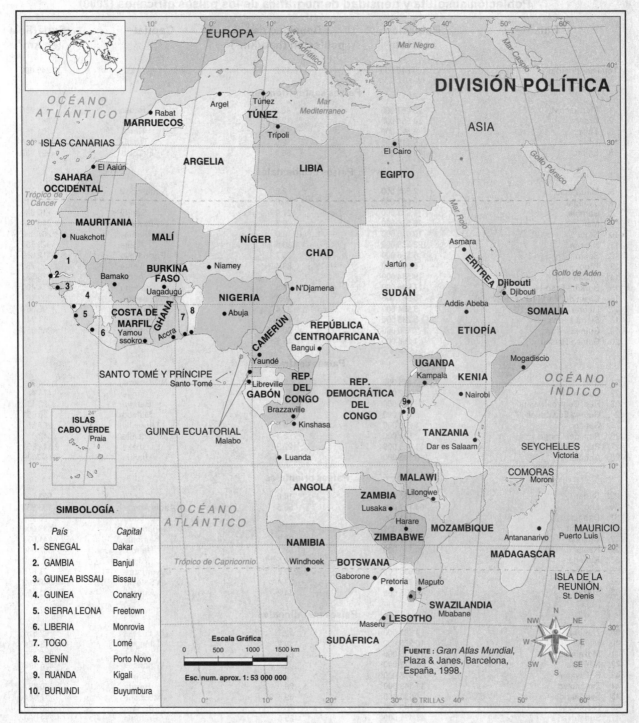

DIVISIÓN POLÍTICA

EUROPA

ASIA

OCÉANO ATLÁNTICO

Mar Adriático

Mar Negro

Mar Caspio

Golfo Pérsico

Mar Mediterráneo

Rabat
MARRUECOS

Argel
Túnez
TÚNEZ
Trípoli

El Cairo

ISLAS CANARIAS

El Aaiún

SAHARA OCCIDENTAL

ARGELIA

LIBIA

EGIPTO

Trópico de Cáncer

MAURITANIA

Nuakchott

MALÍ

NÍGER

CHAD

Asmara
ERITREA

Jartún

Mar Rojo

Golfo de Adén

Bamako

1
2
3
4
5
6

BURKINA FASO
Uagadugú
Niamey

SUDÁN

Addis Abeba

Djibouti
Djibouti

SOMALIA

NIGERIA
Abuja

N'Djamena

ETIOPÍA

Yamou ssokro
Accra

COSTA DE MARFIL
GHANA
7
8

CAMERÚN
Yaundé

REPÚBLICA CENTROAFRICANA
Bangui

Mogadiscio

OCÉANO ÍNDICO

SANTO TOMÉ Y PRÍNCIPE
Santo Tomé

Libreville
GABÓN

REP. DEL CONGO
Brazzaville

REP. DEMOCRÁTICA DEL CONGO

Kinshasa

UGANDA
Kampala

Nairobi

KENIA

9
10

TANZANIA
Dar es Salaam

SEYCHELLES
Victoria

ISLAS CABO VERDE
Praia

GUINEA ECUATORIAL
Malabo

Luanda

ANGOLA

MALAWI
Lilongwe

ZAMBIA
Lusaka

COMORAS
Moroni

SIMBOLOGÍA

OCÉANO ATLÁNTICO

Harare

MOZAMBIQUE

ZIMBABWE

Antananarivo

MAURICIO
Puerto Luis

NAMIBIA

Trópico de Capricornio

Windhoek

BOTSWANA

MADAGASCAR

ISLA DE LA REUNIÓN
St. Denis

Gaborone
Pretoria
Maputo

SWAZILANDIA
Mbabane

LESOTHO
Maseru

SUDÁFRICA

País	Capital
1. SENEGAL	Dakar
2. GAMBIA	Banjul
3. GUINEA BISSAU	Bissau
4. GUINEA	Conakry
5. SIERRA LEONA	Freetown
6. LIBERIA	Monrovia
7. TOGO	Lomé
8. BENÍN	Porto Novo
9. RUANDA	Kigali
10. BURUNDI	Buyumbura

Escala Gráfica
0   500   1000   1500 km

Esc. num. aprox. 1: 53 000 000

Fuente: *Gran Atlas Mundial*, Plaza & Janes, Barcelona, España, 1998.

© TRILLAS

NW N NE
W E
SW S SE

Fig. 9.15. División política de África. Se encuentra dividida en 53 países, de los cuales, 50 tienen un régimen republicano y sólo tres de ellos están organizados como monarquías. En 1996, la población de África ascendía a 736 241 000 habitantes y el país más poblado era Nigeria con 103 460 000 habitantes (Rep. Democrática del Congo antes Zaire).

Cuadro 9.2.

Población absoluta y densidad demográfica de los países africanos (2000)

País	Población absoluta	Densidad de población (hab/km²)	Capital	Superficie (en km²)
Total continental	800 810 000	13.2	—	30 346 090

Países septentrionales

País	Población absoluta	Densidad de población (hab/km²)	Capital	Superficie (en km²)
1. Marruecos*	29 067 000	40.9	Rabat	458 730
2. Argelia	30 554 000	12.8	Argel	2 381 741
3. Túnez	9 593 000	58.4	Túnez	164 150
4. Libia	5 115 000	2.9	Trípoli	1 757 000
5. Egipto	65 871 000	66.0	El Cairo	997 739

Países occidentales

País	Población absoluta	Densidad de población (hab/km²)	Capital	Superficie (en km²)
6. Mauritania	2 668 000	2.6	Nouakchott	1 030 700
7. Senegal	9 987 000	50.8	Dakar	196 712
8. Gambia	1 367 000	127.9	Banjul	10 689
9. Malí	10 686 000	8.6	Bamako	1 248 574
10. Níger	10 076 000	8.0	Niamey	1 267 000
11. Nigeria	123 338 000	133.5	Abuja	923 768
12. Benín	6 396 000	55.7	Porto Novo	112 680
13. Togo	5 019 000	88.4	Lomé	56 785
14. Ghana	19 534 000	81.9	Accra	238 533
15. Burkina Faso	11 946 000	43.5	Uagadugú	274 400
16. Costa de Marfil (Cotê de'Ivoire)	15 981 000	49.6	Yamoussokro	322 463
17. Liberia	3 164 000	32.4	Monrovia	99 067
18. Sierra Leona	5 233 000	72.9	Freetown	71 740
19. Guinea	7 466 000	30.4	Conakry	245 857
20. Guinea-Bissau	1 286 000	45.7	Bissau	36 125

Países centrales

País	Población absoluta	Densidad de población (hab/km²)	Capital	Superficie (en km²)
21. Chad	8 425 000	6.6	N'Djamena	1 784 000
22. Camerún	15 422 000	32.4	Yaundé	475 442
23. Rep. Centroafricana	3 513 000	5.6	Bangui	622 436
24. Guinea Ecuatorial	474 000	16.9	Malabo	28 051
25. Gabón	1 208 000	4.5	Libreville	267 667
26. Rep. del Congo	2 831 000	8.3	Brazzaville	342 000
27. Rep. D. del Congo	51 965 000	22.2	Kinshasa	2 344 858
28. Angola	10 145 000	8.1	Luanda	1 246 7002

Países orientales

País	Población absoluta	Densidad de población (hab/km²)	Capital	Superficie (en km²)
29. Sudán	35 080 000	14.0	Jartún	503 890
30. Etiopía	64 117 000	56.5	Addis Abeda	1 133 882
31. Djibouti	451 000	19.4	Djibouti	23 200
32. Somalia	7 253 000	11.4	Mogadiscio	637 000
33. Uganda	23 318 000	96.7	Kampala	241 038
34. Kenia	30 340 000	52.1	Nairobi	582 646
35. Ruanda	7 229 000	274.5	Kigali	26 3338
36. Burundi	6 055 000	217.7	Buyumbura	27 816
37. Tanzania	35 306 000	37.4	Dar es Salaam	942 799
38. Eritrea	4 136 000	34.2	Asmara	121 100

Países meridionales

País	Población absoluta	Densidad de población (hab/km²)	Capital	Superficie (en km²)
39. Zambia	9 582 000	12.7	Lusaka	752 614
40. Malawi	10 386 000	110.2	Lilongwe	118 484
41. Mozambique	19 105 000	23.9	Maputo	812 379
42. Namibia	1 771 000	2.1	Windhoek	825 118
43. Botswana	1 576 000	2.7	Gaborone	581 730
44. Zimbabwe	11 343 000	29.0	Harare	390 757
45. Swazilandia*	1 083 000	62.4	Mbabane	17 364
46. Lesotho*	2 143 000	70.6	Maseru	30 355
47. Sudáfrica	43 421 000	35.6	Pretonia	1 219 090

Países insulares

País	Población absoluta	Densidad de población (hab/km²)	Capital	Superficie (en km²)
48. Cabo Verde	401 000	99.4	Praia	4 033
49. Santo Tomé y Príncipe	144 000	143.9	Santo Tomé	1 001
50. Seychelles	81 700	179.6	Victoria	455
51. Comoras	578 000	310.4	Moroni	1 862
52. Mauricio	1 184 000	580.4	Puerto Luis	2 040
53. Madagascar	15 506 000	26.4	Antananarivo	587 041

* Monarquías

FUENTE: *Enciclopedia Británica*, Libro del año, EUA, 2001.

Actividades económicas y recursos naturales

¿Cuál es el desarrollo económico de África? La liberación de África de las cadenas del colonialismo fue realmente tardía; sólo Egipto, Etiopía, Liberia y Sudáfrica, de los 53 países que actualmente conforman esta parte del mundo, eran independientes en 1950.

Sin embargo, los anhelos de libertad de los pueblos oprimidos se lograron entre los años 1955 y 1975, en que la mayoría de las antiguas colonias se independizaron.

Por esta razón, su desarrollo económico presenta, en términos generales, un marcado retraso y su evolución social y política, de hondas raíces colonialistas, se debate en confrontaciones y luchas fratricidas. Las actividades económicas primarias que caracterizan a África son:

Agricultura. El panorama agrícola es poco alentador. La superficie aprovechada para esta actividad corresponde aproximadamente a 12 % de la extensión africana; debe recordarse que de la superficie total, se restan las áreas de desierto, las selvas impenetrables y los suelos degradados. Para el desarrollo de esta actividad, en las tierras restantes se emplea una tecnología muy atrasada que determina un bajo rendimiento (fig. 9.16); a esta situación debe agregarse que sólo 4.5 % del área aprovechada, con baja precipitación, recibe los beneficios de la irrigación.

La excepción a esta situación la representan las áreas que reciben la influencia del capital extranjero, que han dado lugar al desarrollo de plantaciones que destacan en el cultivo de cacao, café y algodón, entre otros.

En la región intertropical destacan los cultivos de maíz, sorgo y mijo, cereales preferidos de los pueblos de la sabana, así como el de la mandioca; los habitantes del bosque tropical, se dedican preferentemente al cultivo de hortalizas. En la zona de clima mediterráneo, extremos norte y sur de la porción continental, destacan los cultivos de invierno del trigo y la cebada, así como la vid, el olivo y los cítricos, limón y naranja, principalmente. En el continente también se cultiva cacahuate y caña de azúcar.

Ganadería. Antes de la colonización, la ganadería no era importante, pues sólo la población nómada de los desiertos y los pastores de las estepas la practicaban. Ahora se ha generalizado, aun cuando se realiza de manera extensiva (ganadería de subsistencia), es decir, sin una tecnología apropiada y aprovechando los grandes espacios abiertos para su crianza (fig. 9.17). En este renglón de la economía destacan la cría del dromedario en África del Norte, la del ganado asnal y mular en las zonas montañosas, y la del ganado bovino, ovino y caprino, en África

Fig. 9.16. Preparación de la tierra para el cultivo por mujeres karamojong, en Uganda. Se trata de una agricultura extensiva, de subsistencia apoyada en un viejo arado tirado por animales.

¿Sabías que...

En África, las granjas y las grandes plantaciones son en su inmensa mayoría propiedad de europeos, y se localizan fundamentalmente en su porción oriental y meridional. En ellas se produce y exporta más de la mitad de la producción mundial de cítricos, tabaco, cacahuate y cacao.

Fig. 9.17. Rebaño de ganado bovino cerca de Yaundé, capital de Camerún. La ganadería es practicada por el grupo étnico de los fulbe en el norte y la mesa central de dicho país.

Meridional, principalmente. En la cría de ganado bovino sobre-salen Etiopía, Sudán, Kenia, Nigeria, Sudáfrica y Madagascar; en ganado ovino, destaca Sudáfrica, país en el que se concentra alrededor de 60 % del total de cabezas de ganado con las que cuenta este continente (fig. 9.18). Finalmente, el ganado caprino, se cría en las tierras áridas y montañosas localizadas en torno al Desierto del Sahara, en territorios de Nigeria, Etiopía, Sudán y Marruecos.

Silvicultura. La explotación de los bosques es otra de las actividades económicas que no ha sido aprovechada suficiente-mente, a pesar de que el continente dispone cerca de 20 % del patrimonio forestal del mundo. Los bosques de la zona ecuatorial del continente, ocupan 25 % de su territorio, y de ellos sólo es explotado 12.6 % (fig. 9.19).

El total de la producción maderable procede de las si-guientes regiones: zonas de selva, 46 %; zonas tropicales, 50 %; y de las áreas montañosas de África Meridional, Oriental y Mediterránea, 4 % restante. Entre los problemas que enfrenta actualmente esta actividad económica, se encuentran: inaccesi-bilidad de los bosques, 65 % de ellos no son económicamente explotables; escasez de mano de obra especializada; empleo de una tecnología primitiva, y falta de medios de comunicación y transporte.

Pesca. La pesca tampoco tiene importancia comercial, excepto en algunas áreas del sur y suroeste, así como en Ma-rruecos; no obstante, la pesca ha resuelto en algunas áreas la falta de proteínas animales en la dieta de la población. Respecto a la pesca en aguas dulces, hay que destacar a Egipto, país que obtiene del Río Nilo, 60 % de la captura total en ríos y lagos de África.

Minería. África, en este aspecto, tiene grandes perspecti-vas; de las reservas mundiales, su territorio cuenta aproximada-mente con 7.5 % de carbón, 8 % de petróleo, 12 % de gas natural, 30 % de uranio, 90 % de cobalto, 20 % de cobre (fig. 9.20), 50 % de oro, 40 % de platino y las principales reservas de diamantes.

En la producción de carbón (hulla), destacan Sudáfrica, Zim-babwe, Botswana, Marruecos, Zambia, Nigeria y Mozambique; en la producción de cobre, República Dem. del Congo, Zambia, Sudá-frica, Namibia, Botswana, Zimbabwe y Marruecos. En la producción de hierro, sobresalen Sudáfrica, Liberia y Mauritania. De la producción mundial, África aporta 36 % de uranio, 38 % de cobre y 38 % de manganeso, entre otros (fig. 9.23).

Industria. Para su estudio se establecen tres niveles:

a) Zonas altamente industrializadas, en las que sobresale Sudáfrica con una industria automotriz, naviera, textil

Fig. 9.18. En esta fotografía se advierte un pastor del reino de Lesotho; al fondo se aprecia el sistema montañoso de los Drakensberg.

Fig. 9.19. Explotación forestal (caoba y ébano) en Gabón. Ésta ha sido por muchos años una de las actividades más importantes de su economía.

Fig. 9.20. La explotación de cobre en Shaba, región de la República Democrática del Congo, se realiza desde antes de la llegada de los europeos, a finales del siglo XIX.

y de celulosa; Marruecos, en la minería, textil y del calzado; y, Egipto, donde prosperan los textiles y las manufacturas.

b) Áreas caracterizadas por el desarrollo de pequeñas industrias urbanas, en torno a las grandes ciudades y puertos comerciales como Kinshasa, Dar es Salaam y Dakar.

c) Las manufacturas caseras, que es el nivel más generalizado. En el mapa de la figura 9.23, se encuentra la distribución geográfica de las actividades económicas del continente.

Comercios, servicios y transporte. Estos rubros tampoco son significativos; una producción económica como la citada ha incrementado la dependencia de muchos países. El comercio de unos cuantos productos básicos de origen agropecuario, silvícola, pesquero y minero, no resuelven la demanda interna y su exportación comparada con el valor de los bienes industriales, combustibles, medicinas y alimentos que deben importarse para suplir carencias, son superiores.

Por otra parte, la falta de mano de obra calificada, y los altos niveles de desempleo hacen de los servicios todo un problema y los transportes, como resultado de todo ello, no integran redes o sistemas que apoyen el desarrollo de esta parte del mundo que, en algunas áreas, se vuelve prácticamente impenetrable, como sucede en las regiones de la selva o del desierto.

Principales indicadores de desarrollo y bienestar

A pesar de las reformas económicas aplicadas, no hay avances; la mayor parte de los países africanos, tienen un ingreso per cápita bajo y sus indicadores de bienestar social y educativo, son negativos; la esperanza de vida al nacer, es de 55.3 años en promedio y el índice de mortalidad infantil, es de 81.6 muertes por cada mil habitantes. El alfabetismo en población mayor de 15 años alcanza tan sólo 58.6 % y el consumo diario de calorías por persona está por debajo de las 2 300 kcal/día recomendadas. Los recursos médicos son insuficientes, y en la última década, enfermedades como el síndrome de inmunodeficiencia adquirida (SIDA) y el cólera, entre otras, han rebasado todo control (fig. 9.22 y cuadro 9.3).

Fig. 9.21. En esta fotografía se aprecia gran parte de Johannesburgo, la ciudad más grande de la República de Sudáfrica, una de las mayores de África. Su población de acuerdo con la información disponible era, en el año 2000, de 1 916 063 habitantes.

¿Sabías que...

La industria en África inicia prácticamente su desarrollo; ya que 80 % de los productos industriales que requiere, los importa principalmente de Europa.

Con excepción de Sudáfrica que cuenta con una estructura económica e industrial fuerte, los demás países africanos tratan de impulsar las industrias extractivas y de transformación, así como las agroindustriales, ganaderas, pesqueras y forestales.

Fig. 9.22. La desnutrición infantil es una de las grandes tragedias que viven muchos pueblos de África y uno de los factores que explica sus altos índices de mortalidad infantil.

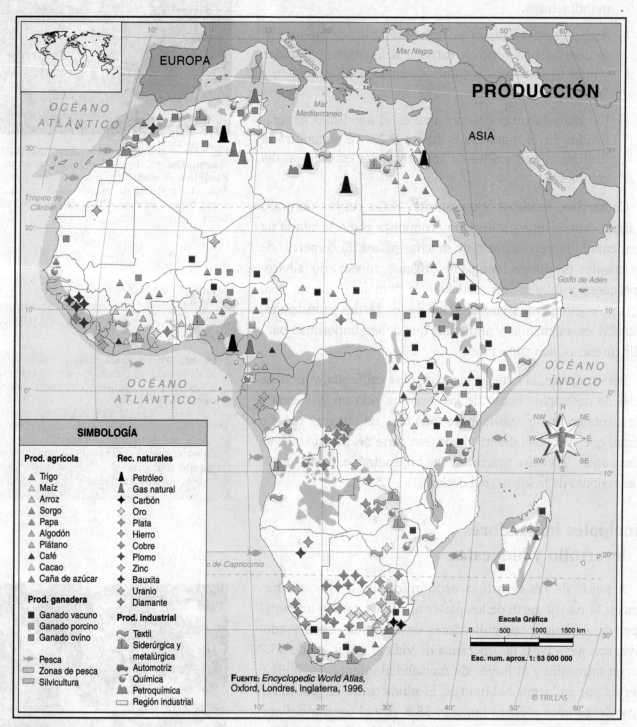

PRODUCCIÓN

SIMBOLOGÍA

Prod. agrícola
△ Trigo
△ Maíz
△ Arroz
△ Sorgo
△ Papa
△ Algodón
△ Plátano
▲ Café
△ Cacao
▲ Caña de azúcar

Prod. ganadera
■ Ganado vacuno
■ Ganado porcino
■ Ganado ovino

⊱ Pesca
▦ Zonas de pesca
▦ Silvicultura

Rec. naturales
▲ Petróleo
▲ Gas natural
✦ Carbón
◇ Oro
◇ Plata
◆ Hierro
◆ Cobre
◇ Plomo
◇ Zinc
◆ Bauxita
◇ Uranio
◆ Diamante

Prod. industrial
〰 Textil
🏭 Siderúrgica y metalúrgica
🚗 Automotriz
⚗ Química
🏭 Petroquímica
▦ Región industrial

Escala Gráfica
0   500   1000   1500 km
Esc. num. aprox. 1: 53 000 000

Fuente: *Encyclopedic World Atlas,* Oxford, Londres, Inglaterra, 1996.

© TRILLAS

Fig. 9.23. Actividades económicas. El atraso de la industrialización de los países africanos tiene su origen en la inestabilidad política, la insuficiencia de capitales, la incipiente mano de obra calificada, la deficiente red de comunicaciones y transportes, entre otros, que en conjunto, han llevado a la mayoría de la población, a niveles de pobreza extrema.

Cuadro 9.3.

Indicadores de desarrollo y bienestar de África (2000)

País	Ingreso pér capita (Dólares EUA)	Esperanza de vida al nacer (años)	Índice de mortalidad infantil (por cada mil nacidos vivos)	Índice de alfabetismo (% de la población mayor de 15 años)	Consumo diario de calorías (pér capita)
Total continental	700	52.1	86.9	55.7	N.D.
Países septentrionales					
1. Marruecos	1 240	68.8	51.6	48.9	3 165
2. Argelia	1 550	69.3	43.8	63.3	3 020
3. Túnez	2 060	73.5	31.4	70.8	3 297
4. Libia	5 540	75.2	24.1	79.8	3 267
5. Egipto	1 290	63.4	62.3	55.3	3 282
Países occidentales					
6. Mauritania	410	50.3	79.6	39.9	2 640
7. Senegal	520	61.8	59.5	37.3	2 277
8. Gambia	340	52.8	80.8	36.5	2 559
9. Malí	250	46.3	125.1	40.3	2 118
10. Níger	200	40.9	126.2	15.7	1 966
11. Nigeria	300	51.9	74.9	64.1	2 882
12. Benín	380	54.1	97.8	37.0	2 571
13. Togo	330	55.1	86.0	57.1	2 513
14. Ghana	390	57.5	58.3	70.2	2 684
15. Burkina Faso	240	46.9	110.3	23.0	2 149
16. Costa de Marfil (Cotê de'Ivoire)	700	46.1	94.2	46.8	2 695
17. Liberia	490	50.6	136.9	53.4	1 979
18. Sierra Leona	140	44.9	150.8	36.3	2 045
19. Guinea	530	46.5	126.3	41.1	2 315
20. Guinea-Bissau	160	48.6	126.3	36.8	2 411
Países centrales					
21. Chad	230	48.6	115.0	53.6	2 171
22. Camerún	620	55.8	72.2	75.4	2 209
23. Rep. Centroafricana	300	47.2	103.4	46.5	2 056
24. Guinea Ecuatorial	1 110	54.4	91.2	83.2	N. D.
25. Gabón	4 170	50.4	83.1	70.8	2 560
26. Rep. del Congo	680	47.6	103.2	80.7	2 241
27. Rep. Dem. del Congo	110	49.5	99.5	77.3	1 701
28. Angola	380	73.5	197.8	41.7	N. D.
29. Sudán	290	56.1	71.0	57.1	2 444
30. Etiopía	100	45.5	102.8	38.7	1 805
31. Djibouti	1 170	50.3	105.2	51.4	1 831
32. Somalia	110	46.3	125.8	24.0	1 531
33. Uganda	310	46.1	95.2	67.3	2 216
34. Kenia	350	48.4	69.6	82.5	1 968
35. Ruanda	230	39.3	120.1	67.0	1 578
36. Burundi	140	46.4	72.3	48.1	1 999
37. Tanzania	220	52.5	82.5	75.2	1 744
38. Eritrea	200	55.4	78.2	20.0	
Países meridionales					
39. Zambia	330	37.3	93.7	78.2	1 950
40. Malawi	210	37.8	123.4	60.3	2 226
41. Mozambique	210	38.5	140.4	43.8	1 911
42. Namibia	1 940	44.1	69.6	82.1	2 107
43. Botswana	3 070	62.5	39.0	77.2	2 153
44. Zimbabwe	620	38.8	62.3	92.7	2 153
45. Swazilandia	1 400	42.0	108.3	79.8	2 503
46. Lesotho	570	53.0	77.6	83.9	2 210
47. Sudáfrica	3 310	53.0	57.1	85.1	2 909
Países insulares					
48. Cabo Verde	1 200	68.7	55.6	73.5	3 099
49. Santo Tomé y Príncipe	270	64.9	52.0	54.2	2 201
50. Seychelles	6 420	70.1	18.2	84.2	2 462
51. Comoras	370	59.6	58.8	56.2	1 850
52. Mauricio	3 730	70.6	18.4	84.3	2 943
53. Madagascar	260	54.5	87.0	80.2	2 001

N. D. No hay datos.

FUENTE: *Enciclopedia Británica*, Libro del año, EUA, 2001.

Para reflexionar y comentar en equipo

Material: Texto y cuaderno de notas.

Reúnete con tu equipo de trabajo y seleccionen los cinco países más extensos y los cinco de menor superficie, y determinen en cada caso, cuál es el valor de la densidad de población, el ingreso per cápita y el consumo de calorías per cápita. Para el efecto, auxíliate de la figura 9.15 y del cuadro 9.2. Comenten la relación que a su juicio existe entre la densidad de población, el ingreso y el consumo de calorías por persona, y los efectos que esto puede tener en el desarrollo económico de esos países; bajo la conducción de su profesor(a), expongan todos sus puntos de vista al grupo.

Para comentar en equipo

Material: Texto y cuaderno de notas.

Bajo la conducción del moderador de tu equipo, lean en su texto la parte correspondiente a las actividades económicas, recursos naturales e indicadores de desarrollo económico, y precisen: ¿Qué relación se establece entre el clima, las regiones naturales, la distribución de la población y el tipo de actividades económicas primarias que predominantemente realizan los habitantes de África? ¿Qué razones se pueden ofrecer para explicar el atraso económico de la mayoría de los países africanos? Asesórense de su profesor(a) y expongan todas sus conclusiones en la clase.

Síntesis de la unidad 9

Prepara la síntesis de esta unidad. Para el efecto, revisa las preguntas-guía que a continuación se incluyen y registra en el cuaderno de notas tus respuestas. Al término del ejercicio, incorpórate a tu equipo y comenten los resultados; en caso de que haya diferencias en las respuestas, establezcan una discusión para unificar criterios y propongan por consenso, la respuesta que consideren correcta. Bajo la conducción de tu profesor(a) presenta tus resultados al grupo.

1. ¿Cuál es la posición geográfica de África con respecto a Europa y Asia? ¿En qué hemisferio se localiza el continente estudiado?

2. ¿Qué características presenta el relieve que predomina en África, si le comparamos con el que identifica la región mediterránea europea? ¿A que se debe? Justifica tus puntos de vista.

3. ¿Cuál de los ríos africanos es el de mayor longitud? ¿En qué parte de África se localiza? ¿Por qué países atraviesa? ¿Dónde desemboca? ¿Qué importancia tiene para los países por los cuales atraviesa?

4. ¿Cómo se distribuyen los climas en el territorio africano a partir del Ecuador? ¿Qué relación guarda el clima con la flora y la fauna que caracteriza a las diferentes regiones naturales?

5. ¿Qué características presenta el desarrollo de las actividades económicas primarias de la mayor parte de los países africanos? ¿Qué países por su desarrollo más avanzado representan la excepción? ¿Qué relación guarda el desarrollo económico con el ingreso per cápita y con los niveles de bienestar de los habitantes de África? Fundamenta tus puntos de vista.

Unidad 10

Oceanía

Oceanía permaneció ignorada por el resto del mundo hasta 1521, cuando Magallanes llegó a las Islas Marianas. De Oceanía se dice que "es un mar punteado por tierras". En efecto, está constituida por más de 10 000 islas esparcidas en el Pacífico, colonizadas por franceses, ingleses y holandeses a partir de su descubrimiento.

Australia, la isla más grande de la Tierra, Nueva Guinea y las dos islas de Nueva Zelandia contrastan por sus dimensiones con el resto de las numerosas islas volcánicas y atolones de sólo algunos km^2 de superficie, que forman parte de Oceanía.

El estudio de Oceanía requiere de la participación transdisciplinaria de las mismas ciencias utilizadas en los continentes anteriores. Son también básicas las relaciones con la Antropología y la Biología. La primera, en lo que se refiere al origen y características de las diversas etnias de este continente, y la Biología, en lo que concierne a la flora y fauna australianas.

Características físicas básicas

Se designa con el nombre de Oceanía al conjunto de islas e islotes esparcidos en las porciones centro y sur del Pacífico, desde Australia hasta la Isla de Pascua, y desde Nueva Zelandia hasta las Islas de Hawaii. La superficie total de las islas de Oceanía es de 8 505 070 km².

El primer hombre europeo que llegó a Oceanía fue Magallanes, en 1521 (fig. 10.1). No obstante que descubrió las Islas Marianas y otras más, estas nuevas tierras no despertaron, durante largo tiempo, el interés de los colonizadores. El holandés Tasman descubrió Tasmania y algunos archipiélagos en el siglo XVII pero fue en el siglo XVIII cuando navegantes ingleses y franceses se lanzaron, en forma intensiva, a la exploración y ocupación de Oceanía.

Oceanía se divide en cuatro grandes regiones: Australasia, Melanesia, Micronesia y Polinesia (fig. 10.2).

Australasia. Comprende las islas más grandes de Oceanía: Australia con una superficie de 7 682 300 km²; Papua Nueva Guinea, 462 840 km², las dos islas principales de Nueva Zelandia que suman 270 534 km² y Tasmania, 68 000 km². La suma de las superficies de estas islas representa 99 % del total del área de Oceanía.

Melanesia (islas de negros). El nombre de esta región situada entre el Ecuador y el Trópico de Capricornio, deriva del color oscuro de la piel de sus habitantes. La Melanesia incluye todas las islas que se encuentran entre Papua Nueva Guinea y el archipiélago de las Fiji. En el mapa de la figura 10.15, pueden localizarse las islas anteriores y otras importantes: las Bismarck, Vanuatu, Salomón y la de Nueva Caledonia.

Micronesia (región de islas pequeñas). La forman alrededor de 1500 islas e islotes de dimensiones pequeñas cuyas superficies sumadas alcanzan sólo 2150 km². Los archipiélagos principales son los de las Marianas, Palaos (o Palau), Carolinas y Marshall (fig. 10.15).

Polinesia (región de muchas islas). Comprende el resto de las islas del Pacífico. A diferencia de los grupos anteriores, cercanos a Asia y Australia, en este grupo se incluyen islas separadas entre sí por enormes distancias como las de Hawaii, las de la Sociedad (entre las que se encuentra Tahití), las Samoa, Cook, Tonga, las Marquesas, la Isla de Naurú y la solitaria de Pascua, que,

Fig. 10.1. Fernando de Magallanes (1480-1521), famoso navegante explorador portugues, descubrió las Islas Marianas y llegó a las Filipinas donde murió durante una batalla con los indígenas del lugar.

¿Sabías que...

Cerca de la Isla de Guam, la más grande de las Marianas (594 km²), el científico francés Jacques Piccard descendió, en 1960, en el batiscafo Trieste hasta una profundidad de 11 034 m. Esta fosa marina, la mayor conocida hasta nuestros días es llamada Fosa de las Marianas.

Fig. 10.2. Islas y archipiélagos que constituyen Oceanía. En el mapa observamos las cuatro grandes regiones en que se divide Oceanía. Adviértase que Australasia está constituida por las islas de mayores dimensiones.

aunque se encuentra a 3700 km al oeste de Chile, forma parte políticamente de ese país (FUENTE: *Enciclopedia Británica*, t. 6, William Publisher Thenew, Chicago, 1994, p. 130).

La orografía

En Australia se distinguen las regiones siguientes:

Al oriente, la Gran Cordillera Divisoria o Cordillera Oriental. Se extiende de norte a sur; se sumerge en el mar y emerge hacia el sureste formando la Isla de Tasmania.

Al centro, una serie de llanuras con altitud inferior a 300 m, que ocupan una tercera parte de la isla.

Al oeste, una extensa meseta, desértica en algunas comarcas y semidesértica en otras, ocupa la mitad restante de la isla (figs. 10.3 y 10.6).

Aunque contiene considerables riquezas minerales está casi deshabitada debido a la extrema sequedad de su clima.

Al noreste la gran barrera de arrecifes constituida por numerosos islotes de coral que constituyen un importante atractivo para el turismo, pero un obstáculo para la navegación.

Nueva Zelandia está formada por dos islas de mayores dimensiones separadas por el Estrecho de Cook, y varias islas pequeñas que suman, en total, 267 844 km².

Las dos islas principales de Nueva Zelandia presentan grandes diferencias: en la del norte existen numerosos volcanes, algunos activos, y abundan las aguas termales y las zonas geiserianas.

En la isla del sur se localizan los Alpes Neozelandeses cubiertos de nieve gran parte del año (fig. 10.4). Extensos glaciares descienden de estas montañas y llegan hasta el mar formando fiordos profundos, semejantes a los de la península escandinava.

Las Islas de Melanesia se formaron en el pasado de una parte del continente asiático que se extendía hasta las actuales Islas Fiji, y que se fragmentó en pedazos de tamaño y forma diferentes. En la mayoría existen cadenas montañosas de poca extensión.

Las Islas de Micronesia son tan pequeñas que la superficie sumada de las 12 mayores es de 2000 km². Se localizan a lo largo de los arcos coralinos de varios atolones. En éstos, el suelo, formado por arena y restos de corales, carece de fertilidad.

Las Islas de Polinesia son porciones de diversa extensión, de cordilleras en parte sumergidas. Las constituyen lavas volcánicas acumuladas desde el fondo del mar y que emergen de las aguas en algunos lugares, formando las islas. En algunas de éstas, la acumulación de esqueletos de animales marinos ha originado la formación de arrecifes coralígenos (fig. 10.5).

Fig. 10.3. Aspecto del desierto de Victoria, en Australia, una de las regiones más inhóspitas de la Tierra, donde pueden no caer precipitaciones durante uno o dos años.

Fig. 10.4. Glaciar de Nueva Zelandia. El descenso de los glaciares de Nueva Zelandia hacia el mar han creado en la isla sur de este país, paisajes semejantes a los de Noruega.

Fig. 10.5. Vista de una de las Islas Cook, archipiélago situado al sur del Ecuador y que forma parte de Polinesia.

Otras islas polinesias forman archipiélagos, como sucede con las Islas Hawaii y las Sociedad. La cercanía entre las islas de estos archipiélagos favoreció la expansión y el contacto posterior de sus habitantes. En los dos archipiélagos predominan rocas volcánicas. En las islas de Hawaii, destacan los volcanes Mauna Loa y Kilauea porque de sus cráteres emergen, casi constantemente y en forma tranquila, lavas que se deslizan por la superficie de la isla y llegan hasta el mar. El espectáculo, especialmente por las noches, es impresionante.

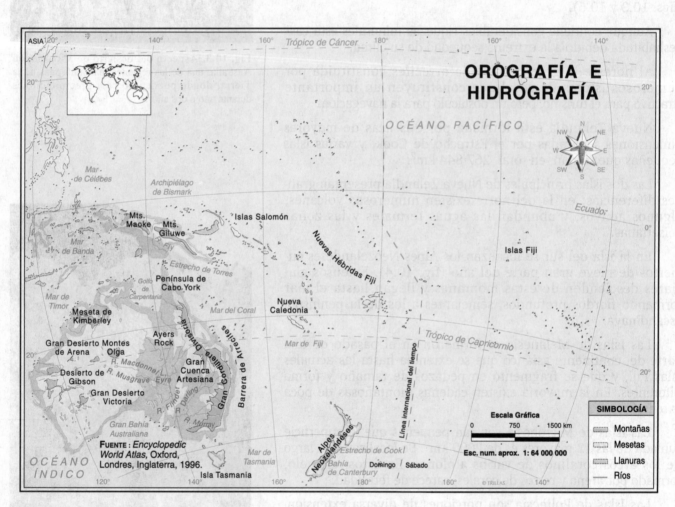

Fig. 10.6. En Australia y Nueva Zelandia están indicadas la Gran Cordillera Divisoria y los Alpes Neozelandeses y en Australia, además, la meseta central, la gran barrera de arrecifes y los ríos principales.

Los ríos y los lagos

En Australia no existen ríos caudalosos debido a la escasez de lluvias (figs. 10.6 y 10.7). Dos corrientes: el Río Murray y su afluente, el Darling, se forman de los deshielos de la Gran Cordillera y desembocan juntos después de regar el sur de la llanura. Cuando llueve, en una de las depresiones, situada a 12 m bajo el nivel del mar, se forma el Lago Eyre. Otro afluente del Murray, es el Victoria.

En las dos islas de Nueva Zelandia existen ríos de caudal abundante pero de corta extensión, debido a la forma alargada de las islas. El más importante de la Isla Norte es el Waikato, río navegable, con una extensión de 434 km. Corre del centro al noroeste, recibe el caudal del Waipa y desemboca en el Mar de Tasmania, formando un amplio estuario.

En la Isla del Sur existen numerosas corrientes de elevado caudal pero de corta extensión. El mayor, el Clutha, recorre 338 km.

En las islas de Melanesia, Micronesia y Polinesia no existen ríos de importancia, debido a su poca extensión. En la cercanía al Ecuador, donde las lluvias son abundantes, las corrientes son permanentes y en aquellos lugares, con una estación seca, el caudal de los ríos aumenta durante el verano y disminuye notablemente en la época de sequía. En la mayoría de las islas existen lagos de pequeñas dimensiones.

Fig. 10.7. La Ciudad de Adelaida, capital de Australia Meridional, fue construida en 1836, a orillas del Río Torrens, del que puede apreciarse una pequeña porción en la fotografía. En el diseño de la ciudad, se planeó una zona comercial hacia el sur, y una residencial hacia el norte.

Las zonas climáticas

Debido a que Australia está cerca del Ecuador, en ninguna de sus comarcas, excepto en las altas montañas, existen climas fríos (fig. 10.8). En las regiones litorales del norte y del noroeste predomina el clima Aw con lluvias en verano. Las lluvias disminuyen hacia el sur, y son escasas y esporádicas en la seca región central, donde predominan los climas estepario (BS) y desértico (BW).

En el suroeste se localiza una pequeña área de clima mediterráneo (Cs). En el sureste, el clima es templado con lluvias abundantes producidas por los vientos húmedos que llegan del mar (Cf).

La latitud de las dos islas mayores de Nueva Zelandia y sus formas alargadas originan que ningún lugar esté, en la línea recta, a más de 120 km del mar y determinan climas templados de influencia oceánica (Cf). En el extremo septentrional de la Isla Norte, la media del mes más frío se mantiene alrededor de los 12 °C y la media del mes más cálido no llega a los 21 °C.

Fig. 10.8. En la Meseta Australiana destaca el relieve de Ayres Rock, relieve precámbrico con una base de 12 km de perímetro, que se eleva, solitario, en el territorio norte australiano.

En el extremo inferior de la Isla del Sur el mes más frío tiene una temperatura media de 5 °C y el más cálido de 14°. En ambas islas las precipitaciones son abundantes y ocurren en el transcurso del año.

Casi la totalidad de las islas de Melanesia, Polinesia y Micronesia se localizan entre el Trópico de Cáncer y el de Capricornio, por tanto, predominan los climas tropicales de dos tipos: Af en las islas cercanas al Ecuador, con lluvias casi todo el año y Am en las vecinas a los trópicos, con lluvias predominantes en verano (figs. 10.9 y 10.10).

La influencia de los vientos alisios, que soplan durante todo el año, y la de los vientos monzones, evita que el calor sea excesivo. Los ciclones tropicales afectan a muchas de estas islas produciendo, en ocasiones, efectos catastróficos.

Fig. 10.9. Tahití, una de las islas del archipiélago de la Sociedad, administrado por Francia, es un centro turístico internacional, debido a la belleza de sus paisajes tropicales.

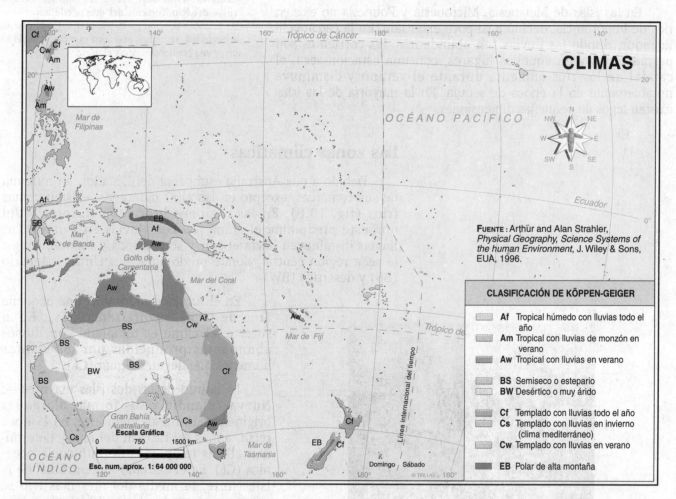

Fig. 10.10. En el mapa se observa el predominio de climas cálidos húmedos en las islas situadas en el Ecuador, o cerca de éste; la gran extensión de la zona esteparia y desértica en Australia y las comarcas de climas templados en esta isla y en las de Nueva Zelandia.

Las regiones naturales

Como en otras partes de la Tierra, las regiones naturales de Australia y del resto de Oceanía están determinadas por los diversos climas, hidrografía y suelos. En las regiones litorales del norte y noreste, donde predomina el clima Aw, existen áreas de bosque tropical y de sabana.

En el cuadro 5.3 y figura 5.30 de la unidad 5 puede observarse que hacia el centro, en las regiones de climas BS, predomina la estepa, favorable para la crianza de ovinos. Ésta rodea al extenso Desierto de Victoria y otras comarcas desérticas de clima BW.

El Desierto de Victoria es considerado como uno de los más inhóspitos del mundo ya que, en ocasiones, no llueve durante uno o dos años.

En el suroeste australiano, en el área de clima mediterráneo, además de vid y cítricos existen bosques de eucalipto, árbol originario de Australia, que alcanza hasta 100 metros de altura y proporciona la mayor parte de la madera empleada en construcción y como combustible. Se ha extendido a varios lugares del resto del mundo donde es utilizado en el saneamiento de regiones pantanosas.

En la fauna originaria de Australia existen algunos especímenes de características especiales, entre ellos el ornitorrinco, el koala y el canguro, especies endémicas de esta isla. El primero tiene características de las aves y de los mamíferos: posee pico y patas semejantes a las de los patos; su cuerpo está cubierto de pelo y las hembras amamantan a sus crías.

El koala, u oso australiano, tiene el tamaño de un gato y es un hábil trepador de árboles (fig. 10.11). El canguro, marsupial que da saltos de más de 3 m de largo, transporta a sus crías en una bolsa que forma parte de su organismo.

En las islas de Melanesia, Micronesia y Polinesia las regiones naturales predominantes son la selva, en las comarcas de clima Af, y el bosque tropical y la sabana en las de clima Aw. La fauna silvestre, perseguida y eliminada casi en su totalidad por los primeros habitantes de estas islas, ha sido sustituida por animales domésticos, en especial cabras y algún ganado vacuno.

Cambios en el medio geográfico como resultado de la acción humana

Las condiciones actuales de los distintos medios geográficos de Australia y Nueva Zelandia son consecuencia directa de la acción humana; las admirables obras realizadas para la conservación, elevación y distribución de las aguas han permitido un notable desarrollo agrícola, ganadero e industrial en regiones en las que la supervivencia de los primeros colonizadores fue en extremo difícil por la aridez del suelo y la escasez de agua.

Fig. 10.11. El koala, mamífero marsupial, fue conocido en el resto del mundo hasta que los primeros colonizadores llegaron a Australia. Actualmente existen ejemplares en los zoológicos de algunos países.

¿Sabías que...

Muchos de los animales encontrados por los primeros colonizadores sólo habitaban en Australia. La mayoría de los terrestres son marsupiales. Además del koala y el canguro, los más conocidos, hay también zorras y ratones marsupiales y una ave corredora, que no vuela, parecida al avestruz: el emú. Ésta constituye un grave peligro para los trigales porque devora el grano y pisotea las plantas con sus enormes patas.

Fig. 10.12. Australia y Nueva Zelandia poseen grandes rebaños de ovejas. Australia es el primer productor mundial de lana.

La fauna característica de Australia fue enriquecida por el colono con ganados ovino, bovino y caballar. Los dos primeros, en especial el ovino, son base de florecientes industrias (fig. 10.12).

Una medida positiva, que por falta de control se volvió negativa, fue la introducción del conejo que alcanzó gran desarrollo y se convirtió en una plaga con la que fue difícil terminar.

La amenaza de la destrucción de la gran barrera coralífera, debido principalmente al vaciado de desechos, fue detenida por leyes que declararon esa zona área natural protegida (fig. 10.13).

Otro aspecto negativo fue la explotación excesiva, por los ingleses, de los fosfatos que la Isla de Nauru poseía en gran cantidad. La notable disminución de este producto dio origen al pago de una compensación económica que la Comisión Británica de Fosfatos pagó a ese país, en 1993.

Fig. 10.13. Uno de los mayores atractivos turísticos de Australia es la extensa barrera de arrecifes situada en la costa noroeste del país.

Actividades

Ejercicio de observación y deducción

Junto con tus compañeros de equipo vas a comparar Oceanía con los cuatro continentes que conociste en páginas anteriores, lo que te ayudará a destacar algunas características principales de este último continente.

1. ¿Qué rasgo esencial en la configuración general de Oceanía lo diferencia de los otros continentes?

2. Consulta el cuadro 5.4 de la unidad 5 y con los datos de la extensión de los cinco continentes elabora una gráfica de barras. Utiliza la siguiente escala: 1 cm = 5 millones de km². Observa la gráfica y contesta: ¿Cuáles son los dos continentes más extensos? ¿Qué lugar ocupa Oceanía, entre los continentes, por su superficie?

3. Compara el mapa hidrográfico de Europa, con el de Oceanía, con el de este último continente. ¿En cuál de los dos existe mayor número de ríos y lagos? ¿Cuál es la causa principal de esta diferencia?

Consulta el mapa de climas de Australia y contesta:

1. ¿Por qué Australia tiene climas diferentes en su porción norte y en la región de su extremo suroeste?

2. ¿Cuál de las dos regiones anteriores consideras más atractiva para vivir? ¿Por qué?

3. Si habitaras en la meseta australiana tendrías que adoptar algunas formas de vida especiales . Menciona dos de ellas.

4. Di los nombre de dos países europeos en los que el clima sea semejante al del extremo suroeste australiano. ¿Qué cultivos de esos países son similares a los de esa región de Australia?

5. ¿Qué característica de las estepas es favorable para la crianza de ganado bovino y vacuno?

Consulta una enciclopedia (Espasa, Sopena, Británica o alguna otra) y escribe una monografía sobre las australoides o los maoríes. La monografía debe comprender:

1. Origen probable.

2. Regiones en las que habita un mayor número.

3. Condiciones actuales de vida.

4. Ilustra tu trabajo con dibujos o fotografías.

Los países de Oceanía

Localización

Los países de Oceanía se localizan hacia el centro y el sur del Pacífico, desde el Trópico de Cáncer, en el norte, hasta el extremo sureste de la Isla Sur de Nueva Zelandia (fig. 10.15).

Mencionamos que los países de Oceanía están distribuidos en cuatro grandes regiones: Australasia, Melanesia, Micronesia y Polinesia.

Aunque numerosos países de Oceanía han logrado su independencia, muchos de ellos conservan ligas políticas con las grandes potencias. Éstos forman parte de la Comunidad de Naciones (CN), organización que reconoce como soberana a la reina Isabel II del Reino Unido.

Aunque Australia, Nueva Zelandia, las Islas Fiji, Papúa Nueva Guinea y las islas Salomón pertenecen a la Comunidad de Naciones, actualmente son en realidad, países independientes y la soberana está representada en ellos, en forma simbólica, por un gobernador general, supervisado por un Consejo Ejecutivo Federal. La cabeza de este Consejo es un Primer Ministro local, quien realmente gobierna al país con ayuda de un parlamento (fig. 10.14).

Australia tiene bajo su dominio una series de islotes de Oceanía que forman en conjunto la Comunidad Australiana.

¿Sabías que...

En siglos anteriores cuatro países europeos, Reino Unido, Francia, Bélgica y Países Bajos, integraron extensos imperios coloniales. El más importante fue el Imperio Británico que abarcó hasta antes de la Primera Guerra Mundial, alrededor de una quinta parte de la población mundial. Después de esa guerra, varios países reclamaron su independencia y los ingleses, se las concedieron pero, para no perder su influencia política en esos países, crearon la Comunidad de Naciones, una asociación integrada por el Reino Unido, cabeza de la Comunidad, y alrededor de 50 países independientes.

Fig. 10.14. La reina Isabel II es la actual monarca del Reino Unido y cabeza simbólica de la Comunidad de Naciones.

Nueva Guinea está dividida entre Indonesia, que controla el oeste de la isla, y Australia, que administra la porción este, denominada Papúa Nueva Guinea.

Kiribati, Nauru, Tuvalu y Vanuatu tienen sus propias cabezas de Estado; los dos primeros países son repúblicas y los otros dos, monarquías. En 1979, Kiribati y Vanuatu firmaron tratados con Estados Unidos de América que autorizan a este último a defender los intereses de ambas naciones. Estados Unidos de América administra, además, el fideicomiso de Micronesia, que incluye las islas Carolinas, Marshall y Marianas; posee el territorio de las Samoa americanas y algunos otros islotes, útiles como bases militares.

Las posesiones francesas, muy disminuidas, incluyen las Islas de la Sociedad, las Marquesas, el Archipiélago de Tuamutu y algunos islotes.

La isla de mayores dimensiones en el Archipiélago de la Sociedad es Tahití, importante centro turístico internacional.

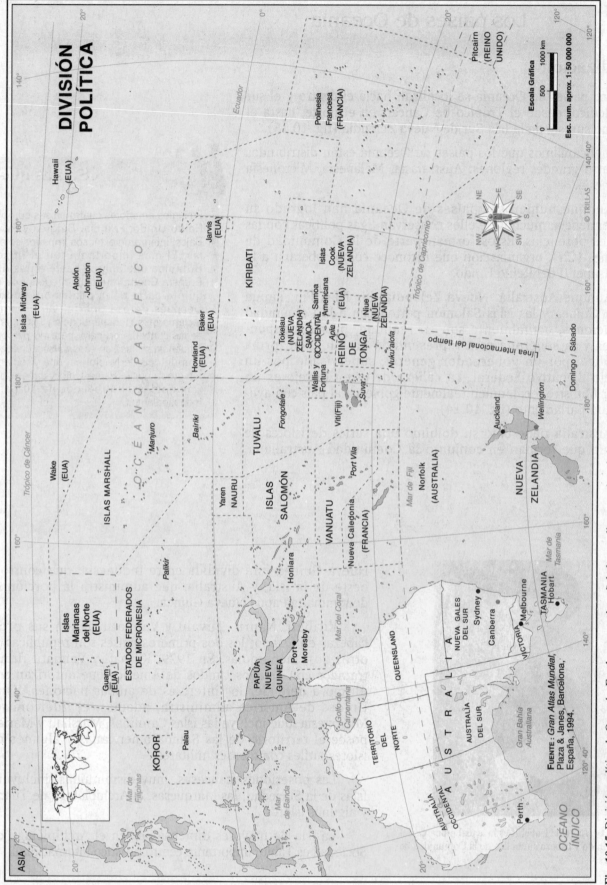

Fig. 10.15. División política de Oceanía. En el mapa están señalados mediante paréntesis los nombres de los países con los que tienen ligas políticas los distintos archipiélagos.

Fig. 10.16. Aspecto de Melbourne, principal puerto y centro financiero, comercial e industrial de Australia y la segunda metrópoli del país, por su extensión. Fue capital de Australia de 1901 a 1927.

¿Sabías que...

Se ignora cuándo dio principio la ocupación de las Islas de Polinesia pero todo parece indicar que se poblaron poco a poco, en el transcurso de los siglos. Hoy sorprende que estos hombres, acompañados de sus familiares y posiblemente de animales domésticos hayan recorrido en sus primitivas embarcaciones las enormes distancias que separan unos archipiélagos de otros.

Fig. 10.17. Wellington, capital de Nueva Zelandia, está situada hacia el suroeste de la Isla Norte.

Rasgos principales de los países: extensión y población

La extensión y la población de las naciones de Oceanía varían notablemente (fig. 10.15). En el cuadro 10.1 se encuentran los nombres de los países independientes, la extensión, densidad de población y población absoluta de cada uno. Obsérvese que los de mayores dimensiones, Australia, Papúa Nueva Guinea y Nueva Zelandia, son también los de mayor población y Nauru, Tuvalu y las Islas Marshall, son los más densamente poblados (véase fig. 5.41 de la unidad 5).

La población total de Oceanía fue, en 2000 de 30 millones de habitantes, esto es, aproximadamente una tercera parte de la de México. De esa cantidad, corresponden a Australia alrededor de 19 millones, a Nueva Zelandia 3.8 millones y a Papúa Nueva Guinea 4.9 millones. El resto está distribuido entre las otras islas (cuadro 10.1).

La mayoría de los habitantes de Australia se concentra en las ciudades de Sydney, Melbourne (fig. 10.16), Brisbane, Perth y Adelaida, todas con más de un millón de habitantes. En Canberra, la capital, la población es de más de 300 000 habitantes.

En los países que forman parte de la Comunidad de Naciones, como Australia, Nueva Zelandia, Tuvalu y Vanatu, entre otras, se habla inglés. Esta misma lengua es la oficial en las Islas Marshall, las Marianas, Wake, Howland y Baker, controladas por Estados Unidos. El francés es el idioma oficial, entre otras islas, en Nueva Caledonia y en la Polinesia Francesa.

Las ciudades principales de Nueva Zelandia, Auckland y Christchurch, tienen una población superior a 300 000 habitantes, Wellington, la capital, tiene alrededor de 200 000 (fig. 10.17). La ciudad más poblada de Papúa Nueva Guinea es Port Moresby, su capital, que cuenta con una población de 200 000 habitantes.

En Oceanía están representados los tres grandes grupos raciales: blanco, amarillo y negro. En Australia, Nueva Zelandia y Tasmania predomina la población blanca que desciende de los diversos grupos de inmigrantes que a partir de 1795 llegaron a esta región. La principal aportación fue de ingleses, a los que siguen holandeses, franceses, italianos y argentinos.

Cuando los primeros europeos llegaron a Australia, la isla estaba habitada por alrededor de 300 000 personas de raza negra y talla corta a las que se le dio el nombre de australoides. Andaban desnudos y carecían de animales domésticos. Sus armas y herramientas eran de piedra o madera, eran nómadas y vivían de la caza y la recolección de frutos y raíces. Con la llegada de los europeos, enfermedades como la viruela, desconocidas para ellos, los diezmaron y a mediados de este siglo quedaban sólo 55 000, número que se ha reducido a 40 000 personas.

Nueva Zelandia es compartida por una población blanca, predominante, y aproximadamente 250 000 maoríes, de origen polinesio. Las condiciones de vida de estos últimos son mejores que las de los aborígenes australianos; han demostrado gran capacidad de adaptación y participan activamente en la vida pública del país.

La población del resto de Oceanía pertenece a dos grupos étnicos, entre los que se han producido numerosas mezclas: el melanesio, de piel muy oscura y rasgos negroides, y el polinesio, de tez más clara y ojos menos oblicuos que los de los chinos y japoneses.

Los polinesios, notables navegantes, poblaron las islas de Polinesia y Micronesia movilizándose en sus embarcaciones estrechas y muy largas, construidas con árboles ahuecados. Su habilidad para la navegación ha hecho pensar a varios antropólogos en la posibilidad de que algunos grupos indígenas de América descienden de habitantes de Oceanía.

¿Sabías que...

Paul Rivet, científico francés, autor de la teoría del origen múltiple de los pueblos americanos, comparó la lengua de varios de ellos, entre otras el chontal, hablado en Tabasco, México; el botacudo, de Brasil, y el *shasta* del noroeste de Estados Unidos de América y encontró más de 200 similitudes, además de gran concordancia en sus raíces. Descubrió, también, notables semejanzas físicas y culturales que permiten suponer que habitantes de Oceanía llegaron a América en el pasado. Otros antropólogos consideran que a la inversa fueron indígenas de América los que llegaron a Oceanía.

Cuadro 10.1

Población absoluta y densidad demográfica de los países de Oceanía (2000)

País	Población absoluta	Densidad de población (hab./km^2)	Capital	Superficie
Total continental	30 773 000	3.6 %	—	8 505 070
1. Australia*	19 798 000	2.5	Canberra	7 682 300
2. Nueva Zelandia*	3 900 000	14.2	Wellington	270 534
3. Fiji	820 000	44.8	Suva	18 272
4. Kiribati	92 000	126.7	Bairiki	811
5. Edos. Federados de Micronesia	120 000	168.2	Palakir	701
6. Nauru**	12 000	557.0	Yaren	21
7. Papúa Nueva Guinea**	4 987 000	10.6	Port Moresby	462 840
8. Palau (Belau)	19 000	38.5	Koror	488
9. Islas Marshall	52 000	285.1	Majuro	181
10. Islas Salomón*	466 000	16.4	Hiniara	28 370
11. Samoa Occidental* (CN)	197 000	63.2	Apia	2 831
12. Reino de Tonga* (CN)	100 000	138.8	Nuku'alofa	750
13. Tuvalu * (CN)	10 000	421.4	Fongafale	24
14. Vanuatu* (CN)	199 000	16.3	Port Vila	12 190

* Monarquía Parlamentaria y el resto República.
** CN: Comunidad de Naciones
FUENTE: *Enciclopedia Británica*, Libro del año, EUA, 2001.

Actividades económicas y recursos naturales

Agricultura. La agricultura ha sido siempre de vital importancia para la economía australiana. En Australia, en las regiones tropicales y húmedas del norte se cultivan arroz, caña de azúcar, algodón y frutas tropicales. En las zonas esteparias se han perforado pozos para obtener agua para el riego y para cultivar forrajes y cereales.

En la zona mediterránea del suroeste se obtienen cítricos, manzanas, otro frutos mediterráneos y una importante cantidad de uva, que ha servido como base de una naciente industria vinícola (fig. 10.18).

En Nueva Zelandia la superficie dedicada a la agricultura es pequeña. En la mayor parte de ella se cultivan nabos, avena, heno y otras plantas forrajeras.

En la mayoría de las otras islas de Oceanía, donde predominan los climas Af y Aw, se cultivan caña de azúcar, café, tabaco, arroz y frutos tropicales, como plátano, piña y coco (fig. 10.19).

Ganadería. La existencia de extensos pastizales ha favorecido el desarrollo ganadero. Los ejemplares de vacunos, ovinos y ganado caballar, llevados a Australia por colonizadores, fueron la base de una próspera ganadería.

En Nueva Zelandia y en el territorio norte de Australia se encuentran importantes rebaños de bovinos dedicados a la producción de carne; en el sureste australiano, se crían vacas productoras de leche, producto básico de importantes industrias; sin embargo, la especialidad de Australia y Nueva Zelandia son las ovejas.

De las ovejas, además de leche, se obtiene carne y lana de excelente calidad que se exporta al resto del mundo. Australia es el país que posee mayor número de cabezas de ovinos y es el primer productor mundial de lana (fig. 10.20).

En otras islas como Papúa Nueva Guinea, Fiji y Tuvalu, la ganadería se practica en forma rudimentaria y sólo para el consumo local.

Pesca. No obstante su calidad en países insulares, la pesca no ha alcanzado gran desarrollo en Oceanía. Con excepción de Australia y Nueva Zelandia, donde se emplean técnicas modernas, en el resto de los países se pesca en forma primitiva y sólo para cubrir las necesidades locales.

Minería. La minería reviste gran importancia en Australia. Las montañas paleozoicas de la Cordillera Divisoria contienen importantes yacimientos de carbón y en la meseta occidental se explotan diversos recursos minerales, entre otros bauxita, cobre, hierro, plomo, uranio y zinc. La obtención de oro, que en el pasado constituyó una importante fuente de ingresos, ha disminuido notablemente.

Fig. 10.18. La vid, cultivada en la región mediterránea de Australia, es la base de una creciente industria vinícola.

Fig. 10.19. Plantación de plátano, planta introducida en Oceanía desde América a finales del siglo XIX.

Fig. 10.20. La crianza de ganado ovino en las grandes haciendas australianas y de Nueva Zelandia constituye una de las principales fuentes de ingresos de ambos países.

Otras islas explotan y exportan algunos recursos minerales: Nueva Caledonia, níquel, cromo, hierro y oro; Papúa Nueva Guinea, oro, plata y cobre, y Vanuatu, manganeso (fig. 10.22).

Industria y comercio. Los yacimientos de carbón y de mineral de hierro alimentan una importante industria siderúrgica y otras productoras de maquinaria de diverso tipo (fig. 10.21). Hay también industrias químicas y de productos alimenticios, derivados del cultivo de trigo y de la leche. Australia y Nueva Zelandia, que en el pasado comerciaban sólo con el Reino Unido y demás países de la Comunidad Británica actualmente forman parte, como países miembros, del acuerdo de cooperación Económica del Pacífico y han ampliado sus mercados, además, al resto del mundo.

Fig. 10.21. Gran central termoeléctrica de Wairaka, en la isla Norte de Nueva Zelandia. En esta isla abundan los volcanes y los géiseres. La energía producida por estos últimos (geotérmica) es utilizada en la industria.

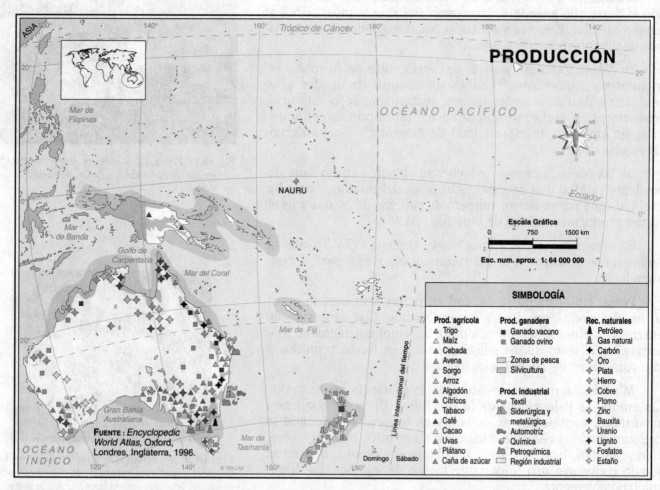

Fig. 10.22. Los signos listados en la acotación indican los productos principales derivados de las diversas actividades practicadas en este continente.

Principales indicadores de desarrollo y bienestar

En el cuadro 10.2 se presentan los países con mayor ingreso per cápita que son Australia, Nueva Zelandia, Nauru, Palau (Belau), Fiji, los Estados Federados de Micronesia, las Islas Marshall y Tonga, todos con un ingreso superior a los 1500 dólares.

Observa también que varios de los países mencionados, excepto Nauru y las Islas Marshall, tienen 60 o más años de esperanza de vida al nacer y sólo en Kiribati, esa esperanza es menor de 60 años, esto es, superior a la de varios países africanos, lo que demuestra un mejoramiento en las condiciones de vida en casi la totalidad de las islas de Oceanía (fig. 10.23).

Sin embargo, la mortalidad es todavía elevada. Obsérvese que sólo Australia y Nueva Zelandia tienen un índice bajo y que, en contraste, ese índice es muy elevado en Papúa Nueva Guinea, Isla Marshall y Kiribati.

En lo que respecta al alfabetismo, los índices más elevados corresponden a Nueva Zelandia, Samoa Occidental, Australia, Nauru, Palau y Tuvalu.

Fig. 10.23. Grupo de habitantes de Papúa Nueva Guinea, país situado en la mitad oriental de la Isla de Nueva Guinea, portando las ropas típicas usadas en ceremonias religiosas.

Cuadro 10.2

Indicadores de desarrollo y bienestar de Oceanía (2000)

País	Ingreso per cápita (dólares EUA)	Esperanza de vida al nacer (años)	Índice de mortalidad infantil (por cada mil nacidos vivos)	Índice de alfabetismo (porcentaje de la población mayor de 15 años)	Consumo diario de calorías (per cápita)
Total Continental	15 440	76.0	24.0	95.1	N.D.
1. Australia	20 640	78.5	6.0	99.5	3 190
2. Nueva Zelandia	14 600	77.8	5.5	100.0	3 315
3. Fiji	2 210	67.6	14.0	92.9	2 852
4. Kiribati	1 170	59.4	56.8	90.0	2 977
5. Edos. Federados de Micronesia	1 800	67.6	20.4	76.7	N. D.
6. Nauru	7 210	60.5	11.1	99.0	N. D.
7. Papúa Nueva Guinea	890	63.2	59.9	76.0	2 577
8. Palau (Belau)	7 140	68.3	17.7	97.6	N. D.
9. Islas Marshall	1 540	65.5	41.0	91.2	N. D.
10. Islas Salomón	760	72.0	26.2	54.1	2 131
11. Samoa Occidental	1 070	63.2	22.0	100.0	N. D.
12. Reino de Tonga	1 750	69.9	37.9	92.8	N. D.
13. Tuvalu	650	63.9	26.2	95.0	N. D.
14. Vanuatu	1 260	68.0	37.0	52.9	2 737

N.D. No hay datos.
FUENTE: *Enciclopedia Británica,* Libro del año, EUA, 2001.

Ejercicio de indetificación, localización y aplicación

Material: Mapa político de Oceanía (pág. 206) y cuaderno.

1. En el mapa político están anotadas las organizaciones o los países de los que dependen políticamente varias islas de Oceanía. Localiza esas islas y elabora un cuadro de tres columnas: en la primera anota los nombres de las islas; en la segunda, si pertenecen a la Comunidad de Naciones (CN), a la Comunidad Francesa (CF) o si están administradas por Estados Unidos, Australia o Nueva Zelandia. De acuerdo con el dato anterior, el idioma oficial de esas islas y anótalo en la tercera columna. Comprueba la exactitud de tus deducciones consultando algunas monografías de Oceanía, como las que aparecen en las colecciones.

2. Observa en el cuadro cuál de los países, o Asociación de países, controla mayor número de dependencias y cuál controla menor número.

Relaciona el texto de *Actividades productivas* y *Recursos naturales* con el mapa de climas y el político, y contesta:

1. Menciona tres de los productos agrícolas que se obtienen en el territorio norte de Australia. ¿Por qué es esa la única región en que se producen?

2. ¿En cuál de los territorios reviste mayor importancia la crianza de bovinos y ovinos? ¿Qué industria está basada en esa actividad?

3. Consulta el mapa de producción (pág. 210) y observa la abundancia de minerales. Menciona cinco de los más abundantes en Australia, tres de Nueva Zelandia, tres de Papúa Nueva Guinea, y el mineral más abundante en Nauru.

1. En la misma forma que lo hiciste en algunas unidades anteriores, elabora un mapa conceptual de las principales características físicas de Oceanía. Debe comprender los más importantes aspectos de su orografía, hidrografía y climatología.

   Como en los casos anteriores, compáralo con los que elaboren tus compañeros de equipo y, después de intercambiar puntos de vista, elaboren entre todos uno definitivo. Este mapa te será de gran utilidad para tener una idea general de este continente. Como una ayuda para la elaboración del mapa, a continuación encontrarás una sugerencia de la forma como podrías iniciarlo.

2. La diversidad de climas, en Oceanía, da origen a una producción diversificada. Elabora, junto con tus compañeros de equipo, un mapa conceptual sobre los principales recursos naturales de este continente.

Acantilado. Corte brusco del terreno en dirección al mar, entre 15° y la vertical.

Alfabetismo. Corresponde al porcentaje de la población mayor de 15 años que sabe leer y escribir.

Aluvial. Materiales finos o aluviones que acarrean los ríos y los depositan en los terrenos bajos o llanuras.

Arcilla. Roca sedimentaria formada por partículas menores de .010 mm. Forma con el agua una pasta lodosa.

Caducifolios. Árboles y plantas que durante el otoño tiran sus hojas.

Cauce. Terreno que ha erosionado un río y por donde circula el agua, puede ser profundo o ancho.

Chaparrón. Lluvia recia de corta duración.

Coníferas. Árboles y arbustos de hojas permanentes, fruto en forma de cono y ramas de contorno cónico. Ejemplos: pino y ciprés.

Consumo diario de calorías. Es el promedio de calorías que consume diariamente una persona.

Coriolis. Apellido del matemático francés (Gustavo Coriolis 1972-1843) que introdujo en mecánica el concepto de aceleración complementaria.

Cráter. grieta en forma de embudo situada encima de un cono volcánico, por donde salen los productos volcánicos durante una erupción.

Densidad. Cantidad de masa por unidad de volumen de un cuerpo.

Densidad de población. Es el número de habitantes por kilómetro cuadrado.

Desertificación. Conjunto de procesos en virtud de los cuales los ecosistemas áridos pierden su capacidad de regenerarse en sí mismos.

Dinámico. Relativo a la fuerza cuando produce movimiento. Activo, con energía.

Dorsales. Sistema de elevadas cordilleras submarinas que se localizan bajo las aguas de los océanos Atlántico, Índico y Pacífico.

Epífitas. Vegetales que viven sobre otras plantas, pero no se alimentan de ellas.

Erosión. Conjunto de procesos que se inicia con el desgaste o destrucción de un mineral o roca; continúa con el transporte de los materiales arrebatados y precede a la acumulación de esos materiales.

Eslora. Longitud total de una embarcación.

Esperanza de vida al nacer. Es el número de años que se calcula que puede vivir una persona al nacer.

Estiaje. Cantidad mínima de agua que en la estación seca tiene un río.

Estructura. Forma como están distribuidos los elementos que constituyen un cuerpo.

Fitoplancton. Vegetales, generalmente microscópicos que viven flotando en las aguas.

Flujo. Movimiento de las cosas líquidas o fluidas.

Fosa. También llamada graben. Porción hundida de la corteza terrestre, rellena de sedimento, material volcánico o volcánico sedimentario. La fosa generalmente es contigua a los bloques levantados y se desarrolla a lo largo de las zonas de fracturas.

Fotosíntesis. Función que realizan los vegetales verdes para transformar sustancias inorgánicas (agua y sales) en sustancias orgánicas, como glúcidos, lípidos y prótidos.

Fratricida. Matanza entre hermanos; entre personas del mismo grupo o raza.

Freático. Cuando las aguas acumuladas en el subsuelo sobre una capa de rocas impermeables, están muy cerca del suelo o la superficie.

Fumarola. Son gases de naturaleza diversa que arrojan los volcanes, e indican que la actividad de éstos no ha terminado.

Géiser. Son chorros de agua hirviente que brotan del subsuelo en forma intermitente.

Gélido. Helado; muy frío.

Glacial. Tipo de erosión producida por los glaciares, masas naturales de hielo que se forman por arriba del límite de las nieves y que, al descender y avanzar, erosionan la superficie de las regiones por las que pasan.

Gneis. Roca metamórfica de grano grueso, textura foliada, en bandas o capas onduladas.

Halo. Resplandor, círculo de luz difusa en torno de un cuerpo luminoso.

Hevea. Género de plantas arborescentes euforbiáceas, propias de la América tropical, caracterizadas por poseer hojas enteras o trifoliadas, alternas y provistas de largos peciolos, así como inflorescencias en panículas. Tienen gran importancia comercial como segregadoras de látex, por lo que su cultivo se ha extendido a otras regiones. La especie más conocida (*H. brasiliensis*) es el llamado árbol del caucho, en el Brasil seringueira.

Hidrológico. Relativo a la hidrología, ciencia que se ocupa del estudio de las aguas desde el punto de vista físico, químico y geológico.

Homínidos. Subespecie de mamíferos primates en la que se clasifica a los fósiles de los seres humanos más primitivos.

Ingreso per cápita. Resulta de dividir el valor total de los bienes y servicios que produce la economía de un país entre el total de su población. Se mide en dólares de los Estados Unidos de América.

Insular. Se refiere a las islas. Formado por islas

Lacustre. Se refiere a los lagos.

Macizos. Región montañosa de poca elevación constituida generalmente por rocas más resistentes que las que la rodean. Generalmente son restos de plegamientos muy antiguos.

Marsupial. Orden de mamíferos cuyas hembras poseen en el cuerpo una bolsa donde alojan a sus crías durante algún tiempo después de haber nacido.

Morbilidad. Es el número de personas enfermas en un lugar y tiempo.

Mortalidad infantil. Se refiere al número de defunciones de niños menores de un año por cada mil niños nacidos vivos en un mismo año o fecha.

Oscilación. Diferencias térmicas en un mismo lugar y en un determinado periodo.

Perennes. Continuos, permanentes. Ejemplo hojas perennes, aquéllas que no caen en invierno.

Pilar. También llamado horst. Bloque elevado delimitado por fallas de orientación aproximadamente paralela, cuya longitud es considerablemente mayor que su anchura; son estructuras de dimensiones variables.

Rift. Estructura tectónica de la corteza terrestre de longitud de cientos a miles de kilómetros. Se origina por la separación de grandes bloques a ambos lados del rift. En los océanos es la depresión que separa a las dos cordilleras que forman las dorsales.

Secante. Línea o superficie que corta a otra de la misma o distinta especie.

Sedimentos. Materiales acarreados y depositados por los ríos o los glaciares o el viento.

Siderurgia. Conjunto de industrias metalúrgicas que se ocupan de la fundición de hierro y la elaboración de acero.

Tangente. Nombre que se le da a una recta que toca en algún punto, una línea curva.

Teodolito. Instrumento óptico utilizado para medir ángulos horizontales y verticales generalmente empleado en los levantamientos topográficos para elaborar planos y mapas.

Tribal. Relativo a la tribu.

Zooplancton. Comunidad formada por animales marinos: protozoos, larvas de esponja, gusanos, equinodermos, moluscos, crustáceos y otros artrópodos acuáticos, huevos y larvas de peces.

Bibliografía para el maestro

Atlas Geográfico Universal y de México, Océano, México, 1997.

Atlas del Mundo, Aguilar, Barcelona, 1992.

Atlas Visual de los Océanos, Diana, Italia, 1994.

Bergman, Edward F., *Human Geography Cultures, Connections and Landscapes*, Prentice-Hall, Nueva York, 1995.

Colección Imago, Módulo de Geografía, biblioteca Santillana de consulta, Madrid, 1990.

De Blij, H. J., *Geography Culture, Society and Space*, John Wiley & Sons, Nueva York, 1996.

De Blij, H. J. y Peter O. Muller, *Geography, Realms, Regions and Concepts*, John Wiley & Sons, Nueva York, 1994.

De Martone, Emanuel,*Tratado de geografía física*, t. 1, Barcelona, 1964.

Deffontaines, Pierre, *Geografía Universal Larousse*, vols. 1, 2 y 3, Planeta, Barcelona, 1970.

Derrau, M., *Geomorfología*, Ariel, Barcelona, 1996.

Diccionario Visual Altea de la Tierra, Santillana, Madrid, 1994.

Difrieri, Horacio *et al.*, *Geografía Universal ilustrada*, vols. 1, 2, 3 y 4, Noguer, Barcelona, 1981.

Gellner, Ernest, *La Sociedad Musulmana*, Fondo de Cultura Económica, México, 1986.

Geografía Universal Ilustrada, Uthea-Noguer, España, 1982.

Geografía Universal Marín, t. 2, Marín, Barcelona, 1975.

Geographica, Plaza & Janes, Barcelona, 1973.

Gispet, Carlos, *Atlas Geográfico Universal y de México*, Océano, Barcelona, 1997.

Goldsmith, Eduard, *La Tierra, un planeta para la vida*, Folio, Barcelona, 1975.

Gran Atlas Mundial, Francesc Bover, Plaza & Janes, Barcelona, 1994.

Gran Geografía Salvat, Pamplona, España, 1996.

El hombre y la Tierra, Plaza & Janes, Barcelona, 1973.

Elsom, Derek, *La Tierra. Creación, formación y mecanismos de un planeta*, Del Prado, España, 1993.

Enciclopedia Británica, Barsa, 1969.

Enciclopedia Británica, Hispánica, 1990.

Enciclopedia Británica, Libro del año, EUA, 1998.

Enciclopedia World Atlas, Oxford University Press, Londres, 1996.

Hyde, Margaret, *Misterios de la Tierra*, Noguer, Barcelona, 1970.

Hoyle, Fred, *High Lights is Astronomy*, W. H. Freeman and Company, San Francisco, 1985.

Kelly, Beatty J., *The New Solar System*, Sky Publishing Corporation, Cambridge, Massachusetts, 1982.

Köppen Wilheim, *Climatología*, Fondo de Cultura Económica, México, 1989.

Lugo Hubp, J., *Diccionario Geomorfológico*, Instituto de Geografía, UNAM, 1989.

Manual de materiales didácticos para la enseñanza de la Geografía a nivel medio, Instituto Panamericano de Geografía e Historia, México, 1997.

Marín Correa, Manuel, *Geografía Universal Marín*, vols. 1-6, Marín, 1980.

Moore, J. Robert, *Oceanografía Selecciones de Scientific American*, H. Blume Ediciones, Madrid, 1978.

Moore, Patrick, *El Atlas del Universo*, Labor, México, 1970.

Monk house, F. J., *Diccionario de Términos Geográficos*. Oikos Tau ediciones, Barcelona, 1978.

Munro, David, *Dictionary of the World*, Oxford University Press, 1995.

Norton Pearson, Ross, *Geografía Física*, Continental, México, 1990.

Nueva Geografía Universal, Promexa, España, 1973.

Peres, Jean Marie, *La vida en el océano*, M. Roca, Barcelona, 1968.

Pierre George, *Diccionario de Geografía*, Ediciones Akal, Madrid, 1991.

Porrit, Jonathon, *Salvemos la Tierra*, Aguilar, España, 1991.

Raisz, Erwin, *Cartografía General*, Ediciones Omega, Barcelona, 1965.

Recursos Mundiales, *Hacia el Desarrollo Sustentable*, 1992-1993, Banco Interamericano de Desarrollo, Washington, 1992.

Ridpath, Ian, *Space*, Hamlyn Publishing, Group Ltd. Meddlesex, Inglaterra, 1985.

Sagan, Carl, *Cosmos*, Random House, Nueva York, 1980.

Strahler, Alan y Arthur, *Physical Geography science and Systems of the Human Environment*, John Wiley & Sons, Nueva York, 1996.

Soto Mora, Consuelo y Luis F. A., *Glosario de Términos Geográficos*, Instituto de Geografía, UNAM, México, 1996.

TEIDE, *Atlas Geoeconómico Universal*, Barcelona, 1996.

Varios Autores (Coord. Gral. José María Prats Estivil), *Geografía Universal*, ts. 1 y 2, Océano-Instituto Gallach, Barcelona, 1992.

Bibliografía del alumno

Atlas de Geografía, Cultural de ediciones , Madrid, 1997.

Atlas de Astronomía, Cultural de ediciones , Madrid, 1997.

Colección *Grandes Temas de Salvat*: 3. La formación de la Tierra, 10. El Sistema Solar, 51. Cordilleras, terremotos y volcanes, 94. Origen y evolución del Universo.

El Atlas del Universo, Labor, México, 1980.

El mundo en "Geografía Universal", 2ª ed., Instituto Gallach, Océano, Barcelona, 1993.

El planeta vivo, Marshall Editios Limited, 1989, Para la edición en lengua española: Plaza & Janes, 1990.

Fierro y Herrera, *La familia del Sol*, Fondo de Cultura Económica, México, 1999.

Ganeri, Anita, *Atlas visual de los océanos*, Diana, México, 1994.

Herrera, Miguel Ángel, *La Vida Extraterrestre*, Colección Tercer Milenio, Consejo Nacional para la Cultura y las Artes, 1999.

Imago, biblioteca Santillana de Consulta, t. 2, La Tierra, Realidad Física, Asuri/Santillana, España, 1999.

Instituto de Geofísica de la UNAM, Cuaderno del Instituto de Geofísica no. 2: *Sismos en la Ciudad de México*, 1983, Cuaderno no. 3: *Las catástrofes geológicas*, 1990, Cuaderno no. 5: *De planetas, cometas y naves espaciales*, 1991.

La publicación de esta obra la realizó
Editorial Trillas, S. A. de C. V.

División Administrativa, Av. Río Churubusco 385,
Col. Pedro María Anaya, C. P. 03340, México, D. F.
Tel. 56884233, FAX 56041364

División Comercial, Calz. de la Viga 1132, C. P. 09439
México, D. F. Tel. 56330995, FAX 56330870

Esta obra se terminó de imprimir y encuadernar
el 30 de mayo de 2002,
en los talleres de Procesos Industriales de Papel, S. A. de C. V.
AO 68 AIW